教育部人文社
"城市居家老人居住环境需求及支持体系构

U0516059

城市居家老人
居住环境需求及应对策略研究
——以上海为例

Study on the Living Environment Needs
and Coping Strategies of Urban Elderly at Home
—Take Shanghai as an Example

王方兵 著

经济管理出版社
ECONOMY & MANAGEMENT PUBLISHING HOUSE

图书在版编目（CIP）数据

城市居家老人居住环境需求及应对策略研究：以上海为例 / 王方兵著 . —北京：经济管理出版社，2020.11

ISBN 978-7-5096-7492-5

Ⅰ.①城… Ⅱ.①王… Ⅲ.①老年人—居住环境—研究—上海 Ⅳ.① D669.6 ② X21

中国版本图书馆 CIP 数据核字（2020）第 163573 号

组稿编辑：任爱清
责任编辑：任爱清
责任印制：黄章平
责任校对：王纪慧

出版发行：经济管理出版社
　　　　　（北京市海淀区北蜂窝 8 号中雅大厦 A 座 11 层　100038）
网　　址：www.E-mp.com.cn
电　　话：（010）51915602
印　　刷：唐山昊达印刷有限公司
经　　销：新华书店
开　　本：710mm×1000mm/16
印　　张：15
字　　数：273 千字
版　　次：2020 年 12 月第 1 版　2020 年 12 月第 1 次印刷
书　　号：ISBN 978-7-5096-7492-5
定　　价：78.00 元

本书得到教育部人文社会科学研究青年基金项目"城市居家老人居住环境需求及支持体系构建研究"（18YJC840037）的资助。

前　言

居住环境建设是构建社会养老服务体系和完善基本养老服务制度的重要内容。2013年新版的《老年人权益保障法》新增了"宜居环境"一章，不仅强调了老年宜居住宅的开发，也突出了结合人口老龄化趋势、分布特征等推动和扶持老年宜居环境建设。然而在居家养老背景下，城市居家老人的居住状况并不理想，以住房为主的居住环境离老年人的养老需求还相差甚远。虽然居家老人的基本居住条件有所改善，但无论旧宅区的老公房，还是动迁房和商品房，室内室外都不同程度存在适老性能较差的问题，老年人的居住环境需求问题非常突出。

从相关文献的研究动态来看，关于老年人居住环境问题的研究主要集中在建筑规划领域，从社会保障及人口学视角对老年人居住环境问题的研究相对较少；从研究内容来看，侧重于技术层面的研究，主要研究如何通过建造或改造的方式为老年人提供合适的居住环境。通过对老年人养老特征、居住环境现状及需求特征的综合分析，提出相应的政策支持体系，这方面的研究则相对较少。

本书正是在人口老龄化程度日益加深和构建社会养老服务体系的过程中，从需求角度对居家老人的居住环境问题进行深入研究，帮助老年人从家庭和社区获得更多的养老支持。

在研究方法上，本书主要采用定量和定性相结合的方法对相关内容进行研究。一是对全国和上海老年人基本住房状况进行分析。二是分析上海市居家老人居住环境现状及相关的需求问题，归纳出城市居家老人居住环境的需求类型，在此基础上分析居家老人在不同类型上的需求差异；综合评价不同住房类型的适老性能，通过定性研究，分析居家老人在居住环境方面的主观诉求。三是从宏观和微观两个方面分析居家老人居住环境需求的影响因素。四是对本书的研究结论进行分析讨论并进行合理的目标定位和路径分析。

通过对以上内容的分析，本书的研究发现主要有以下七个方面：

第一，尽管我国老年人基本居住条件有所改善，但居家养老模式下城市老年人居住环境适老性不足的问题日益凸显。由于家庭照料资源的短缺及养老功能的弱化，老年人对居住环境的依赖性增强，因此，现实居住环境适老性不足的问题和老年人居住需求之间的矛盾日益凸显。

第二，尽管居家老人对居住环境的需求具有一定的层次性，但不同特征老年群体对居住环境需求的差异并非由需求本身引发，主要由购买力层次所决定。观察分层变量发现，客观分层变量中的文化程度在需求差异中发挥了关键作用，居家老人文化程度差异直接反映在经济水平上，这也说明居家老人的居住环境需求差异与经济水平决定的购买力层次有很大关系。

第三，不同住房类型中居家老人对居住环境需求存在一定的差异，其中，安全性需求比较突出。城市居家老人居住环境需求室内室外差异明显，室内便捷性需求和安全性需求较高。在不同住房类型中，旧宅区老公房的便捷性、安全性、可及性需求高于其他类型的住房，而商品房小区在改善社区环境方面需求最明显。另外，老年人及其家庭照顾者对居住环境安全性关注度也非常高。

第四，定性分析显示，老年人会在社区的安全性和居住环境的整体安全性之间进行平衡，旧宅区熟悉的生活圈及社会网络是其坚守的主要原因，这也说明"就地养老"有利于老年人身体和心理健康、持续保持与社会的交流。但从居住特征看，旧宅区空巢老人较多，可能最缺乏代内和代际之间提供的非正式养老支持，这也进一步说明了对旧宅区适老性改造的必要性。

第五，住房规划、建设时适老性能不足，政策供给不足是城市居家老人居住环境需求难以得到满足的重要原因。依据供需平衡原理，居家老人对居住环境的需求，需要通过政策扶持和资源供给加以满足。但从宏观方面考察，老年产业具有明显的弱质特征，尤其是老年住房开发与居家老人需求之间处于失衡状态，老年居住环境需求问题的解决需要法规制度的规定和政策上的引导、支持。

第六，城市居家老人对居住环境的需求具有阶段性，不同发展阶段需求的特征存在差异性，老年人居住环境需求的实现方式具有阶梯性。低龄老人和高龄老人、空巢老人和非空巢老人以及空巢家庭中独居老人和与配偶居住的老人在居住环境的需求上均存在一定差异，改善居住环境有助于提高老年人个人和老年人家庭的养老支持能力。

第七，旧宅适老性改造具有纳入旧居住区改造的政策和理论依据，可以解决旧宅适老性改造资金不足的问题。依据基本养老服务、基本社会服务和基本公共服务之间的关系，参考相关的公共服务理论，提出将旧宅适老性改造纳入旧居住区改造范围，属于公共服务的范畴，有利于解决旧宅适老性改造的资金短缺问题。

本书在以下五个方面进行了一些创新尝试：

第一，基于社会分层视角，构建了城市居家老人居住环境需求研究的理论分析框架和指标体系。通过多学科交叉研究，系统、全面研究居家老人居住环境需求的各个方面，建立新的分析框架，在评价老年人居住环境现状及需求的基础上，构建老年人居住环境需求的评价指标体系。

第二，从需求视角对居家老人的居住环境问题进行分析，进一步拓展了居家养老和老年社会支持体系研究的内涵。以需求和意愿作为重点，对老年人居住环境进行研究，不仅扩展了需求理论应用研究的范围，有助于居家老人获得更多的养老支持，同时也为构建社会养老服务体系提供了一个新的理论视角和分析工具。

第三，以定量分析作为重要分析工具，归纳总结了不同类型、不同居住条件城市居家老人对居住环境的需求规律，这也是本书在研究方法上的特色。通过因子分析提炼出城市居家老人居住环境需求的类型，根据居家老人的需求特征将四个因子分为基本需求和发展需求，为政府分层分类的居住环境建设和改造服务提供了政策依据。

第四，依据供需匹配原理综合评价不同类型住宅的适老性能，并对比分析不同住房中老年人居住环境的主观诉求。通过定量和定性的综合分析，不仅利于深入了解不同居住环境中居家老人的需求差异，也有利于进一步推动老年宜居环境建设。

第五，系统提出了旧宅适老性改造和保障房分配老年人优先的理论和政策依据。借鉴老年人居住环境建设的国际经验，依托福利多元主义理论、公共服务理论、现行养老政策中的居住要点及新版《老年人权益保障法》中关于老年宜居环境的规定，论证了将老年旧宅适老性改造纳入旧居住区改造范畴及保障性住房建设、分配向老年人倾斜的合理性和可行性。

目　录

第一章

导 论

第一节 研究背景及问题

根据世界卫生组织（Word Health Organization，WHO）的定义，当一个国家或地区 60 岁及其以上人口占总人口数 10%，或 65 岁及其以上人口占总人口数超过 7% 时，这个国家或地区便进入老龄化社会。2001 年，我国 65 岁以上老年人口数为 9062 万，占总人口数的 7.1%，正式进入老龄化社会。根据 2010 年第六次全国人口普查数据，我国 65 岁以上人口数占总人口数的 8.87%，与"五普"相比，其比重上升 1.91 个百分点。20 世纪 70 年代计划生育政策的实施，我国人口出生率迅速下降，再加上医疗卫生条件的改善，老年人口寿命不断延长，老年人口数量持续增加，人口年龄结构，家庭结构等也呈现日益分化的特点，高龄老人、空巢老人等群体也日益增多。上海作为国际化大都市，于 1979 年就率先进入老龄化社会，且人口老龄化程度一直位于全国前列，老年人口总量大，老龄化速度快、程度高，高龄化突出，空巢家庭增多等逐渐成为上海老龄化的显著特点。2012 年，上海空巢家庭数量达到 84.6 万户，其中 80 岁以上老人达到 21.49 万人，高龄独居老人持续增加。

随着人口老龄化程度的加深及家庭养老功能的弱化，安全、便捷、舒适的居住环境逐渐成为居家老人养老需求的重要部分。在 2013 年颁布的《老年人权益保障法》中，除了对之前的老年人住房重新做了阐述之外，还对新增的"宜居环境"部分做了相关规定，这也说明在"居家为基础、社区为依托、机构为支撑"的社会养老服务体系发展过程中，城市居家老人的居住需求逐渐成为学者研究的重要领域（丁志宏、姜向群，2014[①]；陶立群，2004[②]；尹银、周俊山、张天骄，2010[③]等）。

20世纪80年代以来，随着世界人口、资源、环境发生变化，人们的居住理念也发生了改变，宜居已逐渐成为城市化过程中的一个热点问题。1982年第一届老龄问题世界大会上通过的《维也纳老龄问题国际行动计划》明确指出："充足的居住条件和令人愉快的物质环境对所有人的幸福生活来说都是必要的，而且，住房对任何国家任何年龄组的生活素质都有至关重要的影响，这种看法是人们所普遍接受的。"同时该计划还指出"适宜的住房条件对于年长者甚至更为重要，因为其住所实际上就是其所有活动的中心"。2002年第二届老龄问题世界大会再次阐述了居住问题在人口老龄化社会的重要性，并在行动建议中强调："住房和生活环境要适应老龄化过程中人们不断变化的住房和行动需求。"

可见，20世纪80年代，老年人居住问题就已经引起了国际范围的关注。随着老龄化形势的严峻，世界上各个国家从不同的视野对老年人居住需求进行了研究。例如，日本将老年人住房需求与养老特征紧密结合[④]，根据高龄老人和空巢家庭的居住需求，并结合人口统计数据，将老年人住房纳入五年期计划，通过保障房建设来提高居家老人的生活质量[⑤]。新加坡在老龄化的背景下，根据家庭规模缩小、家庭养老功能弱化的国情，通过住房建设和分配等措施，为子女和父母同居或邻近居住提供条件，增强家庭养老功能（胡灿伟，2003[⑥]；牛慧恩[⑦]，2004）。

随着上海市老龄化程度的提高，在城市发展过程中，上海市已相继提出建设老年人友好城市和老年宜居社区的发展理念。《上海市老年友好城市建设导则（试行）》对城市户外公共设施的"适老性"提出了相关要求，从住房设施、城市交通等方面为老年人创造一个安全、便利、舒适的居住环境，同时扩大上海市"老年宜居社区"试点范围。上海市作为全国创建"老年友好城市（城区）"和"老

---

① 丁志宏，姜向群.城市老人住房状况及其满意度研究——以北京市海淀区为例［J］.北京社会科学，2014（1）：51-59.

② 陶立群.中国老年人住房与环境状况分析［J］.人口与经济，2004（2）：39-44.

③ 尹银，周俊山，张天骄.住房对城市老年人家庭代际支持的影响分析［J］.人口与经济，2010（2）：76-81.

④ 张菁，刘颖曦.日本长寿社会住宅发展［J］.建筑学报，2006（10）：13-15.

⑤ 周典.日本保障性住宅的规划设计［J］.建筑学报，2009（8）：22-26.

⑥ 胡灿伟.新加坡家庭养老模式及其启示［J］.云南民族大学学报（哲学社会科学版），2003（3）：31-34.

⑦ 牛慧恩.面向老龄化的住区规划与住宅设计——兼介新加坡的养老安居计划［J］.住宅业，2004（7）：37-41.

年宜居社区"试点最多的城市,杨浦、长宁和浦东新区等已先后成为国家级"老年友好城区"试点地区。

"老有所居"是居家养老的前提。由于老年人年龄增大,身体机能变化等原因而产生特殊的居住需求,特别是家庭规模缩小,传统大家庭发生裂变,家庭结构及代际关系简单化导致传统的家庭养老功能日益弱化,老年人从家庭获得的养老支持逐渐减少。在目前居家养老为主要养老模式背景下,老年群体对住房设施和社区环境有较高的依赖性。在我国建设小康社会的进程中,改善老年人居住条件,满足老年人特殊的居住需求,不仅是大力推进老年友好城市建设和老年宜居社区建设的重要内容,也是维护老年人尊严,提高老年人生活质量的重要保证。

国外学者已于 20 世纪 40 年代开始对老年人口住房问题进行研究。早期文献主要围绕老年居住建筑的设计与规划,并迅速扩展到老年居住环境、老年住房开发、老年住房政策探讨以及老龄化社区建设等领域,国外早期的研究为老年群体集中居住与照顾等提供了一定的理论依据。与国外相比,国内对老年人居住环境的研究,尤其是对住房及社区环境的研究起步较晚。国内早期的老龄化社会问题研究始于 20 世纪 80 年代,研究领域主要聚焦于养老金给付、养老福利、养老服务等。与国外相比,国内对老年人居住环境的研究主要集中在建筑和规划等领域,尤其是对住房及社区环境的研究起步较晚,主要从微观视角对老年人居住环境的规划设计进行了研究,作为需求主体,老年人对居住环境的需求以及居住环境的规划、建设和改造如何与老年人居住环境的需求相匹配方面的研究还处于起步和探索阶段。

上海老年人居住环境亟须改善。在上海这样的国际大都市,有相当数量的老年人仍然居住在 20 世纪八九十年代所建造的老公房里,住房内部及外部基础设施不全,居住功能较差,以保障房为主的新建住房在社区规划及建造、分配等环节与老年人的居住、养老需求差距也较大,大规模的保障房建设、分配还没有顺应人口老龄化及老年家庭的居住需求。随着老年人口年龄结构、家庭结构和居住模式的变化,良好的居住条件对提高老年人生活质量具有重要的保障作用,老年人对居住环境的要求也越来越高。

目前,上海养老主要以"9073"[①]的养老模式为主,老年人主要依靠家庭照顾和社区服务满足自己的养老需求。如何完善居家养老模式,尤其是从老年人居住需求的角度出发,通过对老年人住房的无障碍设计或适老性改造,增强居住环

---

① "9073"是指中国养老模式的一种类型,其中,依靠家庭照顾占 90%,依靠社区居家养老服务占 7%,依靠机构养老占 3%。

境的安全性、便捷性、舒适性等，使机构养老和居家养老实现有效地对接，减少老年人在医院和养老机构的时间，从家庭获得更多的养老支持，既是未来老龄化研究中面对的一个理论问题，又是一个亟须解决的现实问题。

2013 年颁布的《中华人民共和国老年人权益保障法》不仅保留了保障房中廉租房和公租房的适老性能条款，同时也新增宜居环境建设并单列一章，进一步强调老年住房建设对于完善社会养老服务体系的重要性。虽然 1999 年颁布的《老年人建筑设计规范》首次明确老年人住房设计的相关规范和标准，然而与国外相比，我国尚处于老年人居住问题研究的初步探索阶段。

人口老龄化是一种持续的、动态的发展过程，由老年人口数量增加和结构变动所引起的居住需求变化也将伴随老龄化过程的始终。目前我国社会养老服务体系（2011~2015 年）、基本养老服务制度及《老年人权益保障法》对老年人住房无障碍改造及老年住房建设提出了相关要求，但是却缺少对应的政策支持体系。在人口老龄化向高龄化、空巢化发展及家庭养老功能弱化的背景下，家庭养老需求与脆弱的家庭结构之间的失调导致对社会支持的增加（见图 1-1、图 1-2）。老年人获得的养老支持主要由政府等提供的正式支持和家庭提供的非正式支持组成，在政府的支持下通过住房建设、改造、分配等措施，进一步提高老年家庭的居住水平，有利于居家老人从家庭内部获得更多的非正式养老支持。2013 年新颁布的《中华人民共和国老年人权益保障法》（后面将其称为《老年人权益保障法》）宜居环境建设部分特别强调了应紧密结合老龄化特征建设老年宜居环境。第六十一条：各级人民政府在制定城乡规划时，应当根据人口老龄化发展趋势、老年人口分布和老年人的特点，统筹考虑适合老年人的公共基础设施、生活服务设施、医疗卫生设施和文化体育设施建设，这也说明老年居住环境建设中应该重视老龄化的发展特征和老年人的需求。

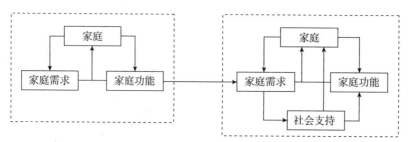

图 1-1　传统社会中家庭的自我供求均衡　　图 1-2　现代社会中家庭的外部依赖

资料来源：吴帆，李建民. 家庭发展能力建设的政策路径分析 [J]. 人口研究，2012（4）：37-44.

总体来看，本书主要以城市居家老人的居住环境需求为切入点，结合调研材料，通过分析居家老人的居住环境现状、存在的问题、需求特征及相关影响因素，并对居家老人居住环境、需求问题进行合理的目标定位，提出相应的解决措施，从而进一步提高老年人的居住福利。

第二节 研究意义

从"上古穴居而野处"到"后世圣人易之以宫室，上栋下宇，以待风雨"，盖取诸《大壮》①。可见我国人民历来重视改善自己的居住条件。随着家庭照顾资源的减少及赡养能力的减弱，居家老人尤其是空巢老人对居住环境的需求和依赖程度也相应增加。因此，树立"以老人为本"的指导思想，从养老需求出发提高居家老人的居住条件，使老人能健康、安全、舒适地生活在家庭和社区环境里，是当前发展老龄事业的重要问题。

第一，有助于深化居家养老服务体系的系统化研究。

居家养老是我国老年人的基本养老模式。随着人口老龄化的迅速发展，加快构建城乡居家养老保障体系已经成为一项重要的民生工程。现有的相关研究对老年居住问题的关注侧重于住房保障，即老年人是否有房可居，对居住环境的研究相对较少，仅有的少量研究，偏重于微观的老年住宅建筑设计，对社区内整体居住环境的适老性发展研究十分缺乏。因此，将居住环境纳入居家养老模式下的老年社会支持体系范畴，从居住方面增强对居家老人的非正式支持，对健全社会养老服务体系具有重要的理论意义。

第二，有助于深化对老年心理及其行为的研究，丰富我国老年学研究的思想宝库。

随着人口老龄化的浪潮，老年学的研究和发展具有重要的社会意义。通过对城市居家老人居住环境需求的研究和个体行为的观察，有助于从纯粹的理论研究转变为理论研究与实际相结合，从而推动老年学的纵深研究，进一步放大理论对实践的指导作用。

第三，有助于深化应对老龄化社会政策理论的研究。

应对老龄化问题，不仅是具体的实践问题，也需要对相关的理论基础进行深

---

① 出自《易·系辞》。意为上古时候的人在洞穴中居住而生活在野外，后世的圣人改用宫室，宫室上有栋梁，下有檐宇，以防御风雪，这大概取录于《大壮》卦。

人探讨。城市社区居住环境的适老性建设和改造面临某些制度和政策的障碍，通过对居家老人居住环境需求的研究，有助于构建应对人口老龄化的发展型社会政策体系，从指导理念、解决方式以及体制机制建设上适应老龄化社会的要求。

从应用价值来看，虽然从中央到地方、从学界到业界都普遍认识到发展城市居家养老服务的重要性，但对实践有直接指导意义的系统性研究成果还不多，本书除了有一定的学术价值之外，还具有三个应用价值：

第一，有助于从宏观上把握我国城市居家老人对居住环境的需求特征。

需求的把握是制定一切政策的前提。只有摸清需求，才能找到供需的缺口，才能有针对性地找到居家养老服务现存的突出问题。本书将利用定量方法，重点分析不同特征（包括年龄、性别、身体状况、家庭状况、居住类型）老年人的环境需求，而提出的政策建议都是紧紧围绕需求研究所展开的，这对把握居家老人的居住环境服务发展的重点具有至关重要的作用。

第二，有助于探索具有我国特色的居家养老服务保障道路。

社会养老服务体系建设是应对人口老龄化的一项长期战略任务，而居家养老又是社会养老服务体系的重要组成部分。尽管国外有许多好的经验值得借鉴，但如何在实践中推进具有我国特色的居家养老服务发展道路是需要研究的重要课题。长期以来，由于历史的原因，我国城市社区在居住环境建设时忽略了适老性发展，因此，本书的探索对推动适合我国城市的居家养老服务发展之路，具有重要的现实意义。

第三，有助于为各级政府科学规划与发展城市老年居家养老服务提供决策依据。

本书在现状评估及需求研究的基础上，综合运用定性、定量分析方法，利用行为科学、政策模拟等研究工具，揭示居家老人居住环境存在的突出问题及需求特征，在居住环境规划建设、供给模式创新（特别是发挥市场在资源配置中的基础性作用）、各方责任界定等方面，提出具有针对性、科学性、可操作性的政策建议。

第三节　相关概念的界定

一、居家养老

在老龄化浪潮下，世界各国普遍提出"居家养老"理念，作为解决养老问题的策略。

关于居家养老，学者有不同的称谓和解释，国外常用"Aging in Place"或"Aging in Community"描述，意为原地养老。Malcolm J. Fisk（1986）认为，居家养老应满足老年人在熟悉的环境中生活的愿望，避免老年人脱离熟悉的环境后失去安全感的风险[①]。Joanna Bornat（1997）认为，应为居家老人提供社区照顾服务，包括正式照顾和非正式照顾，避免老年人产生与社会隔离或被社会排斥的感觉[②]。日本学者早川和男（2005）将居家养老称作"在宅福利"，即老年人在普通的街道中过普通的生活，在已经居住习惯了的住宅和街道中持续居住下去[③]。中国台湾学者黄耀荣（2006）指出，"在地老化"是指居住者在原居环境、情境终老一生而不迁移，高龄老人在此仍然可以拥有熟悉的人、事、物而愉悦自在地生活[④]。张雅（2010）认为，居家养老即老年人居住在家里，由各种社会力量为其提供照顾服务的养老方式[⑤]。

联合国更是通过正式文件对居家养老进行了阐述。1982年，联合国大会通过的《老龄问题维也纳国际行动计划》明确指出："社会福利服务应以社区为基础，并为老年人提供范围广泛的预防性、补救性和发展方面的服务，以便老年人能在自己的家里和他们的社区里尽可能过独立的生活，继续成为参加经济活动的、有用的公民。"1991年《联合国老年人原则》再次强调："老年人应尽可能长期在家里居住""老年人应该得到家庭和社区根据每个社会的文化价值体系而给予的照顾、服务和保障。"

我国将居家养老（服务）定义为：以家庭为核心、以社区为依托、以专业化服务为依靠，为居住在家的老年人提供以解决日常生活困难为主要内容的社会化服务。《中华人民共和国老年人权益保障法》第十三条明确指出："老年人养老以居家为基础，家庭成员应该尊重、关心和照料老年人。"

从联合国和国内外学者对居家养老的阐释可以看出：

家庭和社区在居家养老模式中具有不同的定位。家庭和社区是居家养老模式的重要载体，其中，把家庭可以看作是居家养老模式的基础载体，把社区可以看作是居家养老模式的保障载体，由家庭和社区组成的居住环境对保持居家养老模

---

① Malcolm J. Fisk. Independence and the Elderly［M］.Great Britain. Billing and Sons Ltd.，1986：15.

② Joanna Bornat. In Community Care：A reader［M］. The UK：Palgrave Macmillan，1997：168.

③ 早川和男 . 居住福利论——居住环境在社会福利和人类幸福中的意义［M］. 李桓译 . 北京：中国建筑工业出版社，2005.

④ 黄耀荣 . 实现"在地老化"终生住宅发展形式探讨［J］. 台湾老年医学杂志，2006（3）：139.

⑤ 张雅 . 关于社区居家养老的文献综述［J］. 财经政法资讯，2010（5）：59-62.

式的完整性和可持续性发挥着重要作用。在 2013 年新版的《老年人权益保障法》第六章"宜居环境"第六十四条中，专门提出"国家推动老年宜居社区建设，引导和支持老年宜居住宅的开发，推动和扶持老年人家庭无障碍设施的改造，为老年人创造无障碍的居住环境"的规定。另外，我国的基本养老服务制度基础设施建设也包括对老年人实施家庭无障碍改造和社区无障碍改造的内容。

虽然居家养老不是简单地回归家庭，但与支持老年人持续居住的环境是分不开的。如果老年人的住房质量不佳，所在社区缺乏老年人生活需要的基础设施，居家养老也难以实现。由此可见，我国的居家养老模式，不仅包括为居家老人提供相应的吃饭、穿衣、护理等服务，同时也包括为居家老人创建一个安全、便捷、舒适的宜居环境。

二、老年人居住环境

（一）老年人居住环境的界定

尽管已有文献对老年人居住环境做了大量研究，但对老年人居住环境的界定却很少涉及，由于学科特征的差异，研究视角也各有不同。在建设"以居家为基础、社区为依托、机构为支撑"的社会养老服务体系过程中，只有结合老年人的养老特征对老年人居住环境进行界定并进一步研究，才能更好地满足不同特征老人的居住需求。

本书主要通过分析建筑规划学、人口社会学和管理学三个领域居住环境的研究特征，对居家养老模式下城市老年人居住环境进行界定，为后面写作提供理论基础。

第一，建筑规划领域关于老年人居住环境的研究具有以下两个特征：

首先，以住房为主题进行研究，将老年人居住环境等同于住房。李博（2012）认为，老年人住房需求应包括室内、室外公共空间（包括楼梯间和出入口）和室外公共区域（主要指社区公共区域，如活动室等）[1]，陈实（2010）通过研究认为，社区住房建设应兼顾到老年人家庭结构变化和居住需求等因素，既要保证老年人室内基本生活的安全便捷，又要为老年人室外邻里交流创造舒适的环境[2]。

其次，以居住环境为主题进行研究。将老年人居住环境分为养老设施和老年

---

① 李博.旧居住区适老性改造需求与服务体系研究——以西安市为例［D］.西安建筑科技大学硕士学位论文，2012.

② 陈实.老年人社区居住环境空间需求研究［D］.湖南大学硕士学位论文，2010.

住宅，其中，养老设施包括机构养老设施和社区养老设施（吴珊珊，2012[1]），或将老年人居住环境分为室内环境和包括社区的室外环境两部分进行研究（叶建晖，2006[2]）。将居住环境与"在宅养老"相结合进行研究。在居住环境与"在宅养老"相结合的研究方面，相关文献主要从"在宅养老"的角度论证了从家庭、邻里和社区三个方面构筑老龄化社会居住环境体系的必要性，并提出以社区为单位进行老年人居住环境体系建设，主要包括新建或改造的住宅，例如，通用住宅、多代住宅等；也包括室外无障碍活动环境，例如，道路、步行空间、绿化，还有社区老年活动设施等（周典、周若祁，2006[3]；刘婧[4]，2011；吴双，2009[5]），同时也有仅从室内居住空间对"在宅养老"老年人的居住环境进行研究（张强，2007[6]）。

第二，与建筑规划学不同，人口社会学领域则采取较为谨慎的研究视角，学者们并没有完全将住房和居住环境等同起来，其中，住房主要指室内环境和室外连接社区的通道部位的相关设施，但住房环境则包括社区的相关设施。

中国老龄科学研究中心陶立群（2004）在对"中国老年人住房与环境状况分析"中指出：老年人口的住房状况和居住环境关系到晚年生活质量，同时指出老年人的居住环境有别于一般住宅，其中，无障碍的居住环境涉及室内环境的无障碍设计以及室外楼梯的坡度、宽度、扶手及采光照明；老年住宅环境设计的基本原则包括标志易于识别、易于控制选择、易于接近或达到、易于交往及无障碍性（陶立群，2004[7]）。丁志宏、姜向群（2014）[8]在"城市老人住房状况及其满意度研究——以北京市海淀区为例"的分析中，对老年人住房状况的研究主要以整栋楼为主，在住房适老性改造方面提出以室内改造和室外改造为主，室外改造主要包括楼梯踏步、扶手及楼道照明等。周春发、付予光（2008）[9]通过对老人与环境适应理论和居家养老定义的剖析，并借鉴国外实现居家养老的老年住宅建设经

① 吴珊珊.宁波市老年人居住环境现状及改善策略研究［D］.浙江大学硕士学位论文，2012.
② 叶建晖.老龄化中国的老年居住环境研究［D］.长沙理工大学硕士学位论文，2006.
③ 周典，周若祁.构筑老龄化社会的居住环境体系［J］.建筑学报，2006（10）：10-12.
④ 刘婧.基于我国"在宅养老"模式下的城市老年人居住环境设计研究［D］.北京交通大学硕士学位论文，2011.
⑤ 吴双.在宅养老模式下老年住区居住环境设计研究［D］.西南交通大学硕士学位论文，2009.
⑥ 张强.居家养老模式下老年人居住环境及生活行为的调查研究［D］.同济大学硕士学位论文，2007.
⑦ 陶立群.中国老年人住房与环境状况分析［J］.人口与经济，2004（2）：39-44.
⑧ 丁志宏，姜向群.城市老人住房状况及其满意度研究——以北京市海淀区为例［J］.北京社会科学，2014（1）：51-59.
⑨ 周春发，付予光.居家养老住房与社区照顾的联接［J］.城市问题，2008（1）：67-72.

验，从住房和社区两个层面分析中国老年人居住环境存在的问题。

另外，在社会保障和公共管理相关的管理学研究方面，相关文献主要将老年人住房需求等同于居住环境需求，提出将老年人的基本居住需求和需要的社区服务相结合，从室内和室外两个方面，或从住房、连接住房和社区的通道及社区活动设施三个方面满足老年人的住房需求（付琳琳，2011[①]；宋玉茹，2008[②]；居斌一，2009[③]）。

综合建筑规划、人口社会学及管理学对老年人居住环境的分析可以看出，大部分研究将老年人的居住环境分为室内和室外两部分，基本是从住房层面进行讨论的，主要不同在于对室外环境包括的范围存在差异，大部分研究认为，室外环境主要限于住房的楼梯通道及社区部分，也有的研究认为，室外环境包括机构养老设施和社区养老设施（吴珊珊，2012），由于研究的视角不同，还有将室内区域作为老年人居住环境进行一系列规划设计（张强，2007）。

这种差异一方面和研究者的专业背景有关，另一方面也说明结合养老需求特征对老年人居住环境进行界定和研究的必要性。需求进化理论中的需求协调化主要是指构成系统的各子系统之间的协调发展，趋于一种动态的平衡，如果子系统之间存在不协调的因素，那么会影响人们的日常生活。在我国社会养老服务体系建设过程中，家庭和社区不仅是老年人主要的养老场所，也是居家养老模式下老年人居住环境体系的主要组成部分。对居家老人来讲，室内和室外基础设施是否具有安全、便捷、可及的特征，直接影响老年人生活质量的提高。在居家老人的居住环境体系中，可及性是一个重要的组成要素，通常情况下，住房的可及性包含四大类指标：住房内部情况、房屋外部环境、横向和纵向通行情况、空间的可利用性（Hacihasanoglu and Hacihasanoglu，2001[④]）。在考察住房可及性的一系列指标中，是否有电梯是非常重要的指标（Fange and Iwarsson，2003[⑤]），对满足居家老人的社交需求具有重要的保障作用。

从养老特征来讲，"在宅养老"城市居住环境体系以社区为单位进行建设，不仅有利于"在宅养老"社会服务体系效率的发挥，而且社区作为老年人日常活

① 付琳琳.城市老年人居家养老型住宅需求研究［D］.河北经贸大学硕士学位论文，2011.

② 宋玉茹.人口老龄化背景下的我国老年住宅问题研究［D］.山西财经大学硕士学位论文，2008.

③ 居斌一.中国老龄化城市老年人居住政策研究［D］.上海交通大学硕士学位论文，2009.

④ Hacihasanoglu, and Hacihasanoglu, O. Assessment for Accessibility in Housing Settlements［J］. Building and Environment, 2001, 36（5）: 657–666.

⑤ Fange, Iwarsson S. Accessibility and Usability in Housing : Construct Validity and Implications for Research and Practice［J］. Disabil Rehabil, 2003, 25（23）: 1316–1326.

动主要范围，也有利于满足老年人对地缘、亲缘关系的认同感和归属感（周典、周若祁，2006）。

本书在对不同学科文献综合分析的基础上，参考 2013 年新版《老年人权益法》新增的老年"宜居环境"的相关规定，并结合研究内容对居家养老模式下城市老年人的居住环境做出如下界定：

在居家养老模式下，通过完善住房、住房与社区之间通道及社区的基础设施，为城市居家老人创建的具有安全、便捷、可及、舒适特征的生活环境，使老年人从家庭和社区获得更多的养老支持，在一定程度上弥补由于传统的家庭养老功能弱化造成的非正式支持体系的不足。

（二）关于居住环境"适老性"的界定

"适老性"是老年人居住环境研究或住房研究中频繁出现的一个词，虽然建筑规划领域关于老年住宅适老性改造的研究很多，但对于什么是"适老性"或"适老性"的特征是什么，则没有相关的界定。

有建筑领域学者从适应性视角对住宅的适应性进行界定。根据贾倍思、王撒琼（1998）的定义，"住宅适应性"是指"住宅实体空间能够满足人们多样化的居住需求和变化"。与住宅适应性相关的"适老性住宅"，是指在人口老龄化的背景下，根据住宅适应性理论，在住宅寿命周期中得以适应家庭人口结构以及人们居住需求变化的住宅类型，其本质是适应老龄社会的通用住宅[①]。可见，"适老性住宅"的特点在于"通用性"，并没有将居住对象局限于老年人群体，而是强调适应家庭结构变化及其居住需求变化。适老性住宅以动态的视角，侧重研究在住宅使用年限中对不同老年人居住需求的适应能力，符合老龄化动态发展的客观规律。

在对居住环境界定的基础上，参考贾倍思、王撒琼（1998）对"适老性住宅"的界定，根据研究需要，本书对居住环境"适老性"界定如下：

在居家养老模式下，居住环境所具有的满足城市居家老人及其家庭居住、生活需求，方便老年人从家庭、社区获得相应的养老支持的性能。

（三）老年人居住环境需求

关于需求，《社会工作辞典》将其定义为：需求是指个人感受到的一种紧张

[①] 贾倍思，王撒琼.居住空间适应性设计［M］.南京：东南大学出版社，1998.

或不满足的状态，这种状态会促使个人积极争取那些可以满足自身的目标[1]。有学者认为，需求是个人在某种情境下为发挥自身功能所需要的各种资源。还有学者认为，将需求分为规范性需求、感觉需求、表达的需求和比较的需求四类，表明需求具有多样化的特征，在满足需求的过程中，既要参考客观评估，又要考虑到需求主体的自我感受及主观诉求。

中国老年人需求的研究始于 20 世纪 80 年代初，主要从基本权利视角对老年人需求进行研究，包括老年人的生存权、发展权、被赡养权等，其中，生存权主要是指对经济收入和居住方面的需求，注重老年人基本需求的满足，如健康、安全等，发展权主要是指老年人的精神和心理需求[2]。也有学者将老年人需求分为物质生活、精神需求、生命质量、生活环境几个方面[3]。中国台湾学者万育维（2001）指出，在评估老年人需求的过程中，应注意到需求的多面性、整体性、个别性和多变性的特征[4]。

从学者们对需求的界定可以看出，对需求的研究，既要关注不同需求主体的特征，又要看到需求内容的多样化。在不同的养老模式下，老年人的居住环境需求也是有差异的，老年人居住环境需求的界定应结合不同的养老模式和老年人的养老需求特征。

本书主要研究居家养老模式下城市老年人的居住环境需求，结合前面关于老年人居住环境的界定，并参考基本养老服务制度和新版《老年人权益保障法》的相关内容，笔者认为，在居家养老模式下，家庭对老年人的非正式养老支持，尤其是在生活照料和精神慰藉方面发挥着重要作用。所以，无论是居住环境的"适老性"，还是老年人居住环境需求，都应包括老年人个人的需求和家庭的需求。

本书根据研究需求，将"老年人居住环境需求"界定为在居家养老模式下，城市老年人及其家庭基于养老需要在居住和生活环境方面产生的需求，主要包括基本的住房条件和社区设施两个方面。

（四）老年人居住环境需求的指标内容

在对老年人居住环境界定的基础上，结合对上海市居家老人的调研材料，根据文中对居家老人居住环境现状及需求特征的分析，将居家老人的居住环境需求分为三个层次，并设定相关指标进行分析。主要指标分为三级：一级指标主要指

---

① Barker R.L. The Sochd Work Dictionary（4th Ed.）［M］. Washington, D.C : NASW Press, 1999.

② 邬沧萍. 社会老年学［M］. 北京：中国人民大学出版社，1999.

③ 陈立行，柳中权. 向社会福祉跨越［M］. 北京：社会科学文献出版社，2007.

④ 万育维. 社会福利服务——理论与实践［M］. 台北：三民书局，2001.

室内和室外两部分；二级指标中室内部分主要包括厨房和卫生间两个模块，室外部分主要包括住房与社区之间的连接通道和社区环境两部分；三级指标主要包括二级指标各模块的组成要素（如表 1-1 所示）。

表1-1 城市居家老人居住环境需求指标内容

指标层次	一级指标	二级指标	三级指标
	区域	需求模块	需求要素
居住环境需求	室内	厨房	①空间面积；②操作台高度；③橱柜的吊柜高度；④地面防滑；⑤储藏空间面积；⑥配套阳台；⑦采光照明；⑧使用设备；⑨开关、插座数量；⑩轮椅进出通道
		卫生间	①空间面积；②地面高差；③扶手；④蹲便器高度；⑤洗浴设施；⑥洗手台高度；⑦呼救设备；⑧采光照明
	室外	连接通道	①轮椅通道；②电梯；③扶手；④灯光照明；⑤监控与求助设备
		社区	①步行障碍如坡道高度；②休息交流、活动的场地；③绿化面积；④卫生状况；⑤噪声；⑥治安

第四节 研究的问题和内容

目前关于老年人居住环境问题的研究主要集中在建筑规划领域，然而以老年人为需求主体，通过对老年人养老特征、居住环境需求特征等因素综合分析，从政策上提出一个改善老年人居住环境的相关研究还较少。因此，本书在参考相关研究的基础上，对城市居家老人的居住环境需求问题进行研究。

对城市居家老人居住环境需求问题的研究，具体问题如下：

（1）城市老年人居住环境现状如何？老年人居住环境需求存在哪些问题？

（2）城市居家老人居住环境需求类型及特征有哪些？不同群体居家老人的居住环境需求存在哪些差异？

（3）不同住房类型的适老性程度如何？不同住房类型中的居家老人有哪些居住诉求？

（4）城市居家老人居住环境需求问题的影响因素有哪些？

（5）针对城市居家老人居住环境需求问题如何进行目标定位，并依据相关理论采取合适的路径，实现一定的理论价值和实践价值。

针对以上问题，本书研究内容主要包括以下部分：

第一部分，前三章，本书的理论部分。第一章通过相关背景的分析提出问题，并对城市居家老人居住环境需求的相关概念进行界定；第二章为相关文献的回顾和理论的梳理，总结国内外关于老年人居住环境问题的文献和理论，并进行评论，在此基础上提出本书的理论基础，即在人口社会学的框架下，借助社会分层理论、需求理论、非正式支持理论等对城市居家老人的居住环境需求问题进行分析；第三章结合相关的调研数据和理论，确定研究框架，运用定量和定性相结合的方法，对城市居家老人的居住环境需求问题进行研究。

第二部分，第四章和第五章，本书的实证部分。第四章关于城市老年人居住环境现状及问题的研究，通过对 2010 年"中国城乡老年人口状况追踪调查"中城市老年人住房数据和上海市居家老人调研数据的整理，分析老年人居住环境基本现状及存在的问题。第五章通过上海市调研数据进一步分析居家老人居住环境需求特征，具体包括：提炼居家老人居住环境需求类型及其规律；通过多元线性回归获得不同特征居家老人居住环境类型的需求差异；通过综合评价法分析不同住房类型的适老性能，结合调研中的访谈材料进一步分析不同住房类型中居家老人在居住环境方面的主观诉求。

第三部分，第六章，影响因素。第六章分析城市居家老人居住环境需求的影响因素。通过定量研究分析不同人口学特征的居家老人改善居住环境的意愿。从供需匹配视角分析目前老龄产业在满足老年人居住环境需求方面存在的问题；同时结合养老文件分析相关的法规制度对于改善老年人居住环境方面的规定，结合相关政策中的居住要点，挖掘影响老年人居住环境需求问题的深层次原因。

第四部分，第七章，结论与讨论。主要对研究结论进行归纳并进行理论层面的探讨，同时根据老年人居住环境建设存在的不足，通过分析相关的国际经验，提出相应的目标定位和解决路径，最后总结存在的不足和研究展望。

第五节　研究特色

本书具有以下五个特色：

第一，基于社会分层视角，构建了城市老年人口居住环境需求研究的理论分析框架和指标体系。发展居家养老事业，牵涉面广，涉及行业部门多，许多问题症结的出现往往缺乏顶层设计。本书突破以社会政策、社会保障、人口学、建筑学等单一学科分析的研究范式，通过分析老年居住环境规划、建设和改造一体化设计，居住环境需求供需匹配，通过多学科交叉研究，系统、全面分析居家老人居住环境需求的各个方面，在把握一般规律的基础上，建立新的分析框架，并构建了城市居家老人居住环境需求指标，从而拓展了老年学的相关研究领域。

第二，以老年人的居住环境需求为切入点进行研究，从更宽阔的视野考察我国城市居家养老服务的发展和老年人的社会支持体系问题，有利于居家老人从家庭和社区获得更多的非正式养老支持，进一步拓展了居家养老和老年社会支持体系研究的内涵和理论。从以往学界的研究来看，通过对老年人居住环境需求分析来对居家养老服务的研究比较少。事实上，了解清楚老年人的需求是整个社会保障体系建设的基础与核心问题。不同年龄、性别、身体状况和经济状况的老年人对居住环境的需求亦不相同，因此，本书将把老年人意愿和需求研究作为重点研究内容，并以需求理论为切入点分析城市居家老人的居住环境需求问题，进一步扩展了以往关于需求理论应用研究的范围，为构建社会养老服务体系提供了一个新的理论视角和分析工具。并据此提出了根据老年人年龄结构及家庭变化特征，采取适老性改造，提高新建住房适老性能，增加老年住房的供给，为老年人和子女同居、邻近居住等创造条件，通过政府的正式支持及市场、社会、家庭的配合，从居住视角为城市居家老人提供更多的非正式支持的有新意可操作的对策建议。

第三，以数量分析作为重要分析工具，归纳总结了不同类型、不同居住条件城市居家老人对居住环境的需求规律性，这也是本书在研究方法上的特色。城市居家老人的居住环境需求是本书研究的重点，在对老年人居住环境现状评估的基础上，本书运用因子分析法、多元回归模型等人口统计分析技术研究不同类型、不同居住条件老年人的居住模式及对居住环境的需求特征。通过因子分析，提炼出了城市老年人居住环境需求的便捷性、安全性、可及性、舒适性四个因子，通过多元回归模型，总结了不同年龄、居住方式、居住条件老年人对居住环境需求的差异化特征，进一步将四个因子划分为基本需求（便捷性、安全性）和发展需求（可及性、舒适性），为政府提供分层分类的居住环境建设和改造服务提供了政策依据。

第四，依据供需匹配的原理，对不同类型住宅的适老性能及居住老人的主观诉求进行了分析。通过综合评分法对不同类型住宅在便捷性、安全性、可及性、舒适性方面的适老性进行了综合评估，同时，结合访谈材料，对不同类型住宅中老年人居住的主观诉求进行了分析。通过定量和定性的综合分析，有助于深入了解不同居住环境中居家老人的需求差异，为政府分层分类改善老年人居住环境提供了参考。

　　第五，从旧宅适老性改造、保障房建设和分配，以及住房置换三个方面系统提出了满足城市居家老人居住环境需求的有效路径。从个人和家庭视角分析居家老人居住环境需求，对家庭非正式支持理论和老年人福利理论赋予新的研究视角，既丰富了该理论内涵，同时对于弥补由于家庭变迁所导致的家庭养老功能的弱化具有重要的指导意义。选题的应用性较强，在大量的实地考察和调查研究的基础上，通过借鉴境外发达国家和地区居住环境建设的经验，在参考已有建筑学和规划学等对居家老人住房研究的基础上，依据现行养老政策中的居住要点，及新版《老年人权益保障法》中关于老年宜居环境的规定，论证了将老年旧宅适老性改造纳入旧居住区改造的法理基础以及合理性和可行性，同时论证了保障性住房分配老年人优先的必要性和可行性。

　　与此同时，建议政府进一步发挥宏观调控的功能，通过搭建平台及政策引导，实现存量住宅和老年人居住的旧宅之间的置换，更好地满足城市老年人的居住环境需求。

第二章

城市居家老人居住环境需求研究的理论基础

在老龄化日益严峻的条件下，居住问题逐渐进入学者们的研究视野，大多数研究者都认同以住房为主的居住条件是老年人生活环境的重要组成部分，也是提高老年人生活质量和福利水平的最基本条件（杨中新[①]、蒋志学等[②]），并将住房作为评价老年人生活质量的重要指标进行研究（冯立天等[③]，邬沧萍[④]）。在梳理老年人居住环境相关文献的过程中，笔者发现，目前老年人居住环境的研究总体上侧重于技术层面，虽然有些研究也注意到了老年人居住环境和居住模式、健康、养老等有一定联系，并且提出老年住房建设、改造的必要性，但对不同特征老年人居住环境的需求差异及影响因素的研究却比较少，而老年人居住环境需求特征及影响因素正是改善老年人居住条件和健全社会养老服务体系的重要依据。所以，在建设老年宜居环境的过程中，不仅需要技术层面的规划设计，也需要分析老年人居住环境的需求特征及影响因素，只有这样，才能真正提高老年人的居住福利。

第一节　老年人居住环境需求研究的文献综述

一、老年人居住环境需求的相关理论分析

（一）老年生态学理论

劳顿·鲍威尔（1990）认为，人的行为受到个人能力和环境压力的共同影

---

①　杨中新.构建有中国特色的老年人生活质量体系［J］.深圳大学学报，2002（1）：60-66.
②　蒋志学，刘丽，赵艳霞.老年人生活质量指标体系探析［J］.市场与人口分析，2003（3）：61-65.
③　冯天立，戴星翼.中国人口生活质量再研究［M］.北京：高等教育出版社，1996.
④　邬沧萍.北京市人口老龄化与老年人口生活质量问题研究［M］.北京：燕山出版社，1990.

响，个人能力指适应环境和处理事务时所具备的生理能力和心智能力，环境压力指环境对个人行为所产生的挑战。如果一个人的能力较弱，适应环境的能力也较差，则需要环境为他们的行为提供强有力的支持和保障。随着年龄的增长，老年人的生理功能会逐步退化，例如，听力、视力、记忆力和行走能力等都将逐渐下降，甚至一些简单的日常活动也难以完成，由此而来的挫折感会造成一定程度上的心理疾病。因此，改善老年人居住环境应尽量为老年人完成各种活动提供支持条件，使其尽可能长时间地做到全部或部分生活自理[1]。

根据劳顿·鲍威尔提出的老年生态学理论观点，我们既要关注居住环境对老年人生活的影响，又要重点解决老年群体中的特殊群体，例如，高龄老人、空巢老人、失能失智老人等的居住环境需求问题，提高他们适应环境的能力；又如，在住房建设及更新改造中应考虑为老年人的日常行为活动创造便利条件，以满足不同特征老年人的居住需求，从而弥补家庭养老功能弱化带来的养老压力。

（二）老年人与环境适应理论——劳顿—帕姆拉生态模型

1973 年，劳顿和帕姆拉提出关于老年人与环境适应的"生态模型"，即"能力—压力模型"（Competencey Spress Model）[2]，其中，个人能力是指一个人能力的总和，主要包括健康、心理调适以及认知能力；环境压力主要是指环境附加于人的要求，也指不论个人能力如何控制其环境，环境给予人的感受。根据生态模型，环境对人的生活有较大影响。当个人能力与环境要求相适应时，需求则会得到满足，环境压力过强或过弱都会对人造成不良影响。从图 2-1 可以看出，个人能力与环境压力之间的关系可以用感觉与行为来解释，不同的"能力—压力"组合可导致不同的适应性行为及不同的感觉。图中的虚线表示一个人对环境的适应水平，是指个人在一定的能力范围内与平均环境压力互动的结果，其中，左方为当个人能力略大于环境压力时，处于最佳状态，个人感觉最舒适，即"最舒适区"；右方为当环境压力稍大于个人能力时，需要发挥个人潜能适应周围环境，即"最大潜能表现区"。

1990 年，劳顿和帕姆拉对生态模型做了进一步完善。他们认为，自主与安全是提高老年人生活质量的重要保障，对老年人的"个人—环境"关系具有重要作用，其中，"能力"被定义为"自主"，"环境压力"被定义为"安全"。一个具

---

① 吕志鹏，朱雪梅．浅论美国老人护理建筑的设计理论与原则 [J]．城市建筑，2010（7）：14-17.
② N. R. 霍克曼，H. A. 基亚克．社会老人学 [M]．林欧贵英，郭钟隆译．台北：五南图书出版股份有限公司，2003.

有自主权的人，能力相对较强，并且有更多的选择自由，可以利用自己的资源实现想要的目标，而一个安全的环境，即环境压力相对较少，可以为老年人提供更丰富的社会资源。

由"生态模型"可以看出，老年人对居住环境的适应能力受到自身能力和环境压力两者互动的影响，其环境行为与感受随着自身能力和环境压力的变化而变化。如果老年人处于合适的环境中，其适应行为及感受将处于最佳状态；如果环境压力过低，老年人很可能会有不适应或无聊等负面的感受；如果环境压力过高，甚至超出老年人的心理承受能力，则可能导致出现崩溃行为。

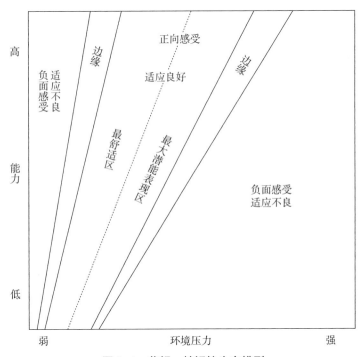

图 2-1　劳顿—帕姆拉生态模型

注：虚线表示适应水平。

资料来源：M. P. Lawton and L. Nahemow. Ecology and the Aging Process［A］// C. Eisdorfer and M. P. Lawton（Eds.），Psychology of Adult Development and Aging, Washington D［M］. C A-merican Psychological Association, Inc, 1973. 转引自：N. R. 霍克曼，H.A. 基亚克 . 社会老人学［M］. 林欧貴英，郭钟隆译 . 五南图书出版股份有限公司，2003：15.

可见，生态模型不仅强调居住环境对于老年人的能力具有重要的影响，尤其是正向的、积极的居住环境干预对增强老年人的适应能力具有重要作用，也说明老年人能力大小受诸多因素的影响，例如，不同年龄段的老年人，其生理功能衰退程度不同；不同的家庭结构、不同的居住模式、经济能力的差异等对老年人适应环境均有重要影响。

该模型为我们分析老年人居住环境问题提供了很好的理论基础，一些学者利用该理论展开对老年人住房问题的研究（丁志宏、姜向群，2014[①]）。可以发现老年生态学理论和老年人与环境适应理论有以下异同点。

第一，两个理论都认同良好的居住环境对于改善老年人健康，提高老年人生活质量具有重要的保障作用。

第二，与老年生态学理论相比，老年人—环境适应理论不仅关注老年人的生理能力、心理能力等先天性条件对环境适应水平，更重要的是该理论将老年人与居住环境之间的关系从"能力—压力"发展到"自主—安全"，更加关注老年人所拥有的经济资源、家庭资源等社会资源在改善居住环境中的作用及老年人的社会属性与居住环境之间的互动。

第三，老年人与环境适应理论突出了环境因素对增强老年人自理自立能力的重要性，即一个理想的居住环境有助于发挥老年人的潜力，增强老年人自我养老的能力。

（三）老年人迁移理论研究

在西方社会老年学领域，认为老年人在晚年生活中有两次迁移。Longino（1990）提出第一次迁移理论，认为老人在他们退休后的前几年往往选择离开子女，迁移到一个气候温暖、价格适当的社区。Merril Silverstein（1995）提出第二次迁移，他认为当老人生病或需要贴身照顾时，老人会搬回到子女的附近居住。美国俄亥俄大学社会学与人类学李捷理教授（2007）在总结上述观点的基础上，认为这两次迁移与老年人的年龄有关。

老年人迁移理论也在一定程度上说明老年人对晚年居住环境的重视，老年人会通过迁移流动改善自己的居住环境，尤其在自己被需要照顾时希望从家庭、子女身上获得相应的养老支持。根据老年人对居住环境需求的变化，在老年友好城市建设和老年宜居社区建设中，为老年人提供一个舒适的居住环境，对推进"健康老龄化""积极老龄化"具有重要意义。

1982年，在维也纳召开的老龄问题世界大会（the World Assembly on Ageing）提出："年长者的住处不应仅仅视为一个容身之地，除物质部分之外，年长者的

---

① 丁志宏，姜向群. 城市老人住房状况及其满意度研究——以北京市海淀区为例［J］. 北京社会科学，2014（1）：51–59.

心理因素和社会意义应予以考虑。"可见，安全便捷的居住环境对提高居家老人的居住水平和参与能力，实现老年人自身价值具有重要的保障作用。

（四）社会活动理论

1953 年，"社会活动理论"一词由凯文（Cavan）等提出。该理论认为，老年人的社会适应能力与自身的角色联系密切。老年人的社会角色丧失越多，社会参与的机会越少；老年人自我认识的稳定性源于社会角色的稳定性。老年期的角色大多属于非强制性的，一方面，老年人拥有更多自主性，做出的选择更加符合个人意愿；另一方面，老年人扮演的非强制性社会角色也有益于改善他们的精神状态[1]。

从老年人居住环境来讲，如果老年人主要居住在家里或在功能单一的养老院中养老，有可能给老年人带来孤独和郁闷等心理问题。活动理论强调良好的居住环境对于保持老年人身心健康，增强老年人自理能力具有重要的促进作用，同时对于我们改善以住房为主的老年人居住环境提出一个要求，即如何为老年人提供一个舒适、便捷的宜居环境，通过创造便于老年人交往的活动空间，保持老年人社会角色的延续，尤其是赋予老年人适当的非强制性社会角色，使老年人以一种积极的心态重新认识自我，度过愉快的晚年。

（五）老年亚文化群理论

老年亚文化群理论旨在揭示老年群体的共同特征，并认为老年亚文化群是老年人重新融入社会的最好方式。随着现代医疗水平的提高和老年人寿命的延长，老年群体的亚文化现象更为突出。老年人群体不仅具有衰老、孤独等生理和心理上的共同特征，也面临着物质和精神等方面的共同需求，这些共同的特征和需求使群体之间的交往更为密切。

从主观上来讲，老年群体有强烈的在居住环境周围找到自己小团体的愿望。老年亚文化群理论类似于人口学中的同期群理论，比较重视具有相同特征的老年人的需求。随着老年人口规模的扩大，高龄化和空巢趋势明显，再加上老年人空间分布集聚性的明显特征，这些都将使老年亚文化群的特征更加显著。在老年亚文化群体内，老年人容易达到一致的生活节奏，例如，参与感兴趣的活动，谈论感兴趣的话题，增加其社会影响力，更容易受到社会外界的关注，同时也便于政府将有限的资源集中起来，规模化地为老年亚文化群提供援助和服务[2]。

---

[1][2]　刘美霞 . 老年住宅开发和经营模式［M］. 北京：中国建筑工业出版社，2008.

老年亚文化群理论指出的老人活动和生活的一般特征，启示我们在老年居住环境需求的研究中，要考虑一些老年人的共性要求，为老年亚文化群的形成创造条件。当然这一概念不能应用于所有老人，有些老年人拥有较高的地位，掌握较多资源，例如，知识、关系网、经济控制能力等。所以，老年人居住环境需求既要考虑共性，又要根据不同的群体考虑其个性化需要。

社会活动理论和老年亚文化群理论的共同特征是比较重视老年人的社会属性，希望老年人口不因年龄原因而脱离社会或被社会孤立，这是近几年大力倡导"健康老龄化"和"积极老龄化"的重要宗旨。良好的居住环境对于促进老年人身心健康，积极融入社区和参与社会活动具有重要的保障作用。

二、老年人居住环境需求与居住模式之间的关系

（一）居家养老条件下老年人居住模式变化

自从计划生育政策实施以来，随着人口出生率的持续降低，家庭规模缩小，代际关系简单化，传统的大家庭逐渐分解为越来越多的核心家庭，伴随而来的是人们居住模式的变化，而居住模式的变化又是和住房密切联系的。

除建筑及规划领域的专家从微观视角对老年人住房特征及设计理念进行研究以外，多数学者以居住为切入点对老年人住房问题进行研究，这也在一定程度上反映了不同居住特征老年人的居住需求。

目前，中国老年人的住房已经向多样化方向发展，老年人独立居住的比重在增加，和子女同住的比例在逐渐下降，但就老年人居住意愿来讲，有调查数据显示，多数老年人还是希望与子女、配偶一起居住[1]，或与子女邻近居住，便于照顾。虽然这一研究结果与国外老年人独自居住成为现代社会主流的观点有所差异，但也在一定程度上说明在居家养老的背景下，老年人对子女、配偶等家庭成员还有很高的依懒性，也许独立居住并不是一些老年人真正追求的目标。

随着老年人口数量的增加，空巢老人已成为老龄社会引人注目的群体。根据《2006 年中国城乡老年人口状况追踪调查》结果显示，近年来，子女不在老人身边和老年人愿意单独居住的家庭比例显著增加。2006 年，城市地区的空巢户比重为 49.7%，农村地区的空巢户比重为 38.3%[2]。可见，在社会转型背景下，以儒

---

[1] 李斌.分化与特色：中国老年人的居住安排——对 692 位老人的调查 [J].中国人口科学，2010（2）：101-112.

[2] 阎青春在《中国城乡老年人口状况追踪调查》新闻发布会上的讲话 [EB/OL].http：//www.whll. gov.cn/text.php？artid=76&keyword.

家文化为主要特征的中国传统家庭文化正在悄然发生变化。

作为老龄化程度最严重的上海，老年人仍以家庭作为自己理想的养老居住地，且老人独居或与配偶一起居住的意愿比较明显。

根据 2008 年上海市户籍老年人日常生活情况及养老意愿调查结果显示：86.97% 的老年人希望在自己家里养老，由子女、保姆或社区养老服务中心来照顾，只有10.75%的老年人希望住进养老机构[①]。上海市妇联与复旦大学社会性别发展与研究中心于 2014 年开展的"老人生活照料与公共政策"调查数据也显示，居家养老仍是人们最喜欢的养老模式，虽然有七成网友愿在条件允许的情况下与父母同住，但还是有八成老人希望在身体健康时自由地生活，其中，有超过半数受访者（53.4%）表示，在自己身体健康的情况下，选择和老伴一起居住，但希望离子女近一些，即所谓保持"一碗汤的距离"，只有不到16%的人选择和子女一起居住[②]。

从老年人居住模式的影响因素来讲，一些研究者强调身体功能和健康状态是老年人选择居住模式的重要因素。良好的健康状态与较强的身体功能是老年人独立居住的必要条件[③]。如果老年人的身体功能下降和心理状态较差则会限制老年人的日常行动，因此，行动不便或患有疾病的老人与子女同住的可能性就会增加[④]。

王梁通过对扬州、南京等四个城市老年人生活状况调查数据分析，认为城市居民模式在不同性别、年龄段上差异较小，而文化程度、职业及收入水平对居住模式的影响较大。文化程度越高，与子女同住的比例越小，无业或下岗职工等缺少老年保障的老人与子女同住的意愿较高[⑤]。北京大学陆杰华等对北京、天津、上海、重庆四个直辖市 1742 位 65 岁以上老年人健康状况调查问卷分析发现，人口、健康、经济三个因素对老年人居住方式影响显著[⑥]。王江萍对武汉市老年人

---

① 上海：86.97% 的老年人希望在家养老［EB/OL］. http：//www.shanghaigss.org.cn/news_view. asp？newsid=5680.

② http：//sh.sina.com.cn/news/s/2014-09-02/0726108725.html.

③ Hays J. Pieper，C. Purser J. Competing Risk of Household Expansion or Institutionalization in Later Life［J］. Journal of Gerontology：Social Sciences，2003（5）：11-20.

④ Worobey J.and Angel R. Functional Capacity and Living Arrangements of Unmarried Elderly Persons［J］. Journal of Gerontology：Social Sciences，1990（13）：95-101.

⑤ 王梁. 城市居民理想养老居住方式的选择——基于南京等四城市抽样调查的实证研究［J］. 南方人口，2006（1）：27-32.

⑥ 陆杰华，白铭文，柳玉芝. 城市老年人居住方式意愿研究——以北京、天津、上海、重庆为例［J］. 人口学刊，2008（1）：35-41.

和中青年人的居住方式进行抽样调查发现，中国老年人"养儿防老"的思想观念正在发生变化：一方面，武汉市老年人的居住方式还是以与子女同住为主，但在同住的老年人群中有相当数量的老年人有与子女分开居住的意愿，而与子女分开居住的老年人大部分对目前的居住状况比较满意，希望保持这种居住状态。独居高龄老人随着年龄的增大，虽然独居的意愿逐渐降低，但独居老年人不希望改变自己原来的居住环境，希望和子女保持一种"分而不离"的居住模式，在空间和心理上不希望与子女割断联系。另一方面，对中青年群体的调研数据也显示：大部分中青年群体也希望与子女保持一种"分而不离"的邻近居住模式[①]。可见，未来独居或与子女保持邻近居住模式的老年人数量可能会大幅增加。

有关对老年人个人资源的研究显示，拥有更多子女、身体健康、经济资源丰富、社会功能状态较好的老年人，更容易独立居住。经济学家已有大量证据表明，在 20 世纪，社会保障收益是老年人独立居住比率增长的主要因素[②]。

可见，在老龄化社会，老年人独居或与配偶同居的意愿是比较强烈的，在目前及未来一段时间，空巢老人的规模还会继续壮大。同时在文献的梳理中我们也可以看出，老年人居住模式随着年龄、健康等因素的变化而变化。虽然老年人独居或与配偶同居的意愿比较明显，但老年人并不想完全脱离家庭，老年人对子女及亲属还有一定的依赖性，尤其对一些高龄老人或经济条件、健康状态等处于劣势的老人而言，希望在居住空间上与亲属保持"一碗汤"的距离，维系其对家庭的归属感并及时得到家庭成员的照顾，例如，彭亮等在对上海高龄老人的研究中发现，随着年龄的增大及生活自理能力的下降，高龄独居老人面临的生活风险也逐渐加大，这时高龄老人倾向于改变独居状态，重新和子女等亲属生活在一起[③]。

（二）居家养老条件下老年人居住模式变化与住房需求

老年人居住模式的变化不仅是与子女之间居住地点的变化，更重要的是老年人对居住环境的重视，渴望在一个舒适、便捷、保持亲情的居住环境中度过晚年。在居家养老的背景下，住房是老年人最主要的居住环境，老年人居住模式的变化和住房是密切联系的，良好的住房条件对于改善老年人居住模式具有重要的促进作用。所以，一些学者将住房与老年人居住模式结合起来进行研究。

赵和生（2003）认为，在人口老龄化和家庭规模小型化的背景下，评价与衡

---

① 王江萍 . 城市老年人居住方式研究［J］. 城市规划，2002（3）：53-55.

② Costa D.L，A House of Her Own：Old Age Assistance and Living Arrangements of Older Unmarried Women［J］. Journal of Public Economics，1999（72）：39- 60.

③ 彭亮，王裔艳 . 上海高龄独居老人研究［J］. 南方人口，2010（5）：24-31.

量住房优劣的标准不仅看套型和面积指标，更要看住房设计是否适应老年人的居住模式和生活特点①。邱海盈（2009）认为，老年人居住模式变化对城市老年人的住房选择有直接影响，从养老发展趋势来看，离散型家庭养老作为一种新的养老形式正被大量老年人接受，混合型老年居住模式可以更好地维系代际关系，使"离散"的老年人能随时得到子女的精神慰藉②，在国外，它是一种刚兴起的新居住模式，指老年家庭同他们的子女同住在一栋楼或一个街区，即老少两代分开居住，但相距不远，在日本被形象地称为"一碗汤"的距离。

选择介于私人住所和养老院之间的合作互租养老模式是德国老年人发展的一种新式的居住模式和生活方式。根据一项民意调查，在德国只有13%的受询者希望在养老机构养老，而在私人住所里发展不同年龄段老年人互助性质的协助服务，可以避免进入养老院。但这种居住模式也面临着一些问题，例如，目前适合这种居住模式的住房供应较少，现存住房室内设施陈旧，适老性能不高；又如，门把手较高、淋浴设施与地面不齐平等③，对居家老人日常生活造成很大不便。

在住房结构与居住关系上，张志莹（2001）认为，老少居可采用跃层式结构。老年人住底层，年轻夫妇和孩子住上层。这种居住形式鼓励儿女成家后与父母就近居住，这样既可以在生活上相互照应，又能保持相对的独立性，使各自的生活方式不受影响④。殷杰（2006）提出，要注意养老住房开发的多样性，他将养老分为同地养老和异地养老两种形式。对于同地养老，他将老少居住房分为同住型和邻居型。同住型可分为老年人与子女居室分离，厨卫分离等形式。邻居型分为老年人与子女同层不同户，同楼不同层，同社区不同楼几种形式。对于异地养老，他主张开发普通型、服务型、护理型三种形式的老年公寓⑤。

在住房类型上，周向红（2001）将老年人住房类型与服务、护理结合起来分析，并将老年人公寓分为自住型、陪助型和特护型三种形式。自住型是为老年人提供一个环境优美、舒适的社区；陪助型是在自住型的基础上为老年人提供与日常生活有关的各种服务；特护型是专门设有为肿瘤患者提供治疗的房间⑥。

张元瑞（2008）提出，大力发展适合居家养老的亲情小区。当老人退休后，社会角色也随之退缩，我国老人非常重视来自晚辈的关怀和照顾，书中认为亲情

① 赵和生.家庭生活模式与住宅设计江苏建筑［J］.江苏建筑，2003（1）：5-8.

② 邱海盈.城市老年人居住模式变迁及对房地产市场的影响［J］.市场与人口分析，2009（6）：59-63.

③ 李青.德国老年人流行合租互助养老［N］.中国社会报，2006-08.

④ 张志莹.浅谈建设有中国特色的老年住宅［J］.中国房地产，2001（1）：44-45.

⑤ 殷杰."养老住宅"巨大商机待掘［J］.北京房地产，2006（12）：23-26.

⑥ 周向红.老年住宅——房地产业的新支点［J］.经济论坛，2001（19）：29-30.

小区就是开发商把老年住房盖到普通小区中来，使老年人能够与子孙同住一个小区，或同住一栋楼，或同住一套房。因此，他将老年人住房分成三种形式："老少居"，即两代或多代人同住一套住房，但各有各的独立完整的生活起居间和设施，有分有舍；"老年公寓"，即专供健康老年人集中居住的专用住房；"关怀住宅"，即具有看护性质的老人住房①。包宗华（2008）倡导在子女居住的小区，适当建设一部分老年公寓。他认为老人入住小区内的老年公寓后，既享有居住普通住房同样的生活自由和子女探视的机会，又享有对老年人在生活和医疗等方面较为周全的有偿服务，避免居住隔离产生孤独感②。

与西方国家相比，日本老年人大多与家人一起居住，国家也积极鼓励老少同住的居住模式。为应对长寿社会的来临和家庭结构小型化的趋势，日本政府在住房供应方面采取了照顾政策，重点开发适合老少同居的新型住房体系，例如，在20世纪60年代发展起来的"两代居"住宅模式，为亚洲其他国家所效仿。

综合以上分析，居住模式变化与老年人居住需求之间的关系集中体现在两个方面，一方面，无论是空巢老人的居住需求，还是与子女同居或邻近居住的居住需求，住房数量首要满足家庭结构变化所带来的居住需求；另一方面，对居家老人来讲，住房设施的适老性及社区养老服务配置是开发老年人住房过程中应注意的重要问题。

三、老年人居住环境需求与健康、在宅服务的关系

关于老年人与居住环境之间的关系，也有一些国外学者倾向于结合住房环境与健康、养老服务之间的关系进行综合性和系统性的研究。

（一）居住环境与健康

安全舒适的居住环境对提高老年人健康水平、维持正常的生活习惯具有重要的保障作用，国外学者从不同的角度对此进行了阐述。Tinker（1997）认为，居住环境与老年人健康联系密切，尤其是居住环境中存在的安全隐患会对老年人健康造成不利影响③。Gary W.Evans（2002）通过对美国不同地区居住环境与老年人心理健康之间的关系进行调查分析，认为良好的居住环境对老年人的身体机能和

---

① 张元瑞.大力发展适合居家养老的亲情住宅小区 [J].北京房地产，2008（7）：80-81.

② 包宗华.构建老年住宅政策体系探讨 [J].中国勘察设计，2008（9）：20-21.

③ Tinker A. Housing for Elderly People [J]. Reviews in Clinical Gerontology，1997（7）：171-176.

心理健康具有积极作用①。

在老年学研究中，住房与小区问题受到广泛的关注，特别是环境老年学。虽然各研究对住房问题与老年人的关系关注点有所不同，但都基本认同住房环境与健康和生活质量的关系在老年阶段尤其密切（Oswald and Wahl，2004②；Shipp and Branch，1999③）。随着老年人口应对环境问题的能力日渐降低（Oswald and Wahl，2004），住房甚至可能成为影响老年人健康和生活质量的重要因素。老年医学中对于老年人跌倒、心脏病、心理健康等问题与住房的关系都有深入研究，例如，关于哪种住房环境容易致使老年人摔倒的问题等（Gitlin，2003④）。住房条件与老年人健康联系密切，其中，居住面积、是否空巢独居、住房通风等对老年人健康有显著的影响，应以老年人健康为中心，通过完善老年人住房状况、改善居住环境、居住方式等，进一步健全养老服务体系⑤。

Golant（2003）从专业治疗的角度对老年人活动模式进行具体研究，认为个人—住房环境—行为能力三者之间相互作用对老年人的活动模式有较大影响⑥。Iwarsson S.（2004）认为，对老年人居住环境的研究，应通过调查重点研究老年人与环境之间的适应性，寻找两者之间的内在联系而不应割裂开来⑦。Iwarsson S. 和 Stahl A.（2003）从个人、环境、居住需求三个方面定义了住房可用性的概念，进而评价住房的功能，并将无障碍（Accessibility）设计概念引入人与住房环境的关系中，用以描述个人能力大小与大量存在的外界环境障碍之间的关系⑧。

---

① Gary W. Evans. Elyse Kantrowitz and Paul Eshelman.Housing Quality and Psychological Well-being Among the Elderly Population［J］. The Journals of Gerontology, 2002（7）：381-383.

② Oswald F. and Wahl H. W. Housing and Health in Later Life［J］. Reviews on Environmental Health, 2004, 19（3-4）：224-252.

③ Shipp K. M. and Branch L. G. The Physical Environment as a Determinant of the Health Status of Older Populations［J］. Canadian Journal on Aging, 1999, 18（3）：313-327.

④ Gitlin L. N. Conducting Research on Home Environments：Lessons Learned and New Directions［J］. The Gerontologist, 2003（43）：628-637.

⑤ 陈巧依，余昌妹. 不同居住状况老年人健康影响因素和健康需求调查［J］. 护理研究, 2012（6）：1463-1465.

⑥ Golant S.Conceptualizing Time and Behavior in Environmental Gerontology：A Pair of Old Issues Deserving New Thought［J］.The Gerontologist, 2003（43）：638-648.

⑦ Iwarsson S.Assessing he fit between Older People and Their Physical Home Environments：An Occupational Therapy Research Perspective［J］.Annual Review of Gerontology and Geriatrics, 2004（4）：85-109.

⑧ Iwarsson S. Stahl A.Accessilibity，Usability and Universal Design Positioning and Definition of Concepts Describing Person-environment Relationships［J］.Disibility and Rebabilitation, 2003（25）：57-66.

（二）居住环境与在宅养老

随着社区服务体系的完善，老年人更愿意在家庭和社区接受良好的服务，不愿意脱离自己所熟悉的生活环境。老年人更愿意在家里接受长期照料，社区资源的充分利用使居家养老的老年人可以就近获得疗养院等专业机构的养老和护理服务成为可能。随着年龄的增长和健康状况的下降，老年人更愿意接受专业护理服务和长期照顾的方式。同时老年人对照顾服务的需求已由过去的疗养院等机构逐渐转向家庭和社区。未来家庭和社区在照料和护理老年人方面将承担重要责任[1]。所以，如何为"在宅养老"的老年人提供与住房相配套的养老服务，已成为改善老年人居住环境的一个重要问题。

对于居家养老的老年人来讲，住房可及性（Accessibility）的考察是衡量老年人口住房质量的必不可少的内容。城市与乡村、亚洲与欧洲都有不同的指标体系（Goodman，1978[2]；Adriaanse，2007[3]）。通常情况下，住房的可及性包含四大类指标：住房内部情况、房屋外部环境、横向和纵向通行情况、空间的可利用性（Hacihasanoglu I.，Hacihasanoglu O.，2001[4]）。在考察住房可及性的一系列指标中，是否有电梯是非常重要的指标（Fange and Iwarsson，2003[5]），而中国城市已有的多层建筑物一般不安装电梯，这是体弱老年人遇到最大的纵向通行问题，中国城市老年人住房适老性改造问题已经刻不容缓。

从已有老年人口的住房结构来看，陶立群（2004）通过对全国五普长表数据的分析提出，中国老年人口存在户居住面积普遍狭小、住房环境缺少无障碍设施等问题，但没有具体分析处于这些问题中的老年人口的人口学特征。在研究中国社会分化和居住分异的领域，其中，年龄是一项重要自变量，正是因为这个原因，老年人口被当成一个均质的群体来对待。研究中国城市社会居住分异的文献都发现，老年人有集中化居住的趋势，老年人社区一般与外来人口社区、白领社区等一起作为居住区类型之一，老年人社区一般居住条件差、人口密度高、失

---

①　Cadence Johansen.Care of the Elderly in the Community［EB/OL］.http：//www.ehow.com/about_5410774_care-elderly-community.html.

②　Goodman J. Causes and Indicators of Housing Quality［J］. Social Indicators Research，1978,5（1-4）：195-210.

③　Adriaanse C.，C.M.Measuring Residential Satisfaction：A Residential Environmental Satifaction Scale（RESS）［J］.Journal of Housing and Built Environment，2007，27（3）：287-304.

④　Hacihasanoglu I.，Hacihasanoglu O. Assessment for Accessibility in Housing Settlements［J］. Building and Environment，2001，36（5）：657-666.

⑤　Fange，Iwarsson S. Accessibility and Usability in Housing：Construct Validity and Implications for research and Practice［J］. Disabil Rehabil，2003，25（23）：1316-1326.

业人口多的特点比较明显（李志刚、吴缚龙，2006[①]；李志刚、吴缚龙、卢汉龙，2004[②]）。吴瑞君（2012）通过上海的实证分析，指出老年人口空间分布存在几大集聚点，引发医疗卫生、养老等公共服务资源空间配置不匹配，建议政府打破分级建设和管理的模式，按服务半径及居住区人口结构来配置相应的公共服务资源，提高居家老人的生活质量[③]。

通过以上分析可以看出，国内外学者从安全、健康及服务需求与居住环境之间的关系进行一系列研究，一方面，说明良好的居住环境对于提高老年人的适应能力具有积极作用；另一方面，也说明目前我国老年人的居住环境还不理想，尤其是社区和住房还没有完全适应老年人居家养老的需求。如何从老年人居住需求和老年人行为特征等进一步提高居住环境的适老性能，是进一步健全社会养老服务体系的重要环节。同时，学者们将老年人作为一个整体对居住环境进行研究，在人口结构和家庭结构变动的条件下，老年群体内部不同的需求特征没有完整体现出来，居家老人首先要解决的是最基本的居住问题，不同特征的老年人需要什么样的居住环境，需要进一步分析。

四、居家养老模式下改善老年人居住环境的路径研究

随着老龄化问题逐渐成为一个世界性的社会问题，老年人居住问题，尤其是在城市化进程中，如何从老年人养老需求出发提高居住环境的适老性能已成为国内外学者关注的热点问题。

在起步不久的中国老年人口住房研究中，建筑科学和房地产市场的实践者和研究者对老年住房的关注增长很快（王赟俊、梁玉，2003[④]；包宗华，2005[⑤]）。由于市场上适合居家老人居住的住宅还较少，因此，研究者从各自的专业领域对老年公寓或老年社区的规划建设提出了设计要求。台恩普（2008）建议在城市发展和旧城改造规划中对老年住房进行有规划的布局、新建、改造和扩建，对设施和条件比较差的老年住房要及时予以改善，确保老年住房的持续、健康发展[⑥]。

①　李志刚，吴缚龙.转型期上海社会空间分异研究［J］.地理学报，2006（2）：199-211.
②　李志刚，吴缚龙，卢汉龙.当代我国大都市的社会空间分异——对上海三个社区的实证研究［J］.城市规划，2004（6）：60-67.
③　吴瑞君.上海老年人口变动对养老服务资源配置的影响［J］.统计科学与实践，2012（7）：14-16.
④　王赟俊，梁玉.上海老年公寓市场现状与供求分析［J］.上海住宅，2003（8）：54-55.
⑤　包宗华.老年住宅研究［J］.中国房地产信息，2005（19）：40-43.
⑥　台恩普.老年住宅建设的对策和建议［J］.城市住宅，2008（7）：79.

（一）旧住房的适老性改造

在城市化的进程中，旧居住区是老年人主要集聚地之一，尤其是随着家庭结构和居住模式的变动，旧居住区的老年人数量还将持续增多。由于建设时间较长，公共服务设施陈旧，居住质量下降，特别是在初期规划时没有考虑老年人的居住需求，因而旧居住区适老功能普遍较差。我国旧居住区改造工作始于20世纪90年代，而西方发达国家的旧居住区改造工作于"二战"后已经开始，在改造过程中积累了丰富的经验，例如，德国、英国、美国都注重将旧区改造与社会救助、关注弱势群体结合起来[①]。

Garet Wohl、Steve 和 Baker（2003）针对美国人口老龄化的特点及老年人口发展趋势，阐述了适老性改造在城市更新改造过程中具有重要的意义，并就美国适老性改造的内容、原则和社区提供服务等方面进行了系统阐述[②]。Pinquart 和 Burmedi（2004）认为，适老性改造是一项综合性、系统性的社会工作，应根据老年人的需求特点建立老年人居住环境的综合评估指标，进而对老年人居住环境进行适老性改造[③]。

目前，对旧居住区的适老性改造已成为我国城市化发展的重要环节和改善城市老年人居住环境的有效措施。

有学者根据改造内容将旧住房的适老性改造界定为增加无障碍设施，并对住房套型、内部空间等重新进行组合或改造，使其符合老年人的居住需求和生活习惯[④]。章文戈（2007）认为，良好的老年住房条件应符合老年人的养老需求，能为老年人提供适宜的居住场所和周到的社区服务，提出对普通家庭住房环境适当改造，逐步实现"家庭养老，社区入户服务"的养老模式，同时还建议创造安全的无障碍环境，强化空间的可识别性，方便老年人出行[⑤]。随着旧住房适老性改造在北京、上海、杭州、西安、山东等老龄化程度比较严重的城市陆续实施，研究者们（周芃（2009）、张莹（2009）、王璐（2010）、吴仕超（2010）、栾天雪

---

① 孟星，张利.国外旧区改造实践的若干启示［J］.上海房地，2011（9）：47-48.

② Garet Wohl，Steve，Baker. Aging-in-Place［N］. Healthcare Review，2003-01.

③ Pinquart M. and Burmedi D.Correlates of Residential Satisfaction in Adulthood and Old Age：Ameta-analysis［J］. Annual Review of Gerontology and Geriatrics，2004（2）：195-222.

④ 王璐.旧住宅的适老性改造［D］.山东建筑大学硕士学位论文，2010.

⑤ 章文戈.中国城市老年住宅设计研究［J］.安徽建筑工业学院学报，2007（2）：92-95.

（2005）、傅岳峰（2011）等）①根据城市旧居住区综合改造及老年人口集中居住的特点，从建筑规划的视角对旧住宅适老性改造的策略、改造内容、原则、实施方案等进行了分析。

（二）住房的适老性开发

周燕珉（2002）通过分析日本老年人居住的集合住宅特征，认为老年住宅设计应适应人生不同阶段的居住需求，老年人居住设施应与地区环境更好地结合，促进设施规模的小型化，加强公共空间与个人空间的有机联系②。夏明、武云霞（2007）通过对上海市老年人养老方式选择及住房需求调查结果分析，居家老人对住房的依赖性很大，日常活动大部分都在室内完成，根据老年人日常生活时间分配特点，提出住房设计、室外活动空间设计、邻里间交流空间设计三种空间设计，是老年居住区设计的重点区域③。

曲瑶嘉、孙陆军（2011）认为，虽然三代同住是目前我国老年人的主要居住形式，但该比例在逐渐下降，与配偶同住的比例在逐渐增加，在住房建设中应根据老年人不同的居住意愿提供相应的居住设施④。龙奋杰（2003）从发达国家养老模式、老年人的居住环境需求特征、住房无障碍设计和老年住房开发的市场化运作等几个方面做对比分析，提出中国老年住房问题应以社会保障为基础，遵循市场化原则，建立以家庭和社区为主的老年住房供给模式，并通过市场细分，满足不同程度老年人的居住需求⑤。

尽管已经有学者就中国老年住房建设和相关政策提出了一些建议和对策，也有学者提出老年住房政策应该考虑市场机制、社会公益捐助和政府免费提供等⑥，但中国政府至今还未推出自成体系的老年住房。随着人口老龄化程度的进一步加深，建造满足老年人特殊需求的不同种类的住房已经刻不容缓。

---

① 周芄.上海未来二十年乐龄居住需求调查与"适老改建"研究［D］.同济大学博士学位论文，2009；张莹.旧住区人口老龄化与环境的适应性改造［J］.山西建筑，2009（13）：43-44；王璐.旧住宅的适老性改造［D］.山东建筑大学硕士学位论文，2010；吴仕超.基于养老问题的西安市旧住宅区改造研究［D］.西安建筑科技大学硕士学位论文，2010；栾天雪.西安市适合老年人居住的城市住宅设计研究［D］.西安建筑科技大学硕士学位论文，2005；傅岳峰.北京旧住宅适老性更新的新视角［J］.建筑学报，2011（2）：78-81.

② 周燕珉.日本集合住宅及老人居住设施设计新动向［J］.世界建筑，2002（8）：22-25.

③ 夏明，武云霞.人性化的老年人居住区设计［J］.青岛理工大学学报，2007（5）：49-51.

④ 曲瑶嘉，孙陆军.中国老年人的居住安排与变化：2000-2006［J］.人口学刊，2011（2）：39-45.

⑤ 龙奋杰.老年住宅的供给模式及启动对策［J］.中国房地产，2003（1）：61-64.

⑥ 汪霄.城市老年住房建设模式的探讨［J］.南京工业大学学报（社会科学版），2003（4）：77-40.

张秋舫（2003）认为，我国应该大力发展中低收入者老年公寓，要按照《老年人建筑设计规范》来发展老年公寓。一些研究者分别从卧室、卫生间、室外公共空间等具体方面提出了对老年住房建设和设计的要求①。

进入 21 世纪以后，学者们将代际关系、老年人的消费能力、精神生活需求等因素融入老年住房的规划设计中。

朱昌炜和赖晓镰（2001）认为，除了从老年人的生理、心理和个人习惯之外，还要从方便和经济的角度出发为老年人提供良好的室内外环境②。黄萍（1998）从易识别性、可移动性、社交性、安全性和舒适性几个方面探讨适合老年人的居住环境设计③。杜钧（2003）总结社区老年人室外活动场地设计的密度、等级模式、功能和安全共四个模式④。王江萍等（2004）提出，在居住区的规划中，应采取四项措施：一要完善小区内服务设施和服务体系，使居住区适合养老；二要多为老年人创造户外休闲空间；三要设计和推广"邻居型"和"合住型"住房类型；四要建设智能化小区环境⑤。吴瑞君（2009）提出，为了方便老年人口的晚年出行问题，在政府主导的多层经济适用房建设规划中，应该安装电梯⑥。

陶立群（2004）通过对 2000 年 1% 人口普查资料的分析认为，城市规划和设计者应考虑人口老龄化的趋势，未来住房建设应更加重视老年人在心理和生理上的变化，通过创建一个无障碍的居住环境，进一步提高老年人的参与能力⑦。针对家庭规模和结构的变化，王学民（2002）认为，在居住区建筑规划中，应充分考虑"4-2-1"型家庭结构模式发展的趋势，分别设置同居型、邻居型、分离型等不同的住房类型⑧。日本政府明确提出：保障性住房建设必须适应日本家庭结构的变化，尤其是在核心家庭、老年夫妇家庭和老年单身家庭数量不断增多的趋势下，对保障性住房面积、户型做了弹性调整，并且强调室内公共部位的设计如卫生间、浴室等都要符合"应对长寿社会的住宅设计指针"的规定⑨。

---

① 张秋舫.中国老年住宅公寓的发展趋势及特点［J］.中国房地产，2003（3）：66-69.
② 朱昌炜，赖晓镰.老年人住宅设计［J］.住宅科技，2001（12）：8-11.
③ 黄萍.居住小区规划中的老年人因素分析［J］.中外房地产导报，1998（8）：21-23.
④ 杜钧.浅析居住区老龄人活动区的设计［J］.山西建筑，2003（9）：6-7.
⑤ 王江萍，李弦，江克松.城市社区老年人室外活动场地研究——以武汉市 5 个居住区为例［J］.武汉大学学报（工学版），2004（2）：165-168.
⑥ 吴瑞君.关于多层经济适用房住宅安装电梯的建议［N］.人民政协报，2009-12-14.
⑦ 陶立群.中国老年人住房与环境状况研究［J］.人口与经济，2004（4）：39-44.
⑧ 王学民.居住区规划应注意人口老龄化问题［J］.河北工程技术高等专科学校学报，2002（2）：18-20.
⑨ 张菁，刘颖曦.日本长寿社会住宅的发展［J］.建筑学报，2006（10）：13-15.

也有相关机构用人与居住空间之间的关系来衡量住房的舒适度。赵玮钰（2006）在分析日本高龄老人的住房需求特征时发现，高龄老人大多需要的是小而便利的住房，不仅对住房结构和室内设施关注度较高，对周围的服务配套设施，例如，购物、医疗、交通等也有更高的要求，住房设施化并附加看护服务的"服务住宅"已逐渐成为高龄老人理想的住宅类型[①]。

不同年龄段的老年人对住房设施有不同的要求，但目前人们还没有充分意识到住房与老年人之间的关联，甚至不少老年人自身仍然像年轻人一样思考，他们没有注意到老年人自身的特点和老年住房设施对生活质量维持与提升的重要性。大部分老年人没有能够根据自己的年龄和健康状况来安排居住生活，他们更多的仍然是根据自己的收入、职业、户口等要素获得住房，从而安排住房设施。

五、文献评述

综上所述，国内外有关老年居家养老环境的建设及研究具有以下六个特点：

第一，尽管老龄问题学者对老年住宅的研究关注较少，建筑学和房地产学界关注相对较多，但普遍侧重于对新建筑的设计研究。中国城市居民的住房自有率高于多数国家，并且独立居住已经是中国老年人的主流居住方式（曾毅、王正联[②]，2004；李斌，2010[③]）。但从已有的老年研究文献可以发现，住房和居住环境在中国老龄化问题的研究中相对较少。近年来，建筑学和房地产市场的实践者和研究者对老年住宅的关注和研究相对较多，但其关注的焦点在于新建筑和新社区，对已有老年社区的研究较少，而这些社区通常是城市老年人口密集居住的社区，是未来10年我国城市老年人口居家养老的重要区域。

第二，由于对老年人口的住房现状研究较少，对老年群体的住房描述比较笼统，与老年人口群体分层的结合研究较少。未来10年与住房相联系的社区设施和服务将进一步分化，老年人口在旧居住区的仍然较多，因此，对居家养老环境的研究不能局限于新建筑的设计和规划，应该更多地关注旧居住区老年人的居住需求及家庭居住变化对居住环境的影响，并据此制定分层分类的实施方案。又由于我国老年社区建设尚未纳入各地经济建设和社会发展的总体规划，因此，已有

---

①　赵玮钰. 高龄者的生活质量——以住宅生活为视点［J］. 湖南科技学院学报，2006（4）：174-176.

②　曾毅，王正联. 中国家庭与老年人居住安排的变化［J］. 中国人口科学，2004（5）：2-8.

③　李斌. 分化与特色：中国老年人的居住安排——对692位老人的调查［J］. 中国人口科学，2010（2）：101-112.

的研究成果对政府的推动作用不明显，且缺乏对老年群体的细分研究，对实践的指导意义也较为有限。

第三，虽然对老年住房空间和居住安排的研究已经取得了较多的研究成果，但从老年宜居环境建设的视野加以研究的不多。老年集中化居住必将影响养老服务资源的配置；随着独生子女大规模进入婚育年龄，其居住方式直接影响独生子女父母的养老环境。有关老年人居住需求与养老宜居环境建设的关系，需要进一步根据老年人的需求特征从理论上加以探讨。

第四，国内外学界侧重于老年社区环境的建设研究，对连接居家与户外环境的助老通道——电梯、无障碍设施的研究所见不多。助老通道作为连接社区与家居的重要设施，是促进居家养老的老年人社区参与、提高老年生活质量的重要举措。因此，居家养老宜居环境研究应该加强对老年家居环境、社区环境及助老通道的一体化研究。

第五，西方发达国家的居家养老环境建设以老年社区建设为主，在住房设计中关注老年人的居住需求，长期以来，我国的住房设计理念都忽视了老年人的居住需求。现阶段我国居家养老服务保障体系的建设以服务和政策保障为主，老年友好城市和老年宜居社区的建设尚处于试点过程中，试点城市中存在一定的重形式轻实效等问题。同时，与世界卫生组织（World Health Organization，WHO）制定的《老年友好型城市建设基本标准》相比，我国更偏重于居家养老的户外环境建设，更适合健康老年人口的社会参与，但对家居适老环境的改造及无障碍出行等设施建设的研究相对不足。

第六，在老年居住环境需求的理论研究方面，建筑领域的学者侧重于从住房结构而不是从老年人的需求特征或将两者结合去分析，虽然分析了居住空间与居住行为之间的关系以及居住空间结构对居住行为的支撑作用，但老年人的多元化居住需求并没有真正体现出来。人口老龄化是一种动态的变化，尤其是年龄结构、家庭结构的变化，需要更多地根据老年人多元化的居住需求进行进一步的改善居住环境。

虽然学者们也提出一些改善老年人居住条件，提高老年人住房质量的措施，例如，宋玉茹（2008）针对目前老年住房存在的问题，提出从政府主导、健全老年住房融资模式，开发具有中国特色的老年住房等方面改善老年人居住条件[①]。但是作为住房的主要消费者，老年人的主要人口社会学特征并没有作为重要的因素进行研究，这也成为目前老年人住房研究需要进一步完善的地方。

---

① 宋玉茹.人口老龄化背景下的我国老年住宅问题研究［D］.山西财经大学硕士学位论文，2008.

第二节　社会分层理论

一、社会分层介绍

关于社会分层的定义，专家学者们从不同角度进行了阐述。郑杭生认为，社会分层是依据一定的具有社会意义的属性特征，一个社会成员被区分为高低有序的不同等级、层次的过程与现象[①]。戴维·波普诺（2001）将社会分层定义为根据获得社会需求物品的方式来决定人们在社会位置中的群体等级或类别的一种持久模式[②]。佟新（2000）从人口学视角将社会分层定义为按照一定的标准将人口区分为高低不同的等级序列，表现为人与人之间、集团与集团之间高低有序的若干等级层次和不平的状况[③]。

从不同学者对社会分层的定义可以看出，运用社会分层理论对社会问题进行分析，关键是根据研究问题的特征，只有确定社会分层的方式或标准，才能提高问题分析的准确性。

西方国家早期在对老年人群体进行研究时较少使用社会分层，究其原因可能是进入老龄化社会较早，老年人口总数不大，结构单一，同时西方国家是在先富后老的背景下进入老龄社会的，当时的老龄化问题比较容易解决[④]。中国则不同，中国是在未富先老的情况下进入老龄社会的，中国学界对老年人口社会内部分层研究的主要目的是为了缓解严重的养老需求与供给不足之间的矛盾，通过对老年人进行分层研究，构建合理的养老保障体系，从而避免养老资源的浪费。

二、社会分层指标

目前，学者们主要从客观角度和主观角度两个视角对老年人进行社会分层方面的研究。

---

① 郑杭生.社会学概论新修［M］.北京：中国人民大学出版社，1996.
② 戴维·波普诺.社会学［M］.李强等译.北京：中国人民大学出版社，2001.
③ 佟新.人口社会学［M］.北京：北京大学出版社，2000.
④ 蒲新微.中国城市老年群体的社会分层及其结构——以长春市为例［J］.人口学刊，2009（1）：49-53.

（一）主观分层

老年人主观社会分层灵活性较强，学者们选取的指标差异也较大。

基于分层的主观性因素，部分学者认为，主观社会分层是一种相对独立的社会心理过程，在某种程度上与客观分层结构之间存在较大程度的分离（卢福营、张兆曙，2006[①]）。老年人的主观社会分层比较侧重于老年人的主观感受，例如，基本生活需求方面：看病需求、生活质量需求、社会活动需求等[②]。综合来看，老年人主观社会分层常用的指标主要包括：老年人主观表达的需求、幸福感、孤独感及生活满意度等。

（二）客观层面

在老年人客观社会分层研究方面，由于涉及的分层要素较多，总体上比较复杂，每个研究者研究的问题不同，所选取的标准也不一样。成梅（2004）从生命历程的视角对老年人分层进行动态分析，认为老年人所处的分层状态主要是在宏观社会结构和制度变迁等因素动态变化的过程中逐渐形成的[③]。李斌（2010）通过分析老年人的居住特征，将财产权利和住房条件作为老年人社会分层的基本标准[④]，也有学者认为，老年人在收入水平、居住环境和医疗待遇等方面存在明显的社会分层。从总体上来看，目前学者们常用的老年人客观社会分层指标主要包括性别、年龄、受教育程度、健康状况、社会保障、生活环境、居住条件和财产及社会支持等。

（三）主观分层与客观分层之间的关系

在经典的社会分层研究中，教育、职业和收入一般被认为是反映个人客观社会经济地位的基本变量。受教育程度较高、职业地位较高以及经济收入较高的人更可能具有较高的主观阶层认同。教育因素作为个人资源并非一定直接作用于阶层归属意识，它通过其他中间变量，例如，收入、财产、社会声望等发挥影响（郑晨，2001[⑤]）。受教育程度越高，主观阶层认同越高。巴克斯特（Baxter，1994[⑥]）指出，在说明主观阶级认同方面，教育是一个非常有意义的指标。顾辉

---

① 卢福营，张兆曙.客观地位分层与主观地位认同[J].中国人口科学，2006（3）：38-44.
② 宋玉安.我国社会养老制度的政策回应度问题研究[J].江海学刊，2007（2）：110-239.
③ 成梅.以生命历程范式浅析老年群体中的不平等现象[J].人口研究，2004（5）：44-51.
④ 李斌.分化与特色：中国老年人的居住安排[J].中国人口科学，2010（2）：101-110.
⑤ 郑晨.阶层归属意识及其成因分析：中国广州市居民的一项调查[J].浙江学刊，2001（3）：115-117.
⑥ Baxter J. Is Husband's Class Enough Class Location and Class Identity in the United States，Sweden，Norway and Australia[J]. American Sociological Review，1994，59（2）.

（2004）指出，那些自认为是中上层的人认为，在众多阶层地位归属原因中，"受教育程度"是比较重要的原因 [①]。

第三节　需求理论

一、马克思需求理论

马克思将人的需求按其内容性质划分为物质需求和精神需求。物质需求主要是指人们衣食住行等方面的相关需求。马克思认为，物质需求是人的第一需求，是人类最基本的需求，精神需求是指人们只有自由施展自己的创造才能和对文化成果的享用，包括对知识的需求、理想的需求以及对友谊、尊重、荣誉的需求等。马克思把人的衣食住行等物质需求作为人的第一需求，并指出："当第一需求得到满足后，已经得到满足的第一需求本身、满足需求的活动和已经获得的为满足需求使用的工具，又引起新的需求。"由此可见，人类需求具有层次性和发展性。

马克思的需求观点指出了人类需求的层次性和发展性，与我国现阶段以人为本的科学发展观的理论相一致，也为本书研究老年居住环境需求的层次性提供了理论基础。

二、西方有关需求理论

在西方人类需求理论中比较著名的有马斯洛的需求层次理论、阿尔德弗的"ERG"理论等。

（一）马斯洛需求层次理论

美国心理学家马斯洛在《人类的动机理论》（1943）一书中提出著名的"需求层次理论"，把人的需求分为生理需求、安全需求、社交需求、尊重需求和自我实现需求五个层次。马斯洛认为，随着人类的发展以及低层次需求的相对满足，人类需求呈现由低层次到高层次发展进化的层次规律性。当低级需求得

---

① 顾辉 . 合肥市民的社会阶层意识［J］. 安徽广播电视大学学报，2004（3）：91-95.

到最低限度的满足后，人就开始追求高层次的需求。马斯洛将人类的需求分为5个等级[①]。

（1）生理需求——满足人们生命的最基本的需求，主要包括衣、食、住、行几个方面，生理需求优先于其他方面的需求，一般情况下，只有在生理需求得到满足的条件下才会去考虑其他需求是否得到满足。

（2）安全需求——保护自身安全、免受外来因素伤害的需求，例如，免受疾病、犯罪、意外事故等伤害的需求，免受经济损失也属于此范畴。

（3）交际需求——是指对亲情、友情、爱情的需求，人处于社会环境中，人与人之间的交往是生活的重要组成部分，在前面两个需求满足的条件下，人们产生了交际需求。

（4）荣誉需求（尊重需求）——处于社会中的每个人都希望受到其他人的尊重，由此引发了权力、荣誉、社会地位的需求。

（5）自我价值实现需求——当上述四种基本需求都得到满足后，人们希望从事各种劳动，为社会做出贡献，并由此引发一系列的需求，例如，工作、学习等。

对于以上五种需求，每种需求的进化导致满足这些需求的方法或途径的数量增加及质量提高。每种需求又有后续的需求，从而形成层次结构。但马斯洛需求理论过分强调了人的生理属性，并且只注意了一个人各种需要之间存在的纵向联系，忽视了横向联系，即同一时间内一个人往往存在多种需要，并没有层次之分。后来马斯洛自身也注意到了这个问题，做了更为精细的表述："如果一个需要得到满足，则另一个需要相继产生。这个说法可能会造成这样的虚假现象：一个需要必须百分之百地得到满足，下面的需要才会出现。"

美国耶鲁大学教授阿尔德弗针对人类需求的具体内容及阶段性变化，将马斯洛的五个需求简化为生存需求、交往需求和发展需求。颜光华、李建伟（2000）认为，生存需求相当于马斯洛需求层次中的生理需求和部分安全需求，交往需求类似马斯洛需求层次中的全部社交需求、部分安全需求和部分尊重需求；发展需求相当于需求层次中的整个自我实现需求和部分尊重需求[②]。

---

① Maslow A. H. A Theory of Human Motivation [J]. Psychological Review, 1943 (50): 370-96.

② 颜光华，李建伟. 从人类需求理论视角对"注意力经济"的探究 [J]. 财经研究, 2000 (9): 16-21.

（二）需求进化理论

Petrov 在对人类需求变化规律分析的基础上认为，需求也是有进化规律的，概括起来有五条需求进化定律，即需求理想化、需求动态化、需求协调化、需求集成化、需求专门化。其中，需求理想化是核心，需求动态化、需求协调化、需求集成化最终实现需求的理想化。

（1）需求理想化是指需求的数量、需求的质量最大化，需求的时间消耗、成本及有害作用最小化是需求的进化的趋势。

（2）需求动态化是指需求随着时间、空间、地点、人物、职业等条件的变化而变化。该定律有四种进化趋势：一是需求在时间、空间、结构及基于条件的变化趋势；二是需求要适应特定的环境、地点地区及特定的人群、适应特定的时间、地点及方式；三是需求将体现人群的民族特性、生活习惯、性别、职业、年龄、文化水平、信仰、气候、季节或一天中的特定时间段等；四是需求将向着机械化、半自动化、自动化和可控制性等方面发展，减少人的介入。

（3）需求协调化是指构成系统的各子系统之间在结构、参数、条件、时间、空间等方面的协调发展，趋于一种动态的平衡。如果子系统之间存在不协调的因素，则需要改进。

（4）需求集成化是指集成应用有用的功能或特征，减少或控制有害功能或特征。该定律有五条实现方法：一是集成相似或相同的需求；二是产生具有不同特性的相似需求；三是产生竞争或多样化的需求；四是集成不同类型的需求；五是集成相反的需求。

（5）需求专门化是指将需求凝练、突出重点、使用更精确和更高质量地满足用户。确定该类需求的三个步骤：一是选择需求中最主要的部分；二是放大这部分需求；三是创造更好的条件充分满足这部分需求[①]。

需求进化理论的应用价值在于揭示需求内容随着需求主体和需求环境变化而变化的规律，对我们分析老年人居住环境需求具有重要的参考价值。

在老龄化发展的过程中，老年人口对居住环境的需求也具有动态变化的特点，不只是表现在马斯洛需求理论范围内的层次性，而且表现在不同老年人个体需求具有差异性，在老年人群体内部，不同年龄结构、不同居住特征、不同文化程度的老年人在居住环境需求方面也具有一定的相似性和差异性。

---

① 刘宝铭，孙建广，檀润华. 需求理论及需求进化定律［J］. 科技管理研究，2011（18）：192-195.

根据需求进化理论的观点，在对老年人居住环境需求研究的过程中，我们既要看到相似或相同的需求，又要看到多样化的需求，同时还要分析老年人在居住环境方面最主要的需求，进而创造条件满足老年人不同类型的居住环境需求。

第四节　非正式支持理论

老年人的社会支持系统主要分为正式支持系统和非正式支持系统。

正式支持系统是指由国家或政府提供或干预的社会保障支持，主要体现在经济方面，如养老保险或医疗保险，一般也把机构照顾归为正式支持系统。非正式支持是指由亲属、邻居、朋友等为老年人提供的经济、照料及精神等方面的支持。非正式支持和正式支持具有互相支持、互为补充的特征，但两者发挥作用的领域和方式不同，并且在很多方面是不能互相替代的。例如，在我国的家庭养老传统中，家庭的非正式支持对老年人具有重要意义，尤其是生活照料和精神慰藉方面不是社会保障或机构养老能够解决的。从资源提供者的角度可以将非正式支持分为两种：一是家庭成员，如兄弟姐妹等亲属对父母的养老支持；二是非亲属对老年人提供的支持，主要指邻居、朋友、慈善机构、社区服务机构等。还有一种比较特殊的非正式支持方式，即老年人自养类型，是指空巢家庭中老年夫妇之间的相互支持和老年人自身的支持（姚远，2005[①]）。

在我国，非正式支持能够发挥作用的前提是家庭内部能够积累或提供足够的养老资源，尤其是人力资源。目前我国家庭规模缩小，家庭照顾资源严重短缺。

在住房条件改善的情况下，同堂而居的比重减少，这种居住方式变化的直接后果或间接后果就是居家老人的非正式支持受到影响，例如，从家庭获得的生活照料和精神慰藉减少（郭平，2008[②]）。

所以，改善老年人的居住环境，通过保障房分配向老年家庭倾斜，鼓励多代同居，实施家庭环境无障碍改造和社区环境无障碍改造等，有利于居家老人获得

[①]　姚远.非正式支持的理论与实践：北京市老龄问题应对方式的再研究［M］.北京：知识产权出版社，2005.

[②]　郭平.老年人居住安排［M］.北京：中国社会出版社，2008.

更多的非正式养老支持。

第五节　社会福利理论

西方社会福利发展史先后经历了古典自由主义、凯恩斯主义、福利多元主义三大范式来推行社会福利政策发展的历史时期（彭华民，2009[①]）。古典自由主义重视市场力量，主张限制或削弱国家的作用；凯恩斯主义强调政府的干预，认为国家应该直接干预经济生活的管理；福利多元主义认为，应当建立起政府、企业与民间机构等主体共同承担责任的一种保障机制。

福利多元主义概念源于1978年的《沃尔芬德的志愿组织的未来报告》。报告指出，福利提供应由政府、志愿部门、私营部门、非正式部门等共同提供。罗斯于1986年提出国家、市场和家庭相结合的福利多元组合理论。国家、市场和家庭作为福利主体，社会成员可以避免因家庭功能弱化而陷入困境。随着第三部门的兴起，民间社会也逐渐被纳入到福利分析范式中，有利于进一步增进政府、市场和社区之间的联系，使局部利益与公共利益更加一致[②]。

20世纪80年代的福利多元主义在强调政府满足社会需要的同时，注重制度安排与市场、家庭、社区和民间组织等协调互补，共同满足社会需要。政府社会福利责任的主要范式经过了工业主义到公民权利的演变，从公民权利到社会需要的发展，社会需要理论是对公民权利范式的补充，政府的社会福利责任进一步深化与细分[③]。随着福利需求主体规模的扩大和需求内容的多元化，政府更加强调社会福利责任的扩大和福利制度的顶层设计，满足公民多元化的福利需求。

第六节　本章小结

本章总结了国内外学者关于老年人居住环境方面的研究，虽然相关文献的研

---

① 彭华民.西方社会福利理论前沿：论国家、社会、体制与政策［M］.北京：中国社会出版社，2009.

② 张明，朱爱华，徐成华.城市老年人社会服务体系研究［M］.北京：科学出版社，2012.

③ 彭华民.中国政府社会福利责任：理论范式演变与制度转型创新［J］.天津社会科学，2012（6）：77-83.

究范围较广，但在涉及老年人居住模式变化、健康、在宅养老等方面，通过梳理发现，尽管老年人居住环境的研究逐渐增加，但尚缺乏对居家老人的居住环境需求进行系统、多学科的交叉研究，缺少将改善老年人居住环境与增强家庭养老功能相结合的综合研究。改善老年人居住环境，对增强老年人个人及整个家庭的养老功能具有重要的推动作用，因此，本书希望在人口社会学的框架下，借鉴社会分层理论、需求理论、非正式支持理论及社会福利理论，对城市居家老人的居住环境需求问题进行研究。

第三章

城市居家老人居住环境需求的研究设计

本章主要介绍了研究数据的来源和样本的基本特征，同时对本书研究过程中使用的方法进行了介绍，并提出了本书的研究技术线路图。

第一节　数据来源及相关说明

本书对城市居家老人居住环境需求问题的研究，同时利用了 2010 年"中国城乡老年人口状况追踪调查"中城市个人问卷部分数据和国家社科基金重大项目（12&ZD212）课题组于 2013 年和 2014 年在上海进行的居家老人调研数据，本书所使用的访谈资料也来自于本次课题组的调研。

一、"2010 年中国城乡老年人口状况追踪调查"数据

在"2010 年中国城乡老年人口状况追踪调查"中对老年人口住房基本情况进行了详细汇总，为了解全国老年人口的住房信息，国家社科基金项目课题组与组织管理"2010 年中国城乡老年人口状况追踪调查"项目的中国老龄科学研究中心签署数据使用协议书，与 2013 年派研究人员到中心的计算机房进行运算处理，获取了 9898 份包括城市老年人住房信息的统计数据。本章利用该部分数据对全国老年人口的居住环境现状进行分析。

二、国家社科基金上海市调研数据

"2010年中国城乡老年人口状况追踪调查"数据样本量较大，适合分析老年人口的居住环境现状，难以用于全面考察老年人的居住环境需求特征。因此，本书使用课题组调研数据对城市居家老人居住环境需求问题进行进一步分析，在调研过程中的深度访谈资料将被用于解释数据分析结果的潜在机制。

本次调研周期为2013年3月到2014年4月，城市居家老人居住环境是本次课题调研的一部分，调研范围主要包括黄浦区淮海中路街道、普陀区甘泉路街道、曹阳新村街道，长宁区江苏路及北新泾街道，杨浦区长白、延吉街道，浦东新区航头镇、三林镇，闵行区吴泾镇，宝山区顾村镇，松江区泗泾镇，共发放问卷3000份，回收问卷2816份，回收率93.9%，对调研数据主要采用SPSS19.0软件进行相关的统计分析。

第二节　调查样本基本人口学特征

一、调查样本介绍

本书主要关注城市居家老人居住环境需求信息，考虑到目前上海老年人的总体特征及未来发展趋势，将调查对象界定为60岁及以上的老年人群体。为能够了解上海老年人对居住环境需求的重点问题，课题组根据上海老年人的空间分布、居住现状等特征先选择部分地区进行预调研，分析老年人对居住环境重点关注区域及内容，进而对问卷内容进一步修改和完善。样本内容主要包括以下三个方面：

（1）老年人群体的人口社会学信息。主要包括年龄、性别、文化程度、婚姻状况、居住区域、居住状态、经济状况、健康状况、养老方式等。

（2）老年人居住环境基本信息。主要包括老年人住房类型、住房年代、住房面积、住房楼层及居住楼层、住宅室内室外的通行及安全急救设施等。

（3）老年人居住环境需求信息。在预调研的基础上，问卷设置了室内和室外老年人重点关注的区域，并对相关部位存在的需求问题进行统计，从而体现居家老人居住环境存在的重点问题。

二、调查样本基本人口学特征

本次调研居家老人的人口学特征表现如表 3-1 所示。

（1）性别结构。男性比例高于女性，男性比例为 54.9%，女性比例为 45.1%。

（2）年龄结构。70~80 岁年龄段的老年人最多，比重达 51.7%，另外，60~70 岁年龄段的比重为 38.4%，而 80 岁以上老年人人数相对较少，比重为 9.9%。

（3）从空间分布来看。中心城区老年人占调研人数的一多半，比重为 62.1%，近郊区比重为 23.7%，远郊区比重为 14.2%。

（4）文化程度。老年人口学历水平整体较低，其中，初中及以下占 44.8%，高中、技校及中职中专占 36.0%，两者合计为 80.8%，而大专及以上的比重为 19.1%。

（5）从婚姻状况来看。有配偶的老年人最多，比重为 69.8%，其次丧偶的比重为 16.3%，离婚的比重为 10.3%，老年人群中未婚比重较低，仅占 3.6%。

（6）居住意愿。影响老年人空巢化的主要原因，同时住房条件、自理能力等也不同程度地对老年人居住方式产生影响。分析调研数据中空巢老人填写的数据发现，在老年人填写的单独居住或只与配偶居住的多项原因中，自己喜欢单独居住占 72%；住房条件有限占 67%；能自理，不愿影响子女的占 64%；子女在外地的占 54%；另外，还有 24% 是由于和子女或其配偶关系不好而分开居住。

（7）从居住状态来看。老年人空巢化特征明显，其中，只与配偶同住的比重为 34.9%，独居老年人比重为 16.8%，两者合计达 51.7%。两代人一起居住的比重为 34.6%，而三代同堂及以上的大家庭比重为 13.7%。这种居住状况与上海市家庭规模缩小，代际关系简单化以及老年人的居住喜好有密切的关系。

另外，通过对比数据，老年人（或老年夫妻）独立居住的意愿越来越明显（72%），同时也有相当一部分（67%）老年人由于住房条件有限，而不得不和子女分开居住，虽然部分老年人由于和子女或其配偶关系不好而分开居住（24%），但是结合养老方式的数据我们可以发现，不管老年人居住意愿或现实的居住情况如何，老年人仍然将配偶和家庭成员作为自己的主要照顾者，说明家庭提供的非正式养老支持对于提高居家老人的生活质量有重要的保障作用。

（8）老年人收入方面。经济收入水平直接影响到老年人晚年生活质量。调查数据显示，老年人收入水平整体不高，其中，收入在 1000 元以下的占 20.8%，收入在 1000~2000 元的占 30.9%，收入在 2000~3000 元的占 28.5%，收入在 3000~4000 元的占 14.4%，收入在 4000 元以上的占 5.5%。随着高龄化趋势凸显和家庭照料资源缺失，老年人的居住环境需求问题会更加明显，而较低的经济收入水平和支付能力则成为老年人改善居住环境的重要制约因素。

（9）老年人健康方面。根据老年人"自理能力"和"患病情况"的数据可以看出，老年人健康状况一般，随着年龄增大，老年人的身体健康状况也会越来越差。首先，在健康状态方面，"较好者"为20.9%，"一般"的比重为51.1%，"较差"的比重为28.0%。其次，在自理能力方面，"能自理"的老年人比重为31.4%，"部分能自理"的老年人比重为41.7%。"不能自理"的老年人比重为26.9%。最后，在患病情况方面，大多数老年人都身患各种疾病，有51.3%的老年人身患1种疾病，比重超过一半，另外还有23.5%的老年人患有2种及以上疾病，身体健康状况良好，没有任何疾病的老年人比重为25.2%。

表3-1　调查样本基本人口学特征　　　　　　　单位：人，%

基本特征		频数	百分比	基本特征		频数	百分比
（1）性别	男	1546	54.9	（7）居住状态	独居	473	16.8
	女	1270	45.1		只与配偶同住	983	34.9
（2）年龄	60~70岁	1081	38.4		与子女同住	974	34.6
	70~80岁	1456	51.7		三代同堂及以上	386	13.7
	80岁以上	279	9.9	（8）月收入	1000元以下	586	20.8
（3）空间分布	中心区	1749	62.1		1000~2000元	870	30.9
	近郊区	667	23.7		2000~3000元	802	28.5
	远郊区	400	14.2		3000~4000元	405	14.4
（4）文化程度	初中及以下	1262	44.8		4000元以上	154	5.5
	高中、技校及中职中专	1013	36.0	（9）健康状况	较好	589	20.9
	大专及以上	538	19.1		一般	1439	51.1
（5）婚姻状况	未婚	101	3.6		较差	788	28.0
	有配偶	1966	69.8	自理能力	能自理	884	31.4
	离婚	290	10.3		部分能自理	1174	41.7
	丧偶	459	16.3		不能自理	758	26.9
（6）居住意愿	较宽裕	645	22.9	患病情况	1种	1445	51.3
	一般	1552	55.1		2种及以上	661	23.5
	较困难	619	22.0		无	710	25.2

第三节　研究方法及技术路线

一、研究方法

（一）文献研究法

通过文献检索，归纳目前老年人居住环境需求的相关理论，研究的现状及特征，形成关于研究对象的一般印象，为本书的进一步研究提供参考。

（二）实证研究法

对旧居住区老公房、商品房及动迁安置房中的居家老人进行实地调研，对比不同住房类型中居家老人的居住环境需求差异。本书定量部分将通过居家老人居住环境需求的问卷调查获得第一手数据资料，并采用SPSS19.0软件对相关数据进行分析和处理，包括一般的百分比统计、频数分析、交叉表分析、因子分析、综合评价及线性回归，分析居家老人居住环境的现状、存在的需求问题及不同特征居家老人改善居住环境的意愿等。

（三）深度访谈法

深度访谈是定性研究中的一种重要方法，在社会科学研究领域有着重要的地位。所谓深度访谈，学界所指的主要是半结构式的访谈，它要求研究者事先准备部分问题（半结构的）去"深入事实内部"，通过与研究对象面对面的接触、谈话和互动来对研究对象的行为和意义建构获得解释性理解。正如韦伯所说的那样，社会学通过洞察行动者赋予行动的主观意义对这种活动作出解释性的说明和说明性的解释，以期达到对"行动的主观上意指的意义"及其背后人们信念和价值观的理解（韦伯，2002[①]）。

---

① 马克斯·韦伯.社会科学方法论［M］.韩水法，莫茜译.北京：中央编译出版社，2002.

二、技术路线

本书技术路线如图 3-1 所示。

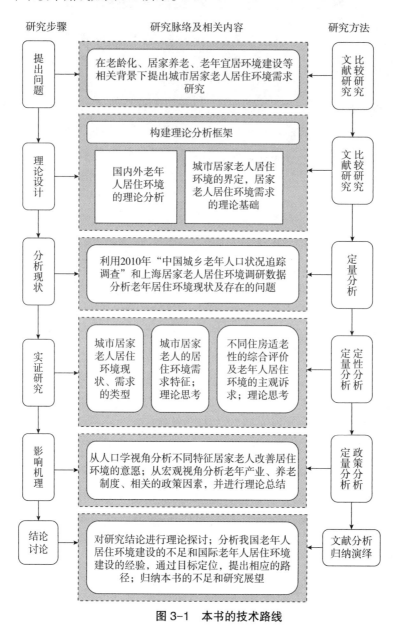

图 3-1 本书的技术路线

第四节　本章小结

　　前面两章主要归纳总结了老年人居住环境需求相关的理论基础，本章介绍了研究的数据来源、样本的基本人口特征以及研究方法和技术路线。在上海市居家老人调查样本的人口特征方面，居家老人群体中空巢老人比重较高，高龄老人也占有一定的比重，且有相当一部分老年人不同程度地存在健康问题。在《老年人权益保障法》宜居环境建设中提出各级政府在制定城乡规划时，应根据人口老龄化发展趋势、老年人口分布和老年人特点，统筹考虑相关的基础设施建设。在建设老年宜居环境的过程中，老年人的个体特征及家庭居住状态、健康等方面产生的居住环境需求将为我们提供重要的参考。

第四章
城市居家老人居住环境现状及其主要问题

对老年人居住环境需求分析，首先需要详细解读目前老年人居住环境现状，由于数据的缺失，目前老龄化研究内容关于老年人居住环境的研究还比较少，本章主要通过对"2010 年中国城乡老年人口状况追踪调查"中城市个人问卷部分和上海市居家老人调研数据的整理研发，对城市居家老人居住环境现状及存在的问题进行分析。

第一节　全国城市老年人居住环境现状

首先利用"2010 年中国城乡老年人口状况追踪调查"中城市个人问卷部分数据对全国老年人的居住环境现状做一个整体分析。

一、老年人与子女同居意愿较低

在分析全国的数据时发现，老年人与子女同居意愿相对较低，只有 4.51% 的老年人愿意轮流到子女家居住。在与老年人相关的儿子、儿媳、孙子女、女儿及女婿五个亲属中，与儿子居住的比重最高，为 28.32%，这与我国"养儿防老、积谷防饥"传统观念有一定的影响。由于子女工作较忙，我国大多数老年人退休后还要承担照顾孙子女的任务，与孙子女同吃住的比重为 28.18%，仅次于儿子，与儿媳同吃住的比重为 21.71%，与女儿和女婿同吃住的比重最低，分别为 9.89% 和 4.73%（见表 4-1）。

虽然居家养老是我国老年人首要的养老方式，但从老年人居住特征可以看出，大多数老年人还是希望拥有自己独立生活的空间，与子女分开居住。城市老年人喜欢与子女分开居住，城市老年人大都有退休金或社会保险金等经济来源，与独立住房有一定的关系。有研究表明，老年人居住方式的选择受自身经济状况等因素的影响，依靠子女等亲属照顾的老年人倾向于与子女共同生活，有一定经济能力或依靠社会保险生活的老年人，则倾向于单独居住（杜鹏、武超，1998）。城市中的隔代户[①]老年人大都是以离退休金为主要经济来源比例较高的群体，生活在隔代家庭中的老年人在一定程度上是自我供养能力较强的群体（杜鹏、武超，1998）[②]。隔代户对老年人和孙子女双方都有好处，当子女不在老人身边时，孙子女也可以帮助照顾老年人（郭志刚，1995）[③]。

从养老需求的角度来讲，城市中隔代户老年人大多承担了扶养晚辈的义务，却享受不到赡养服务。随着城市老年人居住模式的变化，居家老人可能最缺乏代内和代际之间的养老支持（闫志强，2008）[④]，这也说明创建一个舒适、安全、便捷的宜居环境对于提高居家老人的生活质量具有重要的保障作用。

表4-1　全国老年人居住意愿　　　　单位：人，%

养老及居住特征	否		是		合计	
	数量	比重	数量	比重	数量	比重
住养老机构	8660	87.49	1238	12.51	9898	100
轮流到子女家住	8883	95.49	420	4.51	9303	100
与儿子同吃住	7095	71.68	2803	28.32	9898	100
与孙子女同吃住	7109	71.82	2789	28.18	9898	100
与儿媳同吃住	7749	78.29	2149	21.71	9898	100
与女儿同吃住	8919	90.11	979	9.89	9898	100
与女婿同吃住	9430	95.27	468	4.73	9898	100

资料来源："2010年中国城乡老年人口状况追踪调查"中城市个人问卷部分。

二、老年人住房以20世纪90年代的公有住房为主

从新中国成立后到2000年，我国住房发展主要以解决广大群众最基本的住

---

① 隔代户这个词其实并没有一个标准的界定，这是近些年城乡人口流动对家庭影响背景下出现的一个词，主要用于人口学研究中，一些家庭由于父母外出工作，子女和祖父母或外祖父母在一起居住的家庭。

② 杜鹏，武超.中国老年人主要经济来源分析［J］.人口研究，1998（4）：37-45.

③ 郭志刚.当代中国人口发展与家庭户变化［M］.北京：中国人民大学出版社，1995.

④ 闫志强.广州老年家庭与老年人口居住安排的空间差异［J］.南方人口，2008（3）：4-9.

房需求为主，即通过大规模的基础设施建设，满足群众住房的数量型需求。鉴于当时的社会经济条件，以及人口结构变动等问题还没有出现，住房结构及配套设施比较落后。

从住房建造时间来看，城市老年人住房主要以 1998 年住房改革之前所建造的住房为主。1995 年之前所建造的住房比重为 67.23%，2000 年以前建造的住房比重合计为 83.88%，而 2000 年以后的比重仅为 16.12%。从住房类型来看，有83.43% 的城市老年人居住在楼房里，居住在平房里的老年人比重为 16.57%。从住房属性来看，住宅小区是老年人主要的居住区域，也有部分老年人居住在单位宿舍区和旧街区的胡同和里弄等。有49.92% 的老年人居住在住宅小区，22.88%和 20.18% 的老年人住在单位宿舍区和旧街区（见表 4-2）。

根据《中国人口老龄化与老年人状况蓝皮书》的调查，我国城市有 80% 的老年人口居住在 1998 年以前建造的老式住房中，这些住房户型面积小，不适合三代同堂的家庭居住，且住区规划缺乏必要的公共活动空间[①]，这些都在一定程度上影响了我国居家养老模式的开展。

从表 4-2 老年人住房建造年代、住房类型及住房属性可以看出，我国老年人住房主要还是以 20 世纪 90 年代建造的公有住房为主，其中，多层住宅占相当大的比例，这些多层住宅没有配置电梯，对居家老人的日常生活有一定的影响。

表 4-2　全国老年人住房建造年代、类型及住房属性　　单位：人，%

	建造年代		住房类型		住房属性	
	数量	比重	数量	比重	数量	比重
1995 年以前	6490	67.23				
1995~2000 年	1607	16.65				
2000~2005 年	983	10.18				
2005 年至今	573	5.94				
平房			1636	16.57		
楼房			8237	83.43		
住宅小区					4913	49.92
单位宿舍区					2252	22.88
旧街区（胡同、里弄）					1986	20.18
其他					690	7.02
合计	9653	100	9873	100	9841	100

资料来源："2010 年中国城乡老年人口状况追踪调查"中城市个人问卷部分。

---

① 中国城市规划学会.规划创新：2010 中国城市规划年会论文集［M］.重庆：重庆出版社，2011.

三、老年人居住空间有所扩大

从城市老年人所拥有的房产数、住房结构和居住空间来看，虽然住房面积并不大，但从"住有所居"角度来讲，大多数老年人的住房已满足最基本的居住需求，也有少数老年人的住房结构较为单一，在一居室的住房中居住或没有自己单独居住的房间，这对晚年生活带来很大的不便（如表4-3所示）。

第一，从住房数量来看，大多数城市老年人都有1套属于自己的住房。有1套属于自己住房的占93.37%，有2套属于自己住房的占5.65%，拥有3套及以上住房的数量较少，比重仅占0.98%。

第二，从住房室内结构来看，城市老年人住房室内结构主要以2居室为主。住房2居室的比重为46.58%，三居室比重为31.13%，1居室和4居室比重分别为8.83%和7.05%，5居室以上的比重合计为6.41%。

第三，从居住空间来看，大多数城市老年人住房内部都有属于自己的生活空间，其中，有单独居住房间的比重为92.39%，这和2居室以上比重达91.17%的住宅结构也基本相吻合。

表4-3 全国老年人住房数量及住房结构　　　　单位：%

房产数	1套	2套	3套	4套	5+套	合计
	93.37	5.65	0.61	0.20	0.17	100
住房结构	1居室	2居室	3居室	4居室	5+居室	合计
	8.83	46.58	31.13	7.05	6.41	100
是否有单独居住的房间	有		无			合计
	92.39		7.61			100

资料来源："2010年中国城乡老年人口状况追踪调查"中城市个人问卷部分。

四、室内缺少相关服务设施，室外缺少通行设施

在老年人住房内部的生活设施和服务设施配置方面，基本生活设施配置相对好于服务设施的配置。

在基本生活设施方面（见表4-4），98.74%的家庭都安装了自来水，室内有卫生间和煤气、天然气的比重也都在80%以上。但与老年人生活密切相关的洗澡、淋浴设施和暖气等还没有全面普及，有28.86%的家庭室内没有安装洗澡、淋浴设施，61.01%的家庭室内没有安装暖气、土暖气等。与基本生活设施相比，与老年人健康及安全密切相关的服务设施的配置非常短缺。紧急呼叫装置、洗澡

辅助设施和家庭病床三者的普及率只有 0.54%、1.18% 和 1.15%。电梯是居家老年人走向户外，参与社会的重要通道，尤其对于患有疾病，行动不便的老年人，电梯在出行中发挥着重要的作用。安装电梯的比重只有 6.14%，93.86% 的老年人住房中都没有安装电梯，这无疑对老年人的生活造成了重大影响。

尽管住房室内基本设施的配置在一定程度上满足了老年人的生理需求，但距离便捷性需求还有一定差距。

以往共用厨卫、自来水的落后居住条件得到了根本改观，大多数老年人家庭都拥有独立生活的空间，尤其是室内配置了和日常生活密切相关的饮水、厨卫等设施，对于满足老年人基本生活需求具有重要意义。同时，老年人室内基本生活设施还需要进一步的完善，例如，还有 28.86% 的家庭室内没有安装洗澡、淋浴设施，61.01% 的家庭室内没有安装暖气、土暖气，这些基本设施对于提高居家老人的生活质量发挥着重要作用。

在住房设施满足老年人基本生理需求的条件下，老年人对住房安全性、便捷性的需求也应该引起重视。

2010 年全国追踪数据显示，大多数老年人身患慢性疾病，且有一定数量的老年人自理能力较差，甚至在洗澡和上下楼等方面都有一定的困难，而且住房室内区域是老年人发生意外的主要场所。老年人室内安装紧急呼叫装置、洗澡辅助设施的比重非常低，这对老年人的室内生活带来很大的不便，随着未来一段时间高龄老人和空巢家庭的增多，老年家庭病床的需求及内部安全性设施的配置将是一个亟须解决的问题。

老年人现居住房大多在住房改革之前建造，当时大多住宅小区、单位宿舍区及旧街区都没有安装电梯，对住在高层的老年人来讲，电梯作为连接室内和室外的重要通道，直接影响到老年人能否真正融入社区、融入社会。

表 4-4 全国老年人住房室内设施配置情况 单位：人，%

基本生活设施	无		有		合计	
	数量	比重	数量	比重	数量	比重
暖气、土暖气	5987	61.01	3826	38.99	9813	100
洗澡、淋浴设施	2832	28.86	6981	71.14	9813	100
煤气、天然气	1921	19.58	7892	80.42	9813	100
厕所	1528	15.57	8285	84.43	9813	100
自来水	124	1.26	9689	98.74	9813	100

续表

使用以下服务设施	无		有		合计	
	数量	比重	数量	比重	数量	比重
紧急呼叫装置	9157	99.46	50	0.54	9207	100
洗澡辅助设施	9098	98.82	109	1.18	9207	100
家庭病床	9681	98.85	113	1.15	9794	100
有电梯	无		有		合计	
	数量	比重	数量	比重	数量	比重
	7668	93.86	502	6.14	8170	100

资料来源:"2010年中国城乡老年人口状况追踪调查"中城市个人问卷部分。

另外,数据显示,由于受到各种慢性疾病的困扰,随着年龄的增大,老年人基本日常生活自理能力逐渐降低,例如,一些室内室外活动、洗澡、上下楼梯等都可能发生跌倒等意外。

在2010年全国追踪数据中,有82.28%的老人患有慢性疾病,对室内和室外生活带来诸多不便,如受到疾病的影响,有19.72%的老年人在洗澡方面有困难甚至做不了,有28.47%的老年人上下楼梯有困难。由图4-1可以看出,在曾经发生意外跌倒的老年人中,除了在马路上跌倒的比重最高以外,住房成为老年人发生意外的主要场所,在卧室、楼梯、卫生间、院子、客厅、门槛及厨房等老年人活动较为频繁的区域,老年人很容易发生意外。

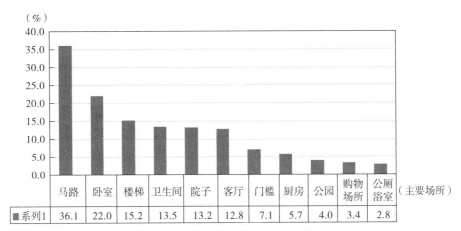

图4-1 全国老年人发生意外跌倒区域

资料来源:"2010年中国城乡老年人口状况追踪调查"中城市个人问卷部分。

五、社区居住设施和服务设施有待提高

老年人对所居住社区环境整体评价不高（如表4-5所示）。在您对自己所居住社区的感受是否达到以下指标问题的回答中，只有居住舒适和活动便捷两项达到63.95%和57.44%，而设施齐全和服务完善的比重为37.16%和41.27%。与此同时，老年人对住房的满意度也不高。据统计，2000~2006年对自家住房状况不满意的比例，城市由22.3%下降到15%，农村由21.6%下降到15.1%[①]。根据2010年追踪数据，在"您对现在的住房条件满意吗？"的抽样调查回答中，回答满意的比重为49.03%，回答一般的比重为36.43%，回答不满意的比重为14.54%。

表4-5　全国老年人对居住环境的评价　　　　　单位：人，%

社区感受	否		是		合计	
	数量	比重	数量	比重	数量	比重
居住舒适	3561	36.05	6316	63.95	9877	100
活动便捷	4204	42.56	5673	57.44	9877	100
设施齐全	6207	62.84	3670	37.16	9877	100
服务完善	5801	58.73	4076	41.27	9877	100

资料来源："2010年中国城乡老年人口状况追踪调查"中城市个人问卷部分。

可见，随着生活水平的提高和住房条件的改善，城市老年人居住环境的期望也逐渐提高，老年人居住需求从以前有房住、住得下的基本需求向追求舒适型、宜居型的发展需求转变。

第二节　上海居家老人居住环境现状

一、居家老人住房类型以老公房中多层住宅为主

总体来看，老年人的住宅类型主要以多层住宅和高层住宅为主，比重分别为39.7%和35.6%，还有17.9%的老年人居住在普通旧式住宅中，居住在花园住宅

---

① 中国老龄科研中心.《中国城乡老年人口状况追踪调查》研究报告［R］.北京全国老龄工作委员会办公室，2007.

和平房及其他住宅的比重相对较少，分别为 4.8% 和 2.1%。不同人口特征的老年人在住房类型上具有一定的差异（见表 4-6）。

表 4-6　上海市居家老人住房类型分布　　　　单位：%

人口特征		住房类型					λ 及 P 值
		多层住宅	高层住宅小区	花园住宅	普通旧式房（四合院、宅库门房等）	平房及其他	
性别	男	40.0	37.1	2.1	18.4	2.4	λ =26.604,
	女	39.2	33.7	8.1	17.3	1.7	P=0.000
年龄	60~70 岁	46.8	37.4	2.8	10.1	3.0	λ =62.533
	70~80 岁	33.2	35.7	6.8	22.5	1.8	P=0.000
	80 岁以上	45.4	27.7	2.3	24.6		
居住区	中心城区	35.1	38.4	5.4	19.7	1.3	λ =41.1670
	近郊区	47.8	35.3	3.5	10.6	2.9	P=0.000
	远郊区	46.0	23.5	4.3	22.5	3.7	
居住状态	独居	25.8	39.0	7.3	26.8	1.0	
	只与配偶同住	46.0	32.8	3.8	14.7	2.7	λ =57.530
	与子女同住	40.0	35.9	3.8	18.7	1.5	P=0.000
	三代同堂	43.9	40.2	7.3	4.9	3.7	
合计		39.7	35.6	4.8	17.9	2.1	100

资料来源：2012 年国家社科基金项目（12&ZD212）上海市调研数据。

从性别来看，虽然男性老年人居住在多层住宅，普通旧式房和平房及其他的比例均高于女性老年人，但总体相差不大。另外，居住在高层住宅小区的男性老人比女性老人高出 3.4 个百分点，而住在花园住宅的女性老年人则比男性老年人高出 6 个百分点。

从年龄来看，多层住宅和高层住宅是不同年龄段老年人的主要住房类型，60~70 岁和 80 岁以上老年人的住宅类型主要以多层住宅为主，比例分别为 46.8% 和 45.4%，居住高层住宅的比重分别为 37.4% 和 27.7%。70~80 岁老年人住宅类型主要以高层住宅为主，比例为 35.7%，其次为多层住宅。值得注意的是，还有一定比重的老年人居住在普通的旧式住宅中，其中，70~80 岁和 80 岁以上老年人的比例达到 20% 以上，远高于 60~70 岁年龄段 10.1% 的比例。居住在花园住宅和平房及其他住宅中的老年人比例相对较少，其中，70~80 岁年龄段的老年人居住花园住宅的比重最高，为 6.8%，60~70 岁年龄段老年人居住在平房及其他住宅的比重为 3.0%。

从居住区来看，中心城区老年人居住在高层住宅中的比例为 38.4%，高于近郊区和远郊区的老年人，近郊区和远郊区老年人居住在多层住宅的比例分别为 47.8% 和 46.0%，均高于中心城区多层住宅中的老年人。无论是中心城区，还是近郊区和远郊区，还有相当一部分老年人居住在普通旧式房中，其中，远郊区比重最高，为 22.5%，中心城区为 19.7%，近郊区为 10.6%。另外，中心城区老年人居住在花园住宅的比重最高，为 5.4%，而远郊区居住平房及其他住宅的比重最高，为 3.7%。

从居住状态来看，不同居住状态老年人的住房类型不同，高层住宅是独居老年人主要的住宅类型，比重为 39.0%，其他三种居住状态的老年人住宅还是以多层住宅为主，其中，只与配偶同住的最多，比例达 46.0%。还有 7.3% 的独居老人和三代同堂以上的老人居住在花园住宅中，该比例高于与配偶同住的老年人和与子女同住的老年人。26.8% 的独居老人居住在普通旧式房中，该比例高于其他居住状态的老年人，还有 3.7% 的三代同堂以上的老年人居住在平房及其他住宅中，居住条件亟须改善。

二、居家老人住房面积有所改善，部分老年人居住面积较小

老年人住宅面积主要以 30~50 平方米为主（如表 4-7 所示），比例为 46.0%，居住在 70 平方米以上的比例为 8.8%，尤其是 90 平方米以上的老年人比例较低，仅为 2.2%。除了居住区与住房面积之间不具有统计差异之外，老年人的性别、年龄、居住状态和居住面积之间还有明显的差异。

从性别来看，住房面积在老年人性别结构上具有显著差异。男性和女性老年人住房面积主要以 30~50 平方米为主，比例分别为 40.0% 和 53.4%。同时，住房面积在 30 平方米以下的男性和女性老年人比例分别为 26.0% 和 20.5%，居住在 50~70 平方米和 70~90 平方米住宅的男性老年人比例高于女性老年人，而居住在 90 平方米以上住宅的女性老年人比例则高于男性老年人。

从年龄来看，60~70 岁和 70~80 岁老年人的住房面积主要以 30~50 平方米为主，比例为 49.0% 和 47.4%，30 平方米以下的住宅 80 岁以上老年人居住的比例最高，达 37.7%。同时，还有部分 60~70 岁和 70~80 岁的老年人居住在 30 平方米以下的住宅中，比例分别为 26.5% 和 18.7%。不同年龄段老年人在 50 平方米以上的住宅分布差异也比较明显。从表 4-7 中可以看出，50~70 平方米和 90 平方米以上的住宅 70~80 岁老年人比例最高，而 70~90 平方米的住宅 80 岁以上老年人比例最高。

从居住区来看，不同居住区老年人在居住面积上差异不显著。30~50 平方米

的住宅在不同居住区的老年人中比重最高，其次为 30 平方米以下的住宅，比重都相差不大。虽然中心城区老年人在 50 平方米以上的住宅中比例最高，但是和近郊及远郊区比重相差也不大。

从居住状态来看，不同居住状态老年人的住房面积在 30~50 平方米的比例最高，其次独居、只与配偶居住及与子女同住三种居住状态老年人在 30 平方米以下的比例为 20.6%、23.7% 和 25.8%，三代同堂居住在 50~70 平方米住宅的比重则高于其他三种居住状态的老年人。从居住面积讲，独居老年人居住在 50~70 平方米和 90 平方米住宅的比重最低，而三代同堂老年人居住在 50 平方米以上各类型住宅的比例最高。

表 4-7　上海市居家老人住房面积分布　　　　　单位：%

人口特征		住房面积					λ 及 P 值
		≤ 30 平方米	30~50 平方米	50~70 平方米	70~90 平方米	≥ 90 平方米	
性别	男	26.0	40.0	22.0	10.7	1.2	λ =35.416
	女	20.5	53.4	16.2	6.6	3.4	P=0.000
年龄	60~70 岁	26.5	49.0	17.0	6.1	1.4	λ =80.872
	70~80 岁	18.7	47.4	23.1	8.1	2.8	
	岁 80 以上	37.7	27.7	9.2	23.1	2.3	P=0.000
居住区	中心城区	22.3	45.0	20.9	9.4	2.3	λ =6.603
	近郊区	26.0	47.4	17.6	7.1	1.9	
	远郊区	25.1	48.1	15.5	9.1	2.1	P=0.580
居住状态	独居	20.6	58.5	9.8	10.5	0.7	
	只与配偶同住	23.7	39.5	22.8	10.5	3.4	λ =61.336
	与子女同住	25.8	48.6	19.7	4.6	1.3	
	三代同堂	22.0	34.1	28.0	12.2	3.7	P=0.000
合计		23.6	46.0	19.4	8.8	2.2	100

资料来源：同表 4-6。

三、居家老人住房年代主要集中在 20 世纪 90 年代

老年人住宅建造时间主要以 1998 年以后建造为主（如表 4-8 所示），比重达 43.4%，其次为 1991~1998 年，比重达 38.2%，还有 18.4% 的老年人住宅在 1990 年之前建造，1998 年之前建造的比重达 56.6%。同时可以看出，老年人现居住宅的建造时间与老年人性别、年龄、居住区和居住状态之间具有显著的差异。

从性别来看，男性老年人和女性老年人现居住宅的建造时间有一定差异。男

性老年人现居住宅建造时间主要以 1998 年以前为主，其中，以 1990 年以前的比例为 20.4%，1991~1998 年的比例为 39.9%，而女性老年人住宅建造时间在 1998 年以后的比例高达 47.8%，该比例高于男性老年人现居住宅的比例。

从年龄来看，60~70 岁老年人现居住宅建造时间主要在 1998 年以后，比例高达 47.4%，70~80 岁老年人住宅建造时间主要在 1991~1998 年，比例为 41.8%，80 岁以上的高龄老人住宅建造时间主要是 1990 年之前。从不同年龄段老年人住宅建造时间的差异可以看出，与 60~70 岁低龄段老年人相比，70~80 岁和 80 岁以上的老年人住宅建造时间相对较早，尤其是还有相当一部分 80 岁以上的高龄老人居住在 1990 年以前建造的住宅中，这些住宅居住设施较为落后，对于居家养老的老年人生活等方面带来诸多不便。

从居住区来看，中心城区和近郊区老年人住宅的建造时间主要在 1998 年以后，比例分别为 42.4% 和 51.9%，而远郊区老年人的住宅建造时间主要在 1991~1998 年，比例为 41.7%。在这三个区域中，近郊区老年人住宅在 1998 年以后建造的比重达到 51.9%，这和近年来上海市城市化进程加快、住房等基础设施建设快速发展有一定的联系，尤其是近几年郊区大型保障房社区建设，对中心城区人口向郊区集聚发挥了一定的引导作用。

从居住状态来看，不同居住特征的老年人住宅建造时间差异主要表现在四种居住特征的老年人住宅建造时间主要以 1998 年以后为主，首先，以三代同堂老年人的比例最高，达到 50.0%，与配偶同住的比例为 46.2%，其次，1991~1998 年住宅建造的比例也较高，而 1990 年以前的住宅在三代同堂老年人家庭的分布比例最低，为 7.3%，在与子女同住的老年人家庭中比重最高，为 25.3%，独居老年人比重为 20.6%。

表 4-8　上海市居家老人住房年代分布　　　　　　单位：%

人口特征		建房年代			λ 及 P 值
		1990 年以前	1991~1998 年	1998 年后	
性别	男	20.4	39.9	39.8	λ =9.423 P=0.009
	女	16.0	36.2	47.8	
年龄	60~70 岁	15.0	37.5	47.4	λ =48.847 P=0.000
	70~80 岁	16.9	41.8	41.3	
	80 岁以上	39.2	22.3	38.5	
居住区	中心城区	17.4	40.3	42.4	λ =20.092 P=0.000
	近郊区	17.3	30.8	51.9	
	远郊区	24.6	41.7	33.7	

续表

人口特征		建房年代			λ 及 P 值
		1990 年以前	1991~1998 年	1998 年后	
居住状态	独居	20.6	38.0	41.5	λ =27.647 P=0.000
	只与配偶同住	13.9	39.9	46.2	
	与子女同住	25.3	35.2	39.5	
	三代同堂	7.3	42.7	50.0	
合计		18.4	38.2	43.4	100

资料来源：同表 4-6。

四、居家老人居住楼层主要集中在 4~6 层

从性别和居住状态来看，性别和居住状态与老年人所居住宅层数没有明显的差异（见表 4-9）。年龄、居住区与所居住宅层数之间有一定的差异。60~70 岁、70~80 岁和 80 岁以上的老年人现居住宅层数大部分都在 6 层以内，其中，76.9% 的 80 岁以上老年人居住在 6 层以内的住宅中。不同居住区老年人的住宅层数差异明显。中心城区、近郊区和远郊区老年人住宅层数在 6 层以内的比重分别为 63.0%、67.0% 和 79.1%，近郊区和远郊区的比重明显高于中心城区。近年来，上海市郊区在城市化改造的过程中，兴建了大量 6 层以内的动迁安置房，这也是郊区 6 层以内住房比重在一定程度上高于中心区的原因。

从老年人居住楼层来看，有 54.9% 的老年人居住在 3 层以下的住宅中，有 33.3% 的老年人居住在 4~6 层的住宅中，有 11.8% 的老年人居住在 6 层以上的住宅中，其中，性别与居住楼层之间没有差异。年龄、居住区、居住状态与居住楼层有明显的差异。

表 4-9　上海市居家老人住房层数及居住楼层分布　　单位：%

人口特征		住宅层数			居住楼层			
		6 层以内	6 层以上	λ 及 P 值	3 层以下	4~6 层	6 层以上	λ 及 P 值
性别	男	64.5	35.5	λ =2.113 P=0.146	56.1	32.8	11.1	λ =1.150 P=0.563
	女	68.4	31.6		53.5	33.8	12.6	
年龄	60~70 岁	64.2	35.8	λ =7.629 P=0.022	43.7	44.9	11.5	λ =54.017 P=0.000
	70~80 岁	65.7	34.3		61.6	25.7	12.6	
	80 岁以上	76.9	23.1		63.8	27.7	8.5	

续表

人口特征		住宅层数			居住楼层			
		6层以内	6层以上	λ及P值	3层以下	4~6层	6层以上	λ及P值
居住区	中心区	63.0	37.0	λ=17.760 P=0.000	57.9	28.5	13.6	λ=32.820 P=0.000
	近郊区	67.0	33.0		45.2	45.5	9.3	
	远郊区	79.1	20.9		58.3	33.7	8.0	
居住状态	独居	62.0	38.0	λ=4.249 P=0.236	66.2	17.4	16.4	1λ=60.249 P=0.000
	只与配偶同住	68.8	31.2		50.5	35.1	14.3	
	与子女同住	66.3	33.7		53.4	40.5	6.1	
	三代同堂	63.4	36.6		52.4	41.5	6.1	
合计		66.3	33.7	合计	54.9	33.3	11.8	

资料来源：同表4-6。

由于还有相当一部分老年人在老旧居住区生活，这些区域的住房适老性能较差，因此，老年人对住房室内和室外改造都有一定的需求。在"如果对您的住宅楼进行改造，您觉得最需要的是哪些部位？"的回答中，室内和室外都有一定的比重，首先，比重最高的是楼梯（36%），其次为卫生间（35%），楼栋入口和厨房的比重也较高，分别为28%和24%，"不需要改造"的比重为4%（如图4-2所示）。

可见，在家庭赡养功能下降的情况下，居家老人对改善住房环境的需求非常明显，希望能够通过对室内和室外居住环境的改造，提高自己独立生活的能力。

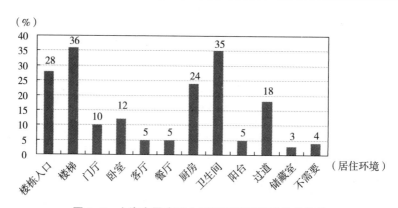

图4-2　上海市居家老人居住环境需要改造的部位

资料来源：同表4-6。

对比 2010 年全国数据和上海市调研数据可以发现，在老年人居住环境现状方面，上海和全国的样本基本具有一致性。虽然 20 世纪 90 年代末期的住房改革改善了部分人的居住条件，但从调研数据来看，大多数老年人主要居住在 20 世纪 90 年代建造的原公有住房中。

"2010 年中国城乡老年人口状况追踪调查"城市老年人居住在 1995 年以前住房的比重为 67.23%，如果我们以此为依据推算一下上海的情况，上海 2010 年 60 岁以上老年人口为 331.02 万，则居住在 1995 年以前住宅的老年人约有 222.54 万。另外，2010 年全国追踪数据中城市老年人居住在单位宿舍区和旧街区的比重合计为 43.06%，以此为依据推算 2010 年上海老年人居住在单位宿舍区和旧街区的人数应为 142.54 万。可见，上海老年人整体上的居住条件并不理想，离老年友好城市和老年宜居社区建设还有较大差距。

从前面上海市调研数据交叉分析中也可以看出，上海居家老人居住条件在性别、年龄、分布及居住特征方面有很大的差异，在多层住宅和普通旧式房的老年人群体中，80 岁以上的高龄老人和空巢老人比重较高，且有相当一部分居住在 4~6 层的多层住宅中，而这些住宅大多建造时间久，室内居住条件差，室外缺少连接社区的通行设施，严重影响到居家老人的生活质量。2013 年新版《老年人权益保障法》老年宜居环境中明确提出了对老年家庭实施无障碍设施改造，为老年人创造无障碍居住环境的规定，所以，分析居家老人居住环境现状及存在的问题，对于推动老年宜居环境建设可以起到一定的参考作用。

第三节 上海居家老人居住环境的主要问题

一、室内区域存在的问题

（一）厨房区域存在的需求问题分析

从整体来看，老年人住房厨房区域存在问题依次表现为空间狭小、操作台高度不合适、橱柜吊柜太高、开关插座问题、地面太滑及轮椅进出移动困难等方面（如表 4-10 所示）。

60~70 岁老年人厨房空间狭小、操作台高度不合适及开关插座问题比较突出，比重分别为 55.5%、48.6% 和 40.9%；70~80 岁老年人的厨房问题主要表现在空间狭小、操作台高度不合适、橱柜吊柜太高三个方面，比重分别为 72.1%、56.8%、44.9%；80 岁以上老年人厨房问题在空间狭小、开关及插座问题、轮椅进出移动困难几个方面比例较高，分别为 64.6%、54.6% 和 54.6%。

表 4-10　不同年龄老年人厨房区域存在的需求问题分布　　　单位：%

年龄	空间狭小	操作台高度不合适	橱柜吊柜太高	地面太滑	储藏空间不够	缺少配套阳台	光线暗	设备不够用	开关、插座位置不好，数量不够	轮椅进出移动困难
60~70 岁	55.5	48.6	37.7	37.5	23.1	23.5	27.9	19.8	40.9	25.1
70~80 岁	72.1	56.8	44.9	28.2	24.1	11.3	16.6	14.1	28.5	28.4
80 岁上	64.6	36.2	40.8	43.1	11.5	2.3	37.7	4.6	54.6	54.6
合计	64.8	51.6	41.7	33.3	22.5	15.1	23.0	15.3	35.9	29.7
λ	36.426	21.485	6.078	17.566	10.093	52.065	38.221	22.641	41.374	44.338
P	0.000	0.000	0.048	0.000	0.006	0.000	0.000	0.000	0.000	0.000

资料来源：同表 4-6。

从区域来看，中心城区和近郊区、远郊区老年人室内厨房在空间面积、地面防滑、储藏空间三个方面存在的问题不存在显著差异，而在其余七个方面则差异明显（如表 4-11 所示）。

与近郊区和远郊区相比，中心城区老年人住宅厨房问题主要表现在空间狭小，操作台高度不合适，光线暗，开光、插座位置不好及数量不够等方面，比例分别为 66.2%、54.3%、31.1% 和 38.1%。近郊区老年人厨房问题主要集中在缺少配套阳台、设备不够用和轮椅进出困难三个方面，比例分别为 21.8%、20.2% 和 38.5%，远郊区老年人厨房在橱柜吊柜太高、地面太滑和储藏空间不够三个方面问题较突出，比例分别为 54.5%、38.0% 和 24.1%。

表4-11　不同居住区老年人厨房区域存在的需求问题分布　　　单位：%

居住区	空间狭小	操作台高度不合适	橱柜吊柜太高	地面太滑	储藏空间不够	缺少配套阳台	光线暗	设备不够用	开关、插座位置不好，数量不够	轮椅进出移动困难
中心城区	66.2	54.3	38.9	31.6	23.0	12.5	31.1	14.8	38.1	24.6
近郊区	61.5	43.9	41.3	34.9	20.2	21.8	19.1	20.2	37.6	38.5
远郊区	64.2	52.4	54.5	38.0	24.1	15.5	26.7	9.6	24.6	37.8
λ	2.208	9.901	15.298	3.301	1.338	15.273	20.027	12.333	12.061	26.957
P	0.332	0.007	0.000	0.192	0.512	0.000	0.000	0.015	0.002	0.000

资料来源：同表4-6。

不同居住特征老年人在厨房使用方面也存在不同的问题。总体来看，在操作台高度不合适、地面防滑、光线暗和轮椅进出四个方面差异较小，其他六个方面具有明显差异（如表4-12所示）。

独居老年人的厨房空间狭小、操作台高度不合适问题明显，比重分别为72.5%和55.4%；与配偶同住的老年人厨房储藏空间不够，缺少配套阳台和开关、插座问题较突出，比重分别达到25.9%、20.3%和44.4%；有37.7%与子女同住的老年人厨房问题主要表现在地面防滑问题，三代同堂老年人厨房区域问题较多，橱柜吊柜太高、光线暗、设备不够用、轮椅进出几个方面的问题都比较显著，比重分别为48.8%、26.8%、19.5%和37.8%。

表4-12　不同居住特征老年人厨房区域存在的需求问题分布　　　单位：%

	独居	只与配偶同住	与子女同住	三代同堂	λ 及 P 值
空间狭小	72.5	61.2	66.6	53.7	λ=15.507 P=0.001
操作台高度不合适	55.4	49.1	53.9	43.9	λ=5.848 P=0.119
橱柜吊柜太高	48.4	32.6	48.1	48.8	λ=32.462 P=0.000
地面太滑	27.9	33.3	37.7	30.5	λ=7.574 P=0.056
储藏空间不够	14.6	25.9	22.8	25.6	λ=14.332 P=0.002

续表

	独居	只与配偶同住	与子女同住	三代同堂	λ 及 P 值
缺少配套阳台	7.3	20.3	13.7	14.6	λ =25.771 P=0.000
光线暗	22.0	21.7	24.8	26.8	λ =2.082 P=0.556
设备不够用	16.4	17.4	10.9	19.5	λ =54.722 P=0.000
开关、插座位置不好，数量不够	25.4	44.4	30.1	42.7	λ =38.299 P=0.000
轮椅进出移动困难	24.0	31.0	30.4	37.8	λ =7.498 P=0.058

资料来源：同表 4-6。

（二）卫生间区域存在的需求问题分析

老年人对卫生间存在的问题依次表现为没有扶手、紧急时缺乏呼救设备、蹲便器使用不便及洗浴设施等方面。在卫生间具体设施方面，不同年龄段老年人的反映具有明显的差异（如表 4-13 所示）。

分年龄段来看，60~70 岁和 70~80 岁两个年龄段的老年人在卫生间区域面临的都是没有扶手、紧急时缺乏呼救设备、蹲便器使用不便的问题，80 岁以上老年人面临的主要问题依次是：紧急时缺乏呼救设备、采光与照明不足、没有扶手。

从性别结构来看，老年男性和老年女性对卫生间洗浴设施和呼救设施存在问题反映差异明显。对数据进行卡方检验显示：洗浴设施方面卡方值为 22.305（P=0.000）；紧急时缺乏呼救设备方面卡方值为 18.612（P=0.000）；卫生间面积、地面高差和采光等其他几个方面没有明显差异。

表 4-13　不同年龄老年人卫生间区域存在的需求问题分布　　单位：%

年龄	空间狭小	地面有高差	没有扶手	蹲便器使用不便	浴缸使用不便	洗手台使用不便	紧急时缺乏呼救设备	采光与照明不足
60~70 岁	29.2	35.4	74.7	53.8	40.7	12.3	54.9	36.0
70~80 岁	40.7	26.9	67.5	42.9	42.8	17.6	61.8	28.4
80 岁以上	31.5	14.6	45.4	41.5	31.5	37.7	76.2	55.4

续表

年龄	空间狭小	地面有高差	没有扶手	蹲便器使用不便	浴缸使用不便	洗手台使用不便	紧急时缺乏呼救设备	采光与照明不足
合计	35.4	29.0	68.1	47.0	40.9	17.6	60.6	34.0
λ	17.681	24.516	41.137	15.323	5.731	46.259	20.338	36.946
P	0.000	0.000	0.000	0.000	0.047	0.000	0.000	0.000

资料来源:同表4-6。

从不同区域来看,不同居住区的老年人住房卫生间普遍存在没有配备扶手的问题(P=0.668)(如表4-14所示)。另外,在其他设施方面也存在一定的差异。中心城区老年人住房卫生间区域问题依次是呼救设备短缺、蹲便器使用不便、空间狭小等问题比较突出;近郊区老年人住房卫生间问题依次是呼救设备短缺、蹲便器使用不便、浴缸使用不便等问题;远郊区的老年人住房卫生间问题主要表现在呼救设备短缺、地面有高差、浴缸使用不便等问题。

表4-14 不同居住区老年人卫生间区域存在的需求问题分布　　　　单位:%

居住区	空间狭小	地面有高差	没有扶手	蹲便器使用不便	浴缸使用不便	洗手台使用不便	紧急时缺乏呼救设备	采光与照明不足
中心城区	41.4	28.6	68.8	42.7	36.8	12.9	58.3	30.7
近郊区	29.8	21.2	66.0	63.5	50.6	18.3	67.0	40.1
远郊区	18.7	43.3	68.4	38.0	42.2	36.9	59.9	38.0
λ	39.759	28.018	0.806	46.084	17.956	60.945	7.237	10.341
P	0.000	0.000	0.668	0.000	0.000	0.000	0.037	0.006

资料来源:同表4-6。

独居老人的卫生间问题依次表现为紧急时缺乏呼救设备、没有扶手及蹲便器使用不便等方面,与配偶同住的老年人卫生间问题依次为没有扶手、缺乏呼救设备及蹲便器使用不便等方面,与子女同住的老年人卫生间问题依次为缺少扶手、浴缸使用不便及缺少呼救设备等,三代同堂及以上老年人住房卫生间蹲便器使用不便和缺乏呼救设备及没有扶手等问题比较严重(如表4-15所示)。

表 4-15 不同居住特征老年人卫生间区域存在的需求问题分布　　　单位：%

居住特征	空间狭小	地面有高差	没有扶手	蹲便器使用不便	浴缸使用不便	洗手台使用不便	紧急时缺乏呼救设备	采光与照明不足
独居	38.0	24.7	59.2	41.5	22.6	24.7	70.1	34.1
与配偶同住	38.4	35.9	74.6	47.5	42.0	10.5	60.7	34.4
与子女同住	29.1	24.6	68.1	45.6	51.6	23.3	47.7	30.4
三代同堂及以上	36.6	18.3	54.9	69.5	45.1	12.2	58.5	47.6
λ	9.890	23.557	27.838	20.588	59.326	39.788	35.044	9.077
P	0.020	0.000	0.000	0.000	0.000	0.000	0.000	0.028

资料来源：同表 4-6。

二、室外区域存在的问题

（一）连接通道存在的需求问题分析

住宅室内外连接通道的适老性设施主要包括轮椅通道、电梯、扶手、灯光照明及监控求助设施（如表 4-16 所示）。分析不同特征老年人对室内和室外连接通道的反映，可以看出连接通道在适老性能方面还存在一些需要改善的地方。

（1）从性别结构来看，连接通道适老性存在的问题在扶手、照明及求助设备方面比较显著。男性老年人认为照明问题和求助设施应引起关注，而女性老年人认为连接通道缺少扶手对他们的生活带来很大不便。

（2）从年龄结构来看，电梯安装、现有电梯改造及求助设备在不同年龄段老年人中的反映具有明显的差异。从表 4-16 可以看出，首先是 70~80 岁老年人对这三个方面的问题反映最强烈，其次为 60~70 岁的老年人，而 80 岁以上的老年人比重则相对较低。

（3）从不同城区来看，中心城区、近郊区和远郊区的老年人住宅连接通道在轮椅通行、电梯安装及照明三个方面差异明显。中心城区老年住宅室外轮椅通行和照明问题比较突出，近郊区老年住宅电梯问题比较严重。

（4）从居民状况来看，不同居住特征的老年人对住宅连接通道方面的反映差异最为明显，主要表现在与配偶居住的空巢老年人和与子女同住的老年人两个群体方面。其中，与配偶居住的空巢老人问题主要集中在室外轮椅通行、安装电梯、照明与求助设施方面，与子女同住的老人问题主要集中在电梯改造、扶手安装方面。

住宅连接通道在城市居家老人的日常生活中发挥着重要作用，为老年人走出家门、参与社区活动、接触社会提供支持。从住宅室外连接通道存在的问题在不同特征老年人群体中的分布可以看出，由于老年人口结构、居住特征及空间分布的差异，不同特征老年人的住宅室内室外连接通道存在不同的适老性问题。一方面是通行问题，如轮椅通行、电梯的加装和改造；另一方面是通道或走廊内部的安全便捷问题，如扶手、照明及求助设施等。

表4-16　老年人室外连接通道存在的需求问题分布　　　　单位：%

		设置轮椅通道	安装电梯	改造现有电梯	安装扶手	改善灯光与照明	安装监控与求助设备
性别	男	53.1	57.8	48.7	37.7	60.8	51.0
	女	46.9	42.2	51.3	62.3	39.2	49.0
	λ	2.308	2.346	2.798	18.618	7.464	9.503
	P	0.129	0.126	0.328	0.000	0.006	0.002
年龄	60~70岁	38.7	35.5	39.4	41.1	34.2	36.7
	70~80岁	51.1	50.1	44.9	49.6	55.3	56.4
	80岁以上	10.2	14.4	15.7	9.3	10.4	6.9
	λ	0.385	12.308	6.187	2.426	5.175	22.495
	P	0.825	0.002	0.045	0.297	0.075	0.000
城区	中心区	67.2	28.8	63.0	62.3	67.3	61.5
	近郊区	20.6	54.1	21.3	25.3	21.6	23.9
	远郊区	12.2	17.1	15.7	12.5	11.1	14.6
	λ	19.188	14.085	0.608	2.731	8.995	0.267
	P	0.000	0.001	0.738	0.255	0.011	0.875
居住状况	独居	26.5	10.9	18.9	12.8	24.4	29.7
	只与配偶同住	36.8	50.4	33.9	38.3	48.0	40.5
	与子女同住	32.0	30.9	37.0	40.3	22.0	24.2
	三代同堂及以上	4.7	7.7	10.2	8.6	5.6	5.6
	λ	37.769	39.425	8.647	70.644	23.292	63.678
	P	0.000	0.000	0.034	0.000	0.000	0.000

资料来源：同表4-6。

（二）社区存在的需求问题分析

社区环境是老年人住房环境的重要组成部分，作为城市居家老人生活的重要场所，良好的社区环境对于提高居家老人的生活质量具有重要的保障作用（如表4-17所示）。在对调研资料的分析中发现，不同特征老年人对社区环境所存在的问题反映有很大的差异，无论是在性别、年龄层面，还是在居住空间分布和居住状态方面，都存在很大的不同。

社区坡道、照明问题、活动场地、绿化问题及卫生较差是不同性别老年人普遍反映的问题，在社区坡道、活动场地及绿化方面男性老年人和女性老年人反映有较大差异。从年龄结构来看，步行障碍、活动场地、绿化及治安状况等问题在不同年龄段老年人中的分布有所不同，而卫生状况和噪声问题在不同年龄段老年人中的分布不存在差异。在空间分布方面，步行障碍、活动场地、卫生和噪声是不同城区老年人普遍反映的问题，而绿化和治安问题在不同城区老年人中不存在差异。不同居住状态的老年人对社区步行障碍、活动场地及绿化方面存在的问题差异较大，在社区卫生、噪声、治安方面则没有较大差异。

表 4-17　老年人社区环境存在的需求问题分布　　　　单位：%

		步行障碍，如坡道、照明等问题	缺少休息、交流、活动场地	缺少绿化	卫生状况不好	噪声干扰	治安不好，缺乏安全感
性别	男	62.2	59.0	58.8	55.9	55.7	52.9
	女	37.8	41.0	41.2	44.1	44.3	47.1
	λ	10.491	1.578	3.962	0.256	0.386	0.824
	p	0.001	0.029	0.047	0.613	0.534	0.364
年龄	60~70 岁	40.3	30.6	32.9	36.5	38.3	35.7
	70~80 岁	53.1	59.8	53.2	54.4	52.7	53.4
	80 岁以上	6.5	9.6	13.8	9.1	9.0	10.9
	λ	6.084	25.593	15.608	1.750	1.318	1.838
	P 值	0.048	0.000	0.000	0.417	0.517	0.039
城区	中心区	67.7	51.8	59.7	66.2	57.1	63.2
	近郊区	19.4	26.7	27.2	17.4	25.0	22.0
	远郊区	12.9	21.4	13.1	16.4	17.9	14.8
	λ	19.201	37.174	3.623	13.062	6.857	1.533
	P 值	0.000	0.000	0.163	0.001	0.032	0.465

续表

		步行障碍,如坡道、照明等问题	缺少休息、交流、活动场地	缺少绿化	卫生状况不好	噪声干扰	治安不好,缺乏安全感
居住状况	独居	27.6	15.6	17.2	25.0	19.3	18.9
	只与配偶同住	36.0	33.2	44.7	39.5	44.3	45.4
	与子女同住	30.0	43.3	26.4	28.6	28.1	30.4
	三代同堂及以上	6.3	7.8	11.7	7.0	8.2	5.3
	λ	32.174	56.065	32.698	6.842	5.692	5.292
	P 值	0.000	0.000	0.000	0.077	0.128	0.152

资料来源:同表4-6。

第四节 本章小结

本章主要利用"2010 年中国城乡老年人口状况追踪调查"和上海调研数据分析了居家老人的居住环境现状及存在的问题。从老年人居住环境适应老年人养老需求的角度来看,目前我国住房发展只是在一定程度上满足了老年人最基本的生理需求,老年人住房安全性设施较差,住房与社区连接通道的短缺,尤其是旧居住区的老公房没有安装电梯,使身患疾病的老年人无法自由地参与社区生活,现有住房配套服务设施及社区基础设施供需严重不匹配,也进一步影响到老年人自身价值的实现。

老年人居住在 20 世纪 90 年代的原公有住房中的比重较高,针对这种居住情况,有研究者从通用住宅的设计理念提出对城市住房进行适当改造,以适应人一生不同阶段的居住需求,这也是实现居家养老模式城市住宅体系最核心的部分(周春发、付予光,2008[1]),让居住环境去适应人,而不是人去适应环境,使住宅具有"生长性"(周典、周若祁,2006[2])。城市基础设施建设已成为制约居家养老模式发展的重要问题(赵衡宇、过伟敏、陈琦,2011[3]),为此,我们需要在居家老人居住环境现状分析的基础上,结合老年人的性别、年龄、分布及居住等因素对居住环境的需求特征进行综合分析。

① 周春发,付予光.居家养老住房与社区照顾的联结 [J].城市问题,2008 (1):68-72.
② 周典,周若祁.构筑老龄化社会的居住环境体系 [J].建筑学报,2006 (10):10-12.
③ 赵衡宇,过伟敏,陈琦.居住郊区化背景下城市老龄人口居家养老模式与环境需求问题 [J].学术争鸣,2011 (6):10-11.

第五章

城市居家老人居住环境需求特征分析

第四章主要对上海市居家老人居住环境的现状及不同区域存在的需求问题进行了分析，由于老年人口年龄、性别、居住特征及经济等方面的差异，在居住环境的需求特征方面也会有所不同，本章在此基础上利用定量和定性相结合的方法，及社会学中的社会分层理论对居家老人居住环境的需求类型、不同老年人的需求特征，及不同住房类型中居家老人的主观诉求进行分析，并从理论层面进行了探讨。

第一节　城市居家老人居住环境需求的类型

为进一步了解城市居家老人的居住环境需求特征，首先通过因子分析将不同的居住环境需求要素进行浓缩，概括居家老人居住环境需求的总体特征。

一、因子分析

（一）因子分析的定义及模型

因子分析是研究如何以最少的信息丢失将众多原有变量浓缩成少数几个因子，如何使因子具有一定命名解释性的多元统计分析方法。作为从变量群中提取共性因子的统计技术，因子分析起源于 20 世纪初关于治理测验的统计分析。目前，因子分析在心理学、医学、经济学、社会学等领域得到广泛的应用，因子分析的核心是用较少的互相独立的因子反映原有变量的绝大部分信息（薛薇，

2009[①]）。

因子分析的数学模型：设原有 P 个变量 x_1，x_2，x_3，…，x_p 且每个变量（或经标准化处理后）的均值为 0，标准差为 1，现将每个原有变量用 k（$k < p$）个因子 f_1、f_2、f_3，…，f_k 的线性组合来表示。

$$x_1 = a_{11}f_1 + a_{12}f_2 + a_{13}f_3 + \cdots + a_{1k}f_k + \varepsilon_1 \tag{5-1}$$

$$x_2 = a_{21}f_1 + a_{22}f_2 + a_{33}f_3 + \cdots + a_{2k}f_k + \varepsilon_2 \tag{5-2}$$

$$\cdots\cdots$$

$$x_p = a_{p1}f_1 + a_{p2}f_2 + a_{p3}f_3 + \cdots + a_{pk}f_k + \varepsilon_p \tag{5-3}$$

该模型也可用矩阵的形式表示为 $X = AF + \varepsilon$。其中，F 表示因子，由于在每个原有变量的线性表达式中出现，也称为公共因子，A 表示因子载荷矩阵，a_{ij}（$i=1$，2，…，p；$j=1$，2，…，k）称为因子载荷，ε 表示特殊因子，即原有变量不能被因子解释的部分。

（二）因子分析步骤

围绕浓缩原有变量提取因子的核心目标，因子分析主要包括四个步骤：

第一，因子分析的前提条件，即对原有变量进行相关性检验。

第二，因子提取，分析如何在样本数据的基础上提取和综合因子。

第三，对因子进行命名解释，使提取出的因子实际含义更加清楚。

第四，计算各样本的因子得分。因子分析最终目标，通过减少变量个数，以便在进一步分析中用较少的因子代替原有变量参与数据建模；同时可以通过各种方法计算各样本在各因子上的得分，为进一步分析奠定基础。

本章一方面利用提取的因子进行回归分析，分析不同特征老年人的居住环境需求差异，同时利用因子得分系数矩阵构造因子得分函数，分析不同住房类型中四个因子的得分和总得分，讨论不同住房类型在四个因子上的差异。

二、居家老人居住环境需求的总体特征

在前面对居家老人居住环境因素交叉分析的基础上，通过因子分析对各需求要素的总体特征进行归纳分析（如表 5-1 所示）。在因子分析前，运用 Spearman 相关系数对各需求要素进行统计检验，选取相关系数大于 0.3 的 14 项需求要素进行因子分析。

[①] 薛薇．统计分析方法及应用（第二版）[M]．北京：电子工业出版社，2009.

对其余的 14 个指标进行 KMO（Kaiser-Meyer-Olkin）检验和巴特利特球形度检验，14 项指标的 KMO 统计值达到 0.805，巴特利特的球形度检验的卡方值达到 3441.342，自由度为 91，在 0.000 的水平上显著，表明 14 项指标的相关程度较高，达到了因子分析的要求。

表 5-1　巴特利特的球形度检验和 KMO 检验

取样足够度的 Kaiser-Meyer-Olkin 度量		0.805
巴特利特的球形度检验	近似卡方	3441.342
	df.	91
	Sig.	0.000

通过主成分分析法（Principal Components），按照特征值大于 1 的原则抽取因子。分析结果显示有四个主要成分的特征值大于 1，它们的值分别是 3.172、2.954、1.936 和 1.871。因此，可对城市居家老人的居住环境需求特征提取四个因子进行下一步分析。

为对因子进行合理的命名解释，本书通过最大方差法的正交旋转法（Varimax），旋转 13 次后收敛，得到各测量指标与主要因子之间的因子载荷矩阵。根据表 5-2，四个因子的累计方差贡献率达到 70.95%，丢失的信息较少，因子分析基本取得了较为理想的效果。从表 5-2 可以看出：在因子 1 上，蹲便器，洗浴设施，空间面积和开关数量、插座位置四个指标的因子载荷较高，分别为 0.557、0.801、0.655 和 0.736，主要和居家老人的基本生理需求有关，将其命名为便捷性；在因子 2 上，扶手、呼救设备、地面防滑和坡道高度及步行障碍四个指标的因子载荷较高，分别为 0.735、0.698、0.648 和 0.805，主要是和安全性相关的要素，将其命名为安全性；在因子 3 上，地面高差、轮椅通道和加装电梯三个指标的因子载荷较高，分别为 0.788、0.651 和 0.642，和居家老人的室内室外通行有关，将其命名为可及性；在因子 4 上，采光照明，交流、活动场地和绿化面积三个指标的因子载荷较高，分别为 0.566、0.583 和 0.743，这三项是和居住环境舒适性相关的要素，将其命名为舒适性。

表 5-2　居家老人居住环境需求特征因子分析摘要

指标	提取因子			
	因子 1	因子 2	因子 3	因子 4
是否需要安装扶手	−0.127	0.735	0.032	0.247
是否需要改造蹲便器	0.557	−0.220	0.321	0.165

指标	提取因子			
	因子1	因子2	因子3	因子4
是否需要改善洗浴设施	0.801	0.435	0.364	0.096
是否需要配置呼救设备	0.232	0.698	-0.188	0.118
是否需要改善照明	0.195	0.417	0.042	0.566
是否需要增加空间面积	0.655	-0.082	0.405	-0.160
是否需要改造地面高差	0.427	0.260	0.788	-0.341
是否需要改善地面防滑	0.051	0.648	-0.077	0.106
是否需要增加开关数量、更改插座位置	0.736	0.072	0.239	0.204
是否需要增加轮椅通道	0.469	0.196	0.651	0.034
是否需要加装电梯	0.213	0.276	0.642	0.251
是否需要增加交流、活动的场地	0.376	0.060	-0.119	0.583
是否需要扩大绿化面积	-0.069	0.097	0.089	0.743
是否需要改善坡道高度及步行障碍	0.343	0.805	0.030	0.065
因子命名	便捷性	安全性	可及性	舒适性
特征值	3.172	2.954	1.936	1.871
方差贡献率（%）	22.657	21.1	13.828	13.364
累计方差贡献率（%）	22.657	43.757	57.585	70.949

注：因子提取方法：主成分分析法；因子旋转方法：最大方差法。

三、因子分析结果的理论意义

通过因子分析将居家老人居住环境需求划分为便捷性、安全性、可及性及舒适性四个方面。从四个因子所包含的内容来看，囊括室内、室外两个一级指标，其中，便捷性因子包含的内容以二级指标需求模块中厨房和卫生间存在的需求问题为主，主要和居家老人的生理需求有关，而安全性、可及性及舒适性三个因子所包含的内容则涉及室内室外两个区域，从这三个因子涉及的需求要素来看，包含了二级指标四个需求模块中的内容。

马斯洛需求层次理论主要特点在于强调人类需求的层次性，认为随着低层次需求的相对满足，人类需求将会呈现由低层次需求向高层次需求逐步发展进化的规律性。从便捷性、安全性、可及性及舒适性四个因子特征来看，基本体现了马斯洛需求层次理论中的生理需求、安全需求、社交需求及居家老人在社区环境中获得的更高层次的需求，同时也是阿尔德弗"ERG"需求理论中生存需求、交往需求和发展需求在居家老人居住环境需求中的体现。

居家养老的核心论题是努力提高老年人对居住环境的自主权（周春发、付予光，2008[①]），研究老年人对居住环境的需求特征则是改善居住环境，提高老年人自主权的前提条件。我们借助于因子分析主要对居家老人居住环境需求的总体特征进行讨论，然而作为需求主体，不同特征居家老人的居住环境需求有何差异，单凭因子分析和马斯洛需求层次理论还不能得到有效解释，需要我们在因子分析的基础上，通过线性回归并结合相关的社会分层理论、需求进化理论等进一步研究。

第二节　城市居家老人居住环境需求特征分析的模型构建

一、研究框架

社会分层研究通过描述现实中人与人之间因拥有资源的不同而产生的差别，分析人与人之间差异的社会影响及社会对这种差异所做的价值判断（邹农俭，2002[②]）。社会分层理论的社会意义在于为制定相应的社会政策提供理论依据，本书利用社会分层理论来分析居家老人的居住环境需求特征，对于实现住房资源及其他养老资源的优化配置，具有重要的实践价值。

老年人自身社会层次的差异对于其在社会保障制度中所处的位置有重要影响。从第二章关于社会分层理论的分析可知，不同的分层要素对居住需求也会造成一定的影响，如居住需求的满足主要取决于职业所带来的收入，两者呈现正相关关系（赵晔琴、孟兆敏，2012[③]），刘欣对 CGSS2003 数据分析后认为，由于中国城市的中产阶层收入水平较高，对居住条件也有较高的需求（刘欣，2007[④]）。20 世纪 60 年代学者提出"住房阶级"理论，认为住房也是区分人们阶层的标准

---

①　周春发，付予光.居家养老住房与社区照顾的联接［J］.城市问题，2008（1）：68-72.

②　邹农俭.社会分层研究的意义［J］.中国党政干部论坛，2002（3）：55-56.

③　赵晔琴，孟兆敏.流动人口的社会分层与居住质量——基于上海市长宁区"六普"数据的分析［J］.人口与发展，2012（5）：59-66.

④　刘欣.中国城市的阶层结构与中产阶层的定位［J］.社会学研究，2007（6）.

（Rex J.and Moor R.，1997①）。鉴于以往社会分层研究主要集中在职业、经济等变量上，边燕杰、刘勇利注意到住房在社会分层体系中的重要性（边燕杰、刘勇利，2005②）。不同住房群体的文化程度、经济条件、居住条件差异明显，使住房具有作为社会分化载体的功能，这种分化不仅表现为住房类型的不同，更表现在居住环境需求的差异上（李强，2009③）。

考虑到不同社会分层变量对人们的居住需求不同程度地产生影响，本书主要通过结合居家老人的人口特征、家庭居住特征、住房特征及相关的主、客观分层变量，对居家老人的居住环境需求特征进行分析。

分析城市老年人居住环境需求的相关文献，特别是对居家养老背景下城市老年人居住环境的研究大多属于建筑规划领域，近年来一些社会保障学、公共管理学及人口社会学研究人员也逐渐开始从制度和政策层面关注老年人的居住环境问题（丁志宏、姜向群，2014④；陶立群，2004⑤；付琳琳，2011⑥；居斌一，2009⑦；宋玉茹，2008⑧等）。人口老龄化处于一种持续的、动态的发展过程中，尤其是在高龄化、空巢化等逐渐成为老龄化主要特征的情况下，老年人口的社会分层现象也日益显著。笔者在借鉴已有专家学者研究的基础上，从社会学中社会分层视角对老年人的居住环境需求特征进行研究，提出一个理论解释框架（如图5-1所示）。

根据前面对老年人居住环境理论与文献的分析以及不同的社会分层与居住环境需求关系的阐述，将老年人的人口学特征和主、客观分层变量及控制变量相结合，对居家老人的居住环境需求特征进行分析。

假设一：主、客观社会分层变量对老年人居住环境需求具有显著性，并且主观分层和客观分层各自具有统计差异性，主观分层变量和客观分层变量在控制变量的影响下保持稳定。

---

①　Rex J.and Moor R. Rrace，Community and Conflict［M］.Oxford：Oxford and University Press，1997.

②　边燕杰，刘勇利.社会分层、住房产权与居住质量——对中国"五普"数据的分析［J］.社会学研究，2005（3）：82-98.

③　李强.转型时期城市"住房地位群体"［J］.江苏社会科学，2009（4）：41-53.

④　丁志宏，姜向群.城市老人住房状况及其满意度研究——以北京市海淀区为例［J］.北京社会科学，2014（1）：51-59.

⑤　陶立群.中国老年人住房与环境状况分析［J］.人口与经济，2004（2）：39-44.

⑥　付琳琳.城市老年人居家养老型住宅需求研究［D］.河北经贸大学硕士学位论文，2011.

⑦　居斌一.中国老龄化城市老年人居住政策研究［D］.上海交通大学硕士学位论文，2009.

⑧　宋玉茹.人口老龄化背景下的我国老年住宅问题研究［D］.山西财经大学硕士学位论文，2008.

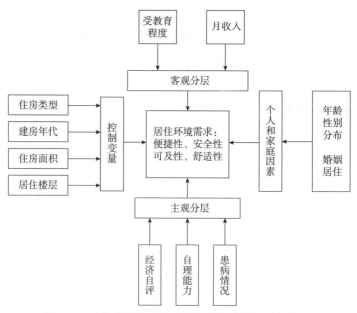

图 5-1　上海市居家老人居住环境需求特征分析框架

第一，主观分层与老年人居住环境需求之间存在显著的相关性，在控制变量的影响下保持稳定。不同经济自评的老年人在居住环境需求方面差异显著，由于在回归分析中老年人的健康自评变量（健康状况：好、不好）与其他变量之间存在共线性，所以将其剔除，只剩下经济自评变量和与健康相关的自理能力和患病情况两个主观变量。

第二，不同客观分层变量与老年人居住环境需求之间存在显著的相关性，在控制变量的影响下保持稳定。不同文化程度与老年人居住环境需求之间差异显著。不同月收入与老年人居住环境需求之间差异显著。

假设二：不同人口学特征与老年人居住环境需求之间存在显著的相关性，在控制变量的影响下保持稳定，其中，本书所指的人口学特征主要包括两个方面：一是与老年人个体相关的性别、年龄、空间分布三个人口变量；二是和家庭相关的居住特征变量。本书选取老年人婚姻状况和居住特征作为和家庭相关的变量，反映不同老年家庭的居住环境需求特征。

假设三：不同住房中的老年人居住环境需求存在差异，即控制变量与老年人居住环境需求之间存在显著的相关性。回顾我国住房发展历程，从新中国成立初期的公有住房，到 20 世纪 90 年代的商品住房，再到目前的大型保障房建设，住房制度的发展与完善也在一定程度上反映了我国的社会变迁。老年人作为重要的住房需求主体，其所处的社会分层状态也是在宏观社会结构和制度变迁等因素的动态变化中逐渐形成的（成梅，2004[①]）。所以，我们将不同的住房条件作为分析居家老人居住环境需求特征的控制变量，讨论在住房因素的影响下，居家老人的居住环境需求特征呈现什么样的变化。

二、变量的选取

（一）自变量选取

1. 主观分层指标

关于主观分层指标，李培林（2005）认为，客观分层指标收入、教育、职业和消费等与主观阶层认同有一定联系，但联系不大，更重要的是受父辈社会地位的影响[②]。李春玲（2004）认为，客观分层与主观分层的关联度随着情景的不同而不同[③]。Jackman 等（1973）夫妇对主观阶层认同做出了较为权威的定义，即作为个体在整个社会结构中所在位置的感知[④]。为进一步反映不同特征居家老人对居住环境需求的主观认知，在此次课题调查中增加了和老年人经济和健康两个方面相关的主观分层测量指标，将主观分层指标区别于客观分层体现出来。老年人对经济自评操作化为较好、一般、较困难；虽然在调查中设置了健康自评，但在模型分析中发现健康自评变量（健康：好、不好）与其他变量存在共线性，所以将其剔除，只保留和健康自评相关的自理能力和患病情况两个指标。

2. 客观分层指标

考虑到教育、职业和收入是反映个人客观社会经济地位的基本变量，本书参考前面（李斌，2010[⑤]；郑晨，2001[⑥]）的分析，选取老年人的受教育程度和月收入两个变量作为客观社会分层指标。

3. 人口学特征

除了和主观分层、客观分层相关的指标之外，本书还将调查对象的人口学特征也作为自变量进行回归分析，进而分析不同特征老年人的居住环境需求差异，主要包括老年人的性别、年龄、空间分布、婚姻、居住状况等变量。

①　成梅. 以生命历程范式浅析老年群体中的不平等现象［J］. 人口研究，2004（5）：44-51.

②　李培林. 社会冲突与阶级意识：当代中国社会矛盾的研究［J］. 社会，2005（1）：32-36.

③　李春玲. 社会阶层的身份认同［J］. 江苏社会科学，2004（6）：109-112.

④　Jackman M. R., Jackman R. An Interpretation of the Relation between Objective and Subjective Social Status［J］. American Sociological，1973（38）：569-582.

⑤　李斌. 分化与特色：中国老年人的居住安排［J］. 中国人口科学，2010（2）：101-110.

⑥　郑晨. 阶层归属意识及其成因分析：中国广州市居民的一项调查［J］. 浙江学刊，2001（3）：45-47.

（二）控制变量选取

在我国，住房差异一直被看作城市居民阶层差异的重要指标（刘精明、李路路，2005[①]），尤其是在市场体制下，住房本身也是一种阶层分化的现象，虽然职业、收入及其他阶层变量决定着人们的住房条件和居住水平（赵晔琴，2013[②]）。陆杰华等（陆杰华、白铭文、柳玉芝，2008[③]）在分析老年人居住意愿时认为，现实的居住方式也是老年人居住需求的影响因素，并将其纳入模型对老年人的居住需求特征进行分析。本书对老年人居住环境需求特征的分析借鉴这样的思路，构建个人微观模型时也应注意到老年人现实居住条件差异对其居住环境需求产生的影响，同时参考边燕杰等利用"五普"数据对社会分层、住房产权等与城市居民居住质量分析中将住房设为控制变量的方法（边燕杰、刘勇利，2005[④]），也将住房条件设为控制变量，主要包括住房类型、住房年代、住房面积和居住楼层四个变量。

（三）因变量选取

在人口与需求的关系中，人口是自变量，需求及其各因子是因变量，在同一人口群体内部，因性别、年龄、收入、个人爱好的不同，各自的需求也存在差异（张纯元、马立原，1996[⑤]）。经过因子分析提取的四个因子属于连续数值型变量，我们将其作为因变量纳入多元线性回归模型，进一步分析不同特征居家老人在这四个因子上的需求差异（如表 5-3 所示）。

表 5-3　变量定义、类型及赋值

变量名称	变量类型	变量含义与赋值
性别（参照组：男性）	虚拟	男性 =0，女性 =1
年龄	连续	实际年龄（岁）
居住区（参照组：中心区）	虚拟	近郊区 =1，其他 =0 远郊区 =1，其他 =0

① 刘精明，李路路.阶层化：居住空间、生活方式、社会交往与阶层认同——我国城镇社会阶层化问题的实证研究 [J].社会学研究，2005（3）：51-82.

② 赵晔琴.吸纳与排斥：城市居住资格的获得路径与机制 [J].学海，2013（3）：85-93.

③ 陆杰华，白铭文，柳玉芝.城市老年人居住方式意愿研究——以北京、天津、上海、重庆为例 [J].人口学刊，2008（1）：35-41.

④ 边燕杰，刘勇利.社会分层、住房产权与居住质量——对中国"五普"数据的分析 [J].社会学研究，2005（3）：82-98.

⑤ 张纯元，马立原.试论人口需求理论与市场 [J].南方人口，1996（2）：1-4.

续表

变量名称	变量类型	变量含义与赋值
受教育程度（参照组：初中及以下）	虚拟	高中中职中专 =1，其他 =0 大专及以上 =1，其他 =0
婚姻（参照组：无配偶）	虚拟	有配偶 =1 无配偶（未婚、离婚、丧偶）=0
居住方式（参照组：与子女居住）	虚拟	独居 =1；其他 =0 只与配偶居住 =1，其他 =0
收入	连续	
经济自评（参照组：较好）	虚拟	一般 =1，其他 =0 较困难 =1，其他 =0
健康自评（参照组：好）	虚拟	一般 =1，其他 =0 较差 =1，其他 =0
自理能力（参照组：能自理）	虚拟	部分能自理 =1，其他 =0 不能自理 =1，其他 =0
患病情况		
住房类型（参照组：多层住宅）	虚拟	高层住宅 =1，其他 =0 花园住宅 =1，其他 =0 普通旧式房 =1，其他 =0
建房年代（参照组：1998 年后）	连续	1990 年以前 =1，其他 =0 1991~1998 年 =1，其他 =0
住房面积（参照组：≥ 70 平方米）	连续	≤ 30 平方米 =1，其他 =0 30~50 平方米 =1，其他 =0 50~70 平方米 =1，其他 =0
居住楼层（参照组：3 层以内）	连续	4~6 层 =1，其他 =0 6 层以上 =1，其他 =0

三、多元线性回归模型介绍

多元线性回归模型是指有多个解释变量的线性回归模型，用于说明被解释变量与其他多个解释变量之间的线性关系。

$$y=\beta_0+\beta_1 x_1+\beta_2 x_2+\cdots+\beta_p x_p+\varepsilon \qquad (5-4)$$

该方程是一个 p 元线性回归模型，其中，有 p 个解释变量。模型中被解释变

量 y 的变化可由两部分组成。第一，由 p 个解释变量 x 的变化引起的 y 的线性变化部分；第二，由其他随机因素引起的 y 的变化部分，即 ε。$\beta0$，$\beta1$，…，βp 都是模型中的未知参数，分别称为回归常数和偏回归系数，其中，偏回归系数的含义为在保持其他变量不变的情况下，自变量 x 每变动一个单位所引起的因变量 y 的平均变动数量，ε 为随机误差，也是一个随机变量。另外，多元线性回归方程中调整后的 R2 称为调整的判定系数，用于回归方程的拟合优度检验及评价回归方程对样本数据的代表程度，F 统计量主要用来检验被解释变量与所有解释变量之间的线性关系是否显著，即用于回归方程的显著性检验。

第三节　不同群体居家老人居住环境需求特征的回归分析

一、居住环境便捷性需求的回归分析

（一）模型结果解释

1. 模型 1

模型 1 检验的是在不考虑住房因素的条件下，不同特征老年人对居住环境便捷性的需求差异，从所包含的需求要素来看，主要体现了马斯洛需求层次理论中的生理性需求（见表 5-4）。

（1）从整体来看，老年人的性别、年龄、空间分布特征、居住状况、经济条件、自理能力及患病情况等不同变量在模型 1 上均有显著性，主观分层变量经济自评、自理能力、患病情况和客观分层变量月收入在模型 1 也具有显著性，另外，老年人的婚姻状况和客观分层变量中受教育程度在模型 1 上没有通过显著性检验。

为分析不同特征老年人居住环境需求特征的动态变化，我们借助于在第二章提到的需求进化理论对便捷性需求进一步分析，在对后面安全性、可及性及舒适性需求的分析中，也采用同样的方法对其讨论。

需求进化理论概括的五条需求进化规律主要包括需求理想化、需求动态化、需求协调化、需求集成化及需求专门化，其中，需求动态化指需求随着时间、空间、地点、人物、职业等条件的变化而变化，体现了不同需求主体特征在需求上的差异，如民族、性别、年龄、职业、文化程度、信仰等。

（2）从性别结构来看，女性老年人比男性老年人高出 0.161 个百分点，说明在居家养老的条件下，女性老年人比男性老年人更加关注室内环境的便捷性。

（3）从年龄结构来看，随着年龄的增大，老年人对室内设施的便捷性也更加关注。与60~70岁年龄段的老年人相比，70~80岁和80岁以上两个年龄段老年人的回归系数分别为0.160（$P < 0.05$）和0.576（$P < 0.01$），这说明老年人对室内便捷性需求随着年龄的增大而增加，尤其是80岁以上的高龄老人，关注度更加明显。

（4）从空间分布特征来看，郊区老年人比中心城区老年人更加关注居住环境的便捷性，其中，近郊区和远郊区的回归系数分别为0.163（$P < 0.05$）和0.200（$P < 0.05$）。

第一，居家老人室内便捷性需求在家庭层面的变化体现在居住特征上。与非空巢家庭相比，空巢老年家庭在居住环境便捷性需求方面也通过了模型1的显著性检验，其中独居老人的回归系数为0.134（$P < 0.1$），与配偶居住老人的回归系数为0.307（$P < 0.01$），这一方面说明空巢老年家庭照料资源减少，对室内设施的依赖性较强，尤其是在基本生活设施便捷性方面高于非空巢家庭；另一方面可以发现空巢家庭内部的差异，及与配偶居住的老年人比独居老年人更需要方便的生活设施。

第二，老年人收入水平和经济自评两个变量在模型1上均有显著性。从不同收入水平的回归系数来看，与1000元以下的老年人相比，随着收入的提高，老年人的便捷性需求有下降趋势。老年人的经济自评也说明了这一点。经济自评一般和较困难的回归系数分别为0.140（$P < 0.05$）和0.322（$P < 0.01$），这说明与经济自评较好的老年人相比，经济条件相对较差的老年人更需要便捷的生活设施，其中，经济自评较困难的老年尤为明显。

老年人健康状况对室内便捷性的需求特征主要表现在自理能力和患病情况两个方面，均通过了显著性检验。一方面，与能自理的老年人相比，老年人更需要提高住房的便捷性辅助自己的生活，从模型1可以看出，部分能自理和不能自理的老年人回归系数分别为0.107（$P < 0.1$）和0.208（$P < 0.05$），不能自理的老年人需求更加明显。另一方面，与没有患病的老年人相比，患有1种疾病和2种疾病老年人的回归系数分别为0.260（$P < 0.01$）和0.223（$P < 0.05$），患有1种疾病老年人的便捷性需求更加显著。

老年人的受教育程度和婚姻状况两个变量没有通过模型1的显著性检验，虽然老年人不同的受教育水平和不同的婚姻状况对室内设施便捷性方面有一定的影响，但由于两个变量在模型上不具有显著性，所以这种差异并不能代表全体老年人。

2. 模型2

模型 2 检验的是控制变量对居家老人便捷性需求的影响。

（1）从模型检验结果来看，住房类型、建房年代、住房面积和居住楼层几个变量均通过了显著性检验。

（2）从住房类型来看，与多层住房相比，高层住房和花园住房在生活设施便捷性需求方面的回归系数分别为 −0.197（P < 0.05）和 −0.749（P < 0.01），普通旧式房回归系数为 0.247（P < 0.01），这可能与不同类型住房的配套设施有关，高层住房和花园住房的配套设施相对好于多层住房，而普通旧式房由于建造时间较早，设施陈旧，所以需要提高内部设施的便捷性，满足老年人的基本生理需求。

建房年代和住房类型两个变量在模型 2 上的影响具有一致性。大量的普通旧式房主要在 1998 年住房改革之前建造，普遍存在住房设施安全性和便捷性方面的问题，所以与 1998 年房改之后建造的住房相比，1990 年之前和 1991~1998 年之间建造的住房在室内便捷性方面具有显著的影响。

住房面积在模型 2 上只有 30 平方米以下的住房通过显著性检验，与 70 平方米以上的住房相比，30 平方米以下的住房在模型 2 上的回归系数为 0.095（P < 0.05），说明该类型住房需要进一步提高便捷性。

居住楼层在模型 2 上的显著性主要表现在 6 层以上的住房中，与 3 层以内的住房相比，其回归系数为 −0.328（P < 0.01），6 层以上的住房大多为高层，室内设施相对较为完善，说明居住楼层为 3 层以内的住房需要进一步提高便捷性，这可能与 3 层以内的住房大多是普通旧式房或多层住房等老公房有关。

3. 模型 3

模型 3 是一个综合模型，在对模型 1 和模型 2 单独分析的基础上，分析在住房因素的影响下，不同特征老年人在便捷性需求上的差异。通过模型 3 发现，调整后的 R² 和 F 值进一步提高，说明该模型对住房便捷性需求的解释力进一步增强。

在模型 3 中，婚姻状况和客观分层变量中的受教育状况和在模型 1 中一样，没有通过显著性检验，其他相关变量仍发挥了一定的影响作用。具体表现在：

（1）从性别结构和年龄结构来看，女性老年人和 80 岁以上高龄老人对住房设施便捷性的需求更加明显。从模型 3 中可以看到，与模型 1 相比，女性老年人、70~80 岁及 80 岁以上老年人的回归系数均有所增加。

（2）从空间分布特征来看，虽然近郊区和远郊区的回归系数有所下降，但仍保持了正向的作用。说明老年人的结构性特征和空间分布特征在住房便捷性需求方面具有明显差异，具体表现在女性老年人高于男性老年人，高龄老年人高于低龄老年人，郊区老年人高于中心城区老年人，这些需求差异在住房因素的影响下保持稳定。

（3）从老年人居住特征来看，在加进住房因素后，空巢家庭对住房便捷性的需求更加显著。在模型3中，独居老人和与配偶居住的老人回归系数均高于模型1，从回归系数的对比可以发现，与非空巢家庭相比，空巢家庭特别是独居老人在便捷性需求方面显著性增强，说明独居老人住房的便捷性需求应引起重视。

对比模型3和模型1可以看出，虽然不同变量的显著性和回归系数有所增减，但模型的显著性整体上比较稳定，说明便捷性需求是老年人最基本的需求。同时我们也发现，在加进住房变量后，空巢家庭中独居老人显著性增强，这也提醒我们要进一步提高独居老人住房室内环境的适老性能，满足独居老人最基本的生理需求。

（4）经济差异。和模型1相比，模型3在住房因素的影响下，较低收入老年人对住房便捷性的需求变化较大，其中，月收入1000~2000元的回归系数由0.106（$P > 0.1$）变为0.128（$P < 0.1$），这说明经济条件是影响居家老人住房便捷性需求的重要因素。

与模型1相比，虽然经济自评一般的老年人住房便捷性需求显著性有所下降，但依然通过了检验，从回归系数的变化可以看出，经济自评较困难老年人对住房便捷性需求的显著性进一步增强。

（5）健康状况。与模型1相比，在加进控制变量后，老年人的自理能力和患病情况对住房便捷性需求的显著性保持稳定，但观察各变量的显著性可以发现，不能自理老年人和患有疾病的老年人在室内环境便捷性需求方面更加突出。从不同健康状况老年人对住房便捷性需求特征可以看出，为自理能力较差和身患疾病的居家老人创建一个便捷的室内生活环境，对健康老龄化具有重要的促进作用。

（6）不同住房变量的影响。与模型2相比，在模型3中，住房类型中高层住房的显著性消失，普通住房、1998年以前建造及30平方米以下的住房显著性依然存在，而且居住楼层为4~6层回归系数由0.062（$P > 0.1$）变为0.073（$P < 0.1$），可见与多层住房及高层住房等相比，普通旧式房在便捷性需求方面比较突出。

（二）研究发现

从便捷性需求内容来讲，主要从室内活动空间、厨房和卫生间的相关生活设施等方面进行了分析，从前面回归分析可以归纳出居家老人居住环境便捷性需求的总体特征。由于住房条件的不同，不同特征老年人在室内便捷性需求方面的差异表现在：

第一，人口结构、分布特征与居住环境便捷性需求关系密切。女性老年人、高龄老人及郊区老年人更加关注室内环境的便捷性。从家庭层面考虑，空巢家庭对便捷性需求要高于非空巢家庭，其中，独居老人的便捷性需求应引起重视。

第二，从社会分层的视角研究发现，虽然住房因素对老年人便捷性需求差异有一定影响，但是社会分层变量的影响也不容忽视。

在客观分层方面，随着收入水平的提高，居家老人室内便捷性需求下降，这从另一方面说明收入较低的老年人室内生活环境需要改善。分析主观分层变量发现，经济自评变量的变化和客观分层中收入水平的变化呈现一致性，即经济自评较差的居家老人对便捷性需求较高。

主观分层变量中健康因素如自理能力、患病情况在住房因素的影响下，仍具有稳定的显著性，相对于能自理及部分能自理的老年人，不能自理和患有疾病老年人的便捷性需求更加明显。有研究显示，老年人生理功能的减退多由健康所致，但有时环境因素和个体因素的影响要超过特定疾病，社会应尽量为老年人提供便利的生活条件，提高自理能力（German P., 1981[①]；汤哲、项曼君，2001[②]），所以，便捷的室内设施对于延缓老年人躯体功能的衰退有一定的作用。

第三，从需求层次理论和需求进化理论来看，结合因子分析中便捷性需求的组成要素可以发现，便捷的室内设施是满足老年人生理需求的基本条件，虽然处于马斯洛需求理论的最低层次，但对居家老人来讲，室内环境的便捷性直接影响居家老人的生活质量。根据需求进化理论，需求具有动态变化的规律，需求要适应特定的环境、地点及特定人群。

第四，从便捷性需求主体及需求特征变化来看，不同居家老人的便捷性需求与现实的居住条件之间还存在差距，这也进一步说明增强室内设施的便捷性对于满足城市居家老人的生理需求具有重要的意义。

表 5-4　居家老人居住环境便捷性需求的多元回归分析

变量名称	模型 1		模型 2		模型 3	
人口变量	B	SE	B	SE	B	SE
性别：（男）女	0.161***	0.056			0.201***	0.056
年龄（60~70 岁）						

①　German P. Measuring Funcetional Disability in the Older Population [J] .Am J Pub Health, 1981 (71): 1197-1199.

②　汤哲，项曼君 . 北京市老年人生活自理能力评价与相关因素分析 [J] . 中国人口科学，2001 (3)：91-96.

续表

变量名称	模型 1		模型 2		模型 3	
70~80 岁	0.160**	0.073			0.186*	0.073
80 岁以上	0.576***	0.120			0.649***	0.121
居住区（中心区）						
近郊区	0.163**	0.067			0.143**	0.066
远郊区	0.200**	0.082			0.195**	0.081
教育（初中以下）						
高中技校/中职	−0.084	0.069			−0.076	0.069
大专及以上	0.166	0.089			0.195	0.088
婚姻（无配偶）有配偶	0.205	0.094			0.058	0.095
居住方式（与家人）						
独居	0.134*	0.093			0.204**	0.094
只与配偶居住	0.307***	0.070			0.341***	0.070
月收入（1000 元以下）						
1000~2000 元	0.106	0.075			0.128*	0.076
2000~3000 元	−0.162**	0.081			−0.106**	0.081
3000 元以上	−0.047	0.097			−0.028	0.096
经济自评（较好）						
一般	0.140**	0.070			0.152*	0.069
较困难	0.322***	0.088			0.334***	0.088
自理能力（能）						
部分能自理	0.107*	0.073			0.140*	0.072
不能自理	0.208**	0.092			0.187**	0.093
患病情况（无）						
1 种	0.260***	0.072			0.264***	0.071
2 种及以上	0.223**	0.090			0.194**	0.090
控制变量						
住房类型（多层）						
高层住宅			−0.197**	0.084	−0.102	0.082
花园住宅			−0.749***	0.150	−0.535***	0.146
普通旧式房			0.247**	0.096	0.181**	0.094

续表

变量名称	模型 1		模型 2		模型 3	
建房年代（1998 年后）						
1990 年以前			0.282***	0.100	0.249**	0.097
1991~1998 年			0.118*	0.070	0.135*	0.067
住房面积（≥ 70 平方米）						
≤ 30 平方米			0.095**	0.103	0.216**	0.098
30~50 平方米			0.063	0.094	0.116	0.092
50~70 平方米			−0.150	0.105	0.021	0.103
居住楼层（3 层以内）						
4~6 层			0.062	0.069	0.073*	0.066
6 层以上			−0.328***	0.108	−0.244**	0.108
常数	18.215	0.145	15.159	0.108	19.051	0.181
调整后的 R^2	0.317		0.475		0.586	
F 检验值	71.075***		78.898***		82.682***	

注：N=2816，* 表示 $P < 0.1$ 的水平下显著；** 表示 $P < 0.05$ 的水平下显著；*** 表示 $P < 0.01$ 的水平下显著。

二、居住环境安全性需求的回归分析

（一）模型结果解释

1. 模型 1

模型 1 主要检验在不考虑住房因素影响的条件下，不同特征居家老人对居住环境安全性的需求差异。首先从模型中可以发现，老年人的性别、年龄、空间分布特征、居住状况、经济条件、健康状况及自理能力在模型 1 上均有显著性，而教育程度和婚姻状况两个变量则没有通过显著性检验，这一点与便捷性需求模型相同（见表 5-5）。

从人口结构特征分析，在不考虑其他因素影响的条件下，女性老年人在模型 1 上的回归系数为 0.095（$P < 0.1$），80 岁以上老年人回归系数为 0.459（$P < 0.01$），70~80 岁老年人回归系数为 0.080，但没有通过模型 1 的显著性检验。可见，与男性老年人相比，女性老年人更为重视居住环境的安全性，80 岁以上的高龄老人比 60~70 岁的老年人对居住环境安全性的需求更加突出。

老年人口的空间分布特征对居住环境安全性也有一定影响，主要表现在近郊区老年人比中心区老年人更希望有一个安全的住房环境，从模型 1 可以看出，近郊区回归系数为 0.002（P < 0.1），虽然远郊区回归系数为 0.043，在模型上不具有显著性，但不能说明远郊区所有老年人对居住环境的安全性都较为关注。

空巢家庭老年人在居住环境安全性方面具有一致的显著性。在模型 1 中与非空巢家庭相比，空巢家庭老年人对居住环境安全性的关注较为明显，独居老人和与配偶居住的老人都通过了检验，且独居老人的回归系数高于与配偶居住老人的回归系数，说明独居老人对居住环境安全性需求更为突出。

不同经济水平的老年人在居住安全性需求方面的差异非常明显。在模型 1 上，与 1000 元以下的老年人相比，1000~2000 元回归系数为 0.241（P < 0.01），2000~3000 元回归系数为 0.236（P < 0.05），3000 元以上回归系数为 0.125，可见，经济水平的差异成为影响老年人住房安全性需求的重要因素。

与经济自评较好的老年人相比，经济自评一般和较困难的回归系数分别为 0.195（P < 0.01）和 0.067（P < 0.1）。结合老年人经济自评和收入水平两个变量回归系数在模型 1 上分布特征可以发现，不同经济状况老年人对居住环境安全性需求既具有普遍性，也具有一定的差异。

老年人健康状况及自理能力也通过了模型 1 的显著性检验。在自理能力方面，与自理能力较强的老年人相比，部分能自理老年人对居住环境安全性需求的回归系数为 0.076（P < 0.1），而不能自理的老年人则没有通过显著性检验，说明在不考虑住房等其他因素的影响下，部分能自理老年人对居住环境安全性的需求较为显著。

从老年人患病情况来看，与没有患疾病的老年人相比，身患疾病的老年人对安全性有较高的需求。患有 1 种疾病的老年人回归系数为 0.254（P < 0.01），患有 2 种及以上疾病的老年人回归系数为 0.081（P < 0.1）。笔者认为这和老年人自理能力有一定的相似性，即部分能自理或患病较少的老人在室内或室外活动的频率可能相对多于不能自理或患病较多的老年人，所以这部分老年人对居住环境安全性期望可能更高。

2. 模型 2

模型 2 是关于控制变量在居住环境安全性方面的检验，其中，住房类型、住房面积、居住楼层几个变量在模型 2 上具有显著性，而建房年代则没有显著性。

与多层住房相比，花园住房回归系数为 -0.397（P < 0.01），普通旧式住房回归系数为 0.295（P < 0.01），可见，花园式住房在安全性需求方面相对较低，普通旧式房在养老方面的安全性需求应引起重视，虽然高层住房的回归系数为 0.026，但并不能代表全体高层住房的安全性能较差。

不同住房的面积大小在安全性方面也有一定差异，其中 30 平方米以下的住房较为明显。在模型 2 上，相对于面积较大的住房，30 平方米以下住房的回归系数为 0.0177（P < 0.1），在住房环境安全性方面的问题更为明显。

与居住在 3 层以下老年人相比，居住在 4 层以上老年人的安全性需求显著。居住楼层为 4~6 层的回归系数为 0.265（P < 0.1），居住楼层为 6 层以上的回归系数为 0.212（P < 0.05），说明居家老人对室内安装扶手、地面防滑、呼救设施及社区治安等安全性问题较为关注。

另外，高层住房和居住楼层为 6 层以上两个变量均呈现出正向作用，且 6 层以上具有显著性，这也在一定程度上说明了目前开发商没有将目光投在购买力有限的老年人身上，一些新建住房也没有充分考虑老年人的特殊居住需求（孟星，2009[①]）。

3. 模型 3

在模型 1 和模型 2 对住房安全性需求单独分析的前提下，我们通过模型 3 分析加入住房变量后不同特征老年人对住房安全性的需求差异是否发生变化。在模型 3 上，调整后的 R^2 与模型 1 相比有所提高，模型的拟合优度逐步改善，且 F 值也有所增加，说明回归方程整体上比较显著，具有一定的代表性。

具体来看，模型 3 中的受教育程度、婚姻状况仍然不具有显著性，这和模型 1 保持了一致性。

（1）在人口结构特征和空间分布上，与模型 1 相比，女性老年人、80 岁以上老年人及近郊区老年人对居住环境安全性需求的回归系数有所增加，其中，女性老年人显著性变化最为明显，回归系数由 0.095（P < 0.1）增加到 0.123（P < 0.05）。

（2）空巢家庭老年人对安全性需求具有一定的稳定性。在模型 3 中，与非空巢老人相比，空巢老人的回归系数分别为 0.193（P < 0.05）和 0.093（P < 0.05），说明空巢老人对居住环境安全性需求仍然高于非空巢老人。和模型 1 相比，一方面，虽然独居老人和与配偶居住的老年人回归系数均有所下降，但显著性仍表现出正向的变化趋势；另一方面，独居老人的住房安全性需求仍高于与配偶居住的空巢老人，说明空巢老人中独居老人住房的安全性需求需要进一步关注，这一点和住房设施便捷性方面独居老人的需求具有一致性。

（3）不同经济水平的老年人安全性需求比较稳定。在收入水平和经济自评两个变量上，从回归系数的变化可以发现，模型 3 中老年人的安全性需求和模型 1

---

① 孟星.老年人口住房保障问题思考［J］.上海房地，2009（9）：30-32.

具有一样的显著性特征，进一步验证了模型 3 具有一定的稳定性。

（4）不同健康状况老年人对住房安全性需求更加明显。从自理能力来看，与模型 1 相比，模型 3 中的回归系数均有所增加，部分能自理老年人保持了模型 1 中的显著性，而不能自理老年人的安全性需求出现显著变化，回归系数从 0.047（P＞0.1）变为 0.108（P＜0.1），说明与能自理的老年人相比，由于住房因素的影响，不能自理的老年人更需要一个安全的住房环境。

从患病情况来看，虽然模型 3 和模型 1 相比回归系数有所增减，但两个模型仍具有一致的显著性。结合老年人自理能力和患病情况可见，安全的居住环境是老年人健康的重要保障，尤其患有疾病和自理能力较差的老年人更需要一个安全便捷的居住环境。

（5）模型 3 在控制变量对居住环境安全性的影响上，住房面积的显著性保持稳定，显著性变化较大的是住房类型、建房年代和居住楼层三个变量。与模型 2 相比，高层住房的回归系数由模型 2 的 0.026（P＞0.1）增加到模型 3 的 0.051（P＜0.1），说明与多层住房相比，高层住房中老年人也需要改善在安装扶手、地面防滑、救助设施及社区治安等方面存在的安全性问题，同时也说明居住环境安全性需求是大多数老年人普遍的需求。

与模型 2 相比，模型 3 中 1990 年以前的回归系数由 0.135（P＞0.1）变为 0.015（P＜0.1），说明 1990 年以前住房的安全性能较低。

不同居住楼层老年人在安全性方面延续了模型 2 的显著性，但需求特征却发生了变化。对比模型 2 和模型 3 可以发现，与居住在 3 层以内的住房相比，虽然 4 层以上老年人对安全性需求依然明显，但居住在 4~6 层的老年人回归系数从 0.265（P＜0.1）增加到 0.277（P＜0.05），显著性增强，而居住在 6 层以上的老年人回归系数从 0.212（P＜0.05）下降到 0.192（P＜0.1），显著性有所降低。6 层以下的住房主要以多层住房和普通旧式房为主，6 层以上的住房主要以高层为主，居住在不同楼层老年人对安全性需求的变化客观上反映了不同住房类型方面安全性需求的差异。

（二）研究发现

从模型 3 我们可以看出，与模型 1 相比，在控制变量住房因素的影响下，除性别结构和自理能力两个变量的显著性增强外，其他变量如年龄、分布特征、居住方式、月收入、经济自评及患病情况具有和模型 1 一样的显著性，这也说明居家老人的居住环境安全性需求回归模型具有一定的稳定性。

第一，从人口特征来看，性别结构、年龄结构及空间分布在安全性需求方面依然显著，这一点与便捷性需求相似。不同的是住房因素对性别结构的影响更为明显，在住房因素的影响下，女性老年人的安全性需求比男性老年人更为突出。从年龄结构和分布特征看，居家老人的安全性需求主要集中在80岁以上的高龄老人和近郊区老人两个变量上。

第二，从家庭层面来看，虽然空巢家庭比非空巢家庭更关注居住环境的安全性，但是对比回归系数可以发现，空巢家庭的独居老人对安全性的关注程度更高。

第三，从社会分层方面来看，综合主观分层变量中的经济自评和客观分层变量中的月收入，中低收入老年人的安全性需求较为明显。同时，对比主观分层变量中的自理能力和患病情况，自理能力较差的老年人和患病老年人的安全性需求显著，其中住房因素对不能自理的居家老人的安全性需求影响最为明显。

第四，从需求层次和需求的变化特征来看，虽然安全性需求在马斯洛需求层次中处于第二层次，但是与居家老人便捷性需求主要集中在室内不同，不仅包括室内安装扶手、呼救设备、地面防滑等项目，还包括社区坡道等因素，与主要集中在室内的生理需求相比，老年人的安全性需求范围延伸到室内和室外两个区域，以室内为主。

结合前面关于老年人人口特征及主、客观分层变量的讨论，居家老人安全性需求所处的需求层次及需求空间、具体需求内容的差异不仅与控制变量住房因素有关，也与作为需求主体的老年人的个体特征有关。

表5-5 居家老人居住环境安全性需求的多元回归分析

变量名称	模型1		模型2		模型3	
人口变量	B	SE	B	SE	B	SE
性别（男）：女	0.095*	0.055			0.123**	0.055
年龄（60~70岁）						
70~80岁	0.080	0.072			0.034	0.072
80岁以上	0.459***	0.118			0.572***	0.120
居住区（中心区）						
近郊区	0.002*	0.065			0.017*	0.066
远郊区	0.043	0.080			0.035	0.080
教育（初中以下）						
高中技校/中职	0.016	0.067			0.034	0.069

续表

变量名称	模型 1		模型 2		模型 3	
大专及以上	-0.084	0.087			-0.066	0.088
婚姻（无配偶）有配偶	0.337	0.092			0.194	0.094
居住方式（与家人）						
独居	0.208**	0.092			0.193**	0.093
只与配偶居住	0.161**	0.068			0.093**	0.070
月收入（1000 元以下）						
1000~2000 元	0.241***	0.074			0.188***	0.075
2000~3000 元	0.236**	0.080			0.180**	0.080
3000 元以上	0.125	0.095			0.104	0.095
经济自评（较好）						
一般	0.195***	0.068			0.249***	0.068
较困难	0.067*	0.086			0.079*	0.087
自理能力（能）						
部分能自理	0.076*	0.072			0.101*	0.071
不能自理	0.047	0.090			0.108*	0.092
患病情况（无）						
1 种	0.254***	0.071			0.266***	0.070
2 种及以上	0.081*	0.088			0.076*	0.089
控制变量						
住房类型（多层）						
高层住宅			0.026	0.081	0.051*	0.081
花园住宅			-0.397***	0.145	-0.389***	0.145
普通旧式房			0.295***	0.092	0.259***	0.093
建房年代（1998 年后）						
1990 年以前			0.135	0.097	0.015*	0.096
1991~1998 年			0.082	0.067	0.092	0.067
住房面积（≥ 70 平方米）						
≤ 30 平方米			0.0177*	0.100	0.082*	0.097
30~50 平方米			0.036	0.091	0.097	0.092
50~70 平方米			0.224	0.102	-0.004	0.102

续表

变量名称	模型 1		模型 2		模型 3	
居住楼层（3 层以内）						
4~6 层			0.265*	0.067	0.277**	0.066
6 层以上			0.212**	0.105	0.192*	0.107
常数	23.218	0.142	18.054	0.105	26.217	0.179
调整后的 R^2	0.482		0.540		0.617	
F 检验值	72.14***		75.69***		86.30***	

注：N=2816，* 表示 $P < 0.1$ 的水平下显著；** 表示 $P < 0.05$ 的水平下显著；*** 表示 $P < 0.01$ 的水平下显著。

三、居住环境可及性需求的回归分析

（一）模型结果解释

1. 模型 1

模型 1 是在不考虑住房因素的影响下，不同特征老年人对居住环境可及性的需求差异。除性别、婚姻状况和经济自评三个变量以外，其他变量在模型 1 上都通过了显著性检验（见表 5-6）。

（1）从年龄结构来看，在模型 1 上，老年人不仅需要通畅的室内环境，更需要连接室内和室外的通行设施，方便日常生活及出行。与 60~70 岁年龄段的老年人相比，70~80 岁的回归系数为 0.273（$P < 0.01$），80 岁以上的回归系数为 0.350（$P < 0.1$），随着年龄的增加，老年人对居住环境的可及性有着较高的需求。

（2）从空间分布来看，与中心区相比，近郊区的回归系数为 0.142（$P < 0.05$），说明近郊区老年人的居住环境的可及性需求比中心区更为显著，而远郊区虽然也具有正向的作用，但在模型 1 上不具有显著性。

（3）从受教育程度来看，与前面便捷性需求和安全性需求不同，老年人受教育程度在可及性需求上具有显著性。与教育程度为初中以下的老年人相比，大专及以上老年人的回归系数为 0.176（$P < 0.05$），说明高学历老年人在居住环境可及性方面有更高的需求。

（4）从居住特征来看，与配偶居住的空巢老人在模型 1 上的回归系数为 0.528（$P < 0.01$），说明与配偶居住的空巢老人对居住环境可及性需求要高于非空巢老人，但是在模型 1 中独居老人回归系数为 0.010，没有通过模型 1 的显著性检验，不像在设施便捷性需求和安全性需求方面具有明显的差异。

（5）从月收入来看，与收入水平在 1000 元以下的老年人相比，收入在 2000~3000 元的老年人在模型 1 上的回归系数为 0.204（P < 0.05），说明该收入水平的老年人比较关注居住环境的可及性。

老年人的健康状况在模型 1 上的回归系数非常显著。随着老年人健康状况的下降，老年人的可及性需求更为突出。在模型 1 上，与能自理的老年人相比，随着老年人自理能力下降，回归系数由 0.182（P < 0.05）增加到 0.394（P < 0.01）；与没有患疾病的老年人相比，患病老年人的回归系数由 0.206（P < 0.01）增加到 0.227（P < 0.01），可见，居住环境的可及性在不同健康状况老年人的日常生活中具有重要作用。

2. 模型 2

模型 2 是关于控制变量在居住环境可及性方面的检验，可以看出，几个与住房相关的变量在模型 2 上均具有显著性。

（1）从住房类型来看，与多层住房相比，高层住房的回归系数为 −0.224（P < 0.01），普通旧式房的回归系数为 0.408（P < 0.01），在居住环境可及性需求方面，高层住房的通达性需求要低于多层住房，而普通旧式房的通达性需求高于多层住房。

（2）从建房年代来看，与 1998 年以后建造的住房相比，1990 年以前的住房回归系数为 0.230（P < 0.05），对可及性的需求相对较高，1991~1998 年建造的住房虽然回归系数为 0.043，但不具有显著性，对可及性的需求并不能代表整体。

（3）从住房面积来看，与 70 平方米以上的住房相比，50 平方米以下的住房在可及性需求方面具有显著性。在模型 2 上，30 平方米以下和 30~50 平方米的住宅回归系数分别为 0.167（P < 0.1）和 0.168（P < 0.1）。

（4）从居住楼层来看，与居住楼层为 3 层以内相比，居住楼层为 4~6 层的回归系数为 0.034（P < 0.1），在模型 2 上具有显著性。

在模型 2 控制变量的基础上加入模型 1，进一步分析不同特征老年人在居住环境可及性需求方面的变化。

3. 模型 3

从模型 3 和模型 1 的对比中可以发现，老年人口的性别、婚姻状况及经济自评变量在模型 3 中依然没有显著性，说明这三个变量没有因为住房控制变量的干预而发生变化。

（1）从年龄结构和空间分布来看，老年人口的年龄结构和空间分布变量在模型 3 中仍然具有显著性。虽然 70~80 岁老年人回归系数有所下降，但仍保持了较高的显著性。和模型 1 相比，在控制变量影响下，80 岁以上老年人和近郊区老年人对居住环境可及性需求的回归系数均表现出增加的趋势，说明近郊区高龄老人的可及性需求比较明显。

（2）从受教育程度来看，教育水平为大专及以上的老年人在模型 3 中的回归系数增幅较明显，从模型 1 中的 0.176（P＜0.05）增加大 0.280（P＜0.01），说明受过高等教育的老年人更加关注居住环境的可及性。

（3）从居住区来看，模型 3 中只与配偶居住的空巢老人以及月收入为 2000~3000 元两个变量和模型 1 中一样具有显著性，虽然回归系数有小幅增减，但变化不大，说明与配偶居住的空巢老人和月收入为 2000~3000 元的老人对居住环境可及性的需求没有因为控制变量的引入而改变。同时，独居老人也没有因为住房因素的影响而发生变化，依然不具有显著性。

（4）从健康状况来看，老年人健康状况中自理能力和患病情况在模型 3 和模型 1 中均有显著性，不同的是部分能自理老年人的显著性增强，其回归系数由模型 1 中的 0.182（P＜0.05）增加到模型 3 中的 0.223（P＜0.01）；同时患有 2 种及以上疾病的老年人显著性有所下降，其回归系数由模型 1 中的 0.227（P＜0.01）降低到模型 3 中的 0.164（P＜0.1）。这种变化在一定程度上说明虽然相对于健康状况较好的老年人来讲，健康状况较差的老年人对居住环境可及性的需求较高，同时变量显著性及回归系数的变化也说明在不同的住房条件下，即使对患病的老年人，患病轻重及自理能力的不同在可及性需求方面也有一定的差异。

（5）从住房类型来看，模型 3 中住房变量的显著性整体上和模型 2 具有一致性。应引起注意的是住房类型中普通旧式房回归系数由 0.408（P＜0.01）上升到 0.451（P＜0.01）；居住楼层中 4~6 层的回归系数由 0.034（P＜0.1）上升到 0.076（P＜0.1），建房年代的显著性变化较大，1990 年以前的回归系数由 0.230（P＜0.05）上升到 0.342（P＜0.01），增幅最大，说明 1990 年以前建造的普通多层旧式房在可及性方面亟须完善，居住在其中的居家老人对可及性的需求比较明显。

（二）研究发现

对比模型 3 和模型 1，在控制变量的影响下，模型 3 中除老年人的教育、自理能力、患病情况三个变量显著性发生变化外，其他变量虽然回归系数有所增减，但是显著性和模型 1 具有一致性。

1. 人口学特征与老年人居住环境可及性需求

（1）从人口结构来看，老年人口结构在居住环境可及性方面的需求与便捷性需求和安全性需求有较大差异。居家老人在可及性需求方面性别结构显著性消失，即使在住房因素的影响下，性别变量仍然不具有统计上的显著性。同时年龄结构虽然在住房因素的影响下保持显著性，但是高龄老人的显著性相对低于70~80岁年龄段老年人的显著性。

（2）从家庭层面来看，与前面便捷性需求和安全性需求不同的是，与非空巢老人相比，在模型1和模型3中，独居老年人在居住环境可及性需求方面均没有显著性，而与配偶居住的空巢老人却保持了较高的显著性。

2. 社会分层与老年人居住环境可及性需求

（1）与前面便捷性需求和安全性需求回归结果相比，主观分层变量中经济自评变量没有通过显著性检验。但是通过对比教育程度和月收入两个客观变量发现，高学历老年人和收入较高的老年人对居住环境可及性需求比较明显。

（2）对比居家老人自理能力和患病情况两个主观分层变量，虽然在控制变量的影响下都保持了一定显著性，但由于住房条件的差异，部分能自理老年人的可及性需求显著性进一步增强，患2种及以上疾病老年人需求的显著性有所下降。

从模型中我们发现，即使在控制变量住房因素影响下，独居老人和2000元以下的较低收入和低收入老人对可及性需求不具有显著性，患多种疾病老人需求显著性明显下降。目前大量的居家老人生活在旧宅区中，室内空间尺度不利于轮椅移动，尤其是缺少电梯的多层住房给老年人参加户外活动带来诸多不便（董丽晶，2012[①]）。

居住环境的可及性对居家老人日常生活等具有重要的作用。

3. 为什么会出现较大的需求差异

（1）从人口学特征来看，在前面对老年人住房基本情况的交叉分析中发现，居住在多层住房和普通旧式房的80岁以上老年人比例分别为45.4%和24.6%，独居老人分别占25.8%和26.8%，且无论80岁以上的老人还是独居老人都有相当一部分居住在4~6层的多层住房中。

（2）从客观分层角度来看，我们发现，学历较高，收入较高的老年人对可及性的需求非常明显，且与前面的便捷性需求、安全性需求差异也较大，尤其是教育程度变量在这个问题上发挥很大的影响作用。

（3）从居住方式来看，以住房为主要生活空间的老年人普遍感到孤寂、缺乏安全感，老年人对居住环境的可及性有较高的需求（周春发、付予光，2008[②]）。这种需求差异有可能是由客观分层中老年人文化程度和收入水平的不同引起的，电

---

①　董丽晶. 城市老年群体住房问题研究［J］. 中国国情国力，2012（9）：13-15.

②　周春发，付予光. 居家养老住房与社区照顾的联接［J］. 城市问题，2008（1）：68-72.

梯安装、轮椅通行及整修地面高差等都要花费较多的费用。在这种情况下，老年人会把有限的收入用在和自己生活密切相关的生理需求和安全性需求方面。从居家老人的居住环境需求角度考虑，我们不能认为模型中的变量不显著，老年人就不具有这种可及性的需求，主要是由于老年人自身经济条件的限制而把基本的便捷性需求和安全性需求放在了第一位，但这种潜在的需求更应该引起我们的关注。

表5-6 居家老人居住环境可及性需求的多元回归分析

变量名称	模型 1		模型 2		模型 3	
人口变量	B	SE	B	SE	B	SE
性别（男）：女	0.289	0.054			0.286	0.054
年龄（60~70 岁）						
70~80 岁	0.273***	0.071			0.256***	0.071
80 岁以上	0.350*	0.117			0.379*	0.119
居住区（中心区）						
近郊区	0.142**	0.065			0.149**	0.065
远郊区	0.067	0.079			0.055	0.079
教育（初中以下）						
高中技校 / 中职	0.074	0.067			0.178	0.068
大专及以上	0.176**	0.086			0.280***	0.086
婚姻（无配偶）有配偶	0.419	0.091			0.380	0.093
居住方式（与家人）						
独居	0.010	0.068			0.097	0.069
只与配偶居住	0.528***	0.091			0.535***	0.092
月收入（1000 元以下）						
1000~2000 元	−0.098	0.073			−0.083	0.074
2000~3000 元	0.204**	0.079			0.176**	0.079
3000 元以上	0.126	0.094			0.145	0.094
经济自评（较好）						
一般	−0.078	0.068			−0.065	0.067
较困难	−0.015	0.085			0.026	0.086
自理能力（能）						
部分能自理	0.182**	0.071			0.223***	0.070
不能自理	0.394***	0.089			0.381***	0.091

续表

变量名称	模型 1		模型 2		模型 3	
患病情况（无）						
1 种	0.206***	0.070			0.204***	0.069
2 种及以上	0.227***	0.087			0.164*	0.088
控制变量						
住房类型（多层）						
高层住宅			−0.224***	0.081	−0.238***	0.080
花园住宅			−0.142	0.144	−0.073	0.143
普通旧式房			0.408***	0.092	0.451***	0.092
建房年代（1998 年后）						
1990 年以前			0.230**	0.096	0.342***	0.095
1991~1998 年			0.043	0.067	0.018	0.066
住房面积（≥ 70 平方米）						
≤ 30 平方米			0.167*	0.099	0.135*	0.096
30~50 平方米			0.168*	0.091	0.104*	0.090
50~70 平方米			0.075	0.101	0.078	0.101
居住楼层（3 层以内）						
4~6 层			0.034*	0.066	0.076*	0.065
6 层以上			0.360	0.104	0.421	0.106
常数	27.384	0.140	29.047	0.104	28.216	0.177
调整后的 R^2	0.321		0.427		0.548	
F 检验值	81.72**		88.59**		93.78**	

注：N=2816，* 表示 $P < 0.1$ 的水平下显著；** 表示 $P < 0.05$ 的水平下显著；*** 表示 $P < 0.01$ 的水平下显著。

四、居住环境舒适性需求的回归分析

（一）模型结果解释

1. 模型 1

模型 1 是在不考虑控制变量影响下，不同特征老年人对居住环境舒适性的需求差异，除性别、婚姻状况和经济自评几个变量以外，其余人口社会变量在模型 1 上均具有显著性（见表 5-7）。

（1）从性别结构来看，性别结构在模型 1 上不具有统计显著性。年龄结构在模型 1 上的显著性主要表现在 60 岁以上的老年群体对居住环境的舒适性需求较高，其中，70~80 岁老年人的回归系数为 0.061（$P < 0.1$），80 岁以上老年人回归系数为 0.277（$P < 0.05$），可见 80 岁以上高龄老人对舒适性的需求更加明显。

（2）从居住区来看，近郊区老年人比中心区老年人更关注住房的舒适性，近郊区回归系数为 0.260（$P < 0.01$），虽然远郊区回归系数是正值，但没有通过显著性检验。

（3）从受教育程度和月收入来看，与初中及以下受教育程度相比，大专及以上教育程度回归系数为 0.081（$P < 0.1$），如果将受教育程度和收入水平相结合进行分析，也可以发现两者在舒适性需求方面具有一致性，2000~3000 元和 3000 元以上的回归系数分别为 0.054（$P < 0.05$）和 0.014（$P < 0.1$），说明随着受教育水平的提高和收入的增加，老年人更希望有一个舒适的居住环境和养老环境。

（4）从居住方式来看，与非空巢老人相比，空巢老人对舒适性需求在模型 1 上具有显著性。独居老人的回归系数为 0.087（$P < 0.1$），与配偶居住的老人回归系数为 0.094（$P < 0.05$），说明空巢家庭中与配偶居住的老人比独居老人更加关注居住环境的舒适性。

（5）从健康状况来看，与能自理的老年人相比，自理能力较差的老年人对舒适性需求更为显著。部分能自理的老年人的回归系数为 0.249（$P < 0.01$），不能自理的老年人的回归系数为 0.544（$P < 0.1$），说明部分能自理的老年人对舒适性需求显著性高于不能自理的老年人；从患病情况来看，患有 1 种疾病的老年人在模型 1 上不具有统计显著性，患有 2 种及以上疾病的老年人回归系数为 0.333（$P < 0.01$），与健康状况较好的老年人相比，健康状况较差的老年人更关注居住环境的舒适性，且不同的自理能力和患病情况不同，对舒适性需求也有明显的差异。

2. 模型 2

模型 2 主要检验控制变量对居住环境舒适性需求的影响。

（1）从住房类型来看，与多层住房相比，花园住房和普通旧式房均通过了显著性检验，其中，花园住房回归系数为 -0.312（$P < 0.05$），普通旧式房回归系数为 0.249（$P < 0.01$），花园住房具有较好的配套设施，所以对舒适性需求较低，而普通旧式房建造时间较早，配套设施落后，需要进一步提高居住环境的舒适性。

（2）从建房年代、住房面积来看，两个变量在模型 2 上不具有统计上的显著性。

居住楼层为 4~6 层的回归系数为 0.371（P ＜ 0.01），在舒适性需求方面通过了显著性检验，而 6 层以上却不具有显著性。

3. 模型 3

模型 3 与模型 1 相比，在住房因素的影响下，性别、婚姻和经济自评三个变量在居住环境舒适性需求方面依然不具有显著性。

（1）从年龄结构来看，对比模型 1 发现，不同年龄老年人对舒适性需求更加明显。与 60~70 岁老年人相比，70~80 岁老年人需求的显著性进一步增强，80 岁以上老年人住房环境舒适性需求的回归系数由 0.277（P ＜ 0.05）增加到 0.292（P ＜ 0.05）。

（2）从居住区来看，与中心区老年人相比，虽然近郊区老年人回归系数有所下降，由 0.260（P ＜ 0.01）下降到 0.248（P ＜ 0.01），但舒适性需求依然显著。

（3）从居住方式来看，在住房因素的影响下，空巢家庭中独居老人对舒适性需求的回归系数虽然有所上升，由 0.087（P ＜ 0.1）增加到 0.098（P ＜ 0.1），但显著性依然低于与配偶居住的空巢老人。

（4）从受教育程度来看，与模型 1 相比，文化程度中大专及以上与月收入 2000~3000 元两个变量依然保持与模型 1 相同的显著性，且回归系数有所增加，同时月收入 3000 元以上的回归系数由 0.014（P ＜ 0.1）下降到 0.004（P ＜ 0.1）。与受教育程度和月收入较低的居家老人相比，受教育程度较高和月收入较高的居家老人更加关注居住环境的舒适性。

（5）从健康状况来看，模型 3 中和老年人健康状况相关的自理能力和患病情况两个变量具有稳定的显著性。与模型 1 相比，无论是部分能自理还是不能自理的老年人，对舒适性需求的回归系数都有所增加，患有 2 种及以上疾病老年人的回归系数虽有所下降，但显著性依然较高。

（6）从住房类型和居住楼层来看，与模型 2 相比，模型 3 中住房类型和居住楼层显著性有所下降。住房类型中花园住房回归系数由 −0.312（P ＜ 0.05）变为 −0.251（P ＜ 0.1），普通旧式房由 0.249（P ＜ 0.01）变为 0.234（P ＜ 0.05），居住楼层中 4~6 层的回归系数由 0.371（P ＜ 0.01）变为 0.258（P ＜ 0.05）。

（二）研究发现

从需求层次来看，舒适性需求属于相对较高层次的需求，从现实层面来讲，老年人的社会参与基本等同于社区参与（李宗华、李伟峰、高功敬，2011[①]），从内容上来讲，舒适性需求的要素主要以社区为主，无论是室内室外的采光照明、还是社区老年人活动空间、绿化等问题，都和居住环境需求密切相关。从居家老人舒适性需求的回归分析来看，性别、婚姻及主观分层中经济自评变量没有通过显著性检验，这一点和前面的可及性需求具有一致性。

对比模型1和模型3，住房作为控制变量，对居家老人舒适性需求的影响主要表现在对年龄结构的影响比较明显，虽然其他变量回归系数有所增减，但显著性保持稳定。

1. 人口特征和居家老人舒适性需求

从年龄结构来看，在住房因素的影响下，虽然70~80岁和80岁两个年龄段老年人在模型上具有显著性，但70~80岁年龄段老年人的舒适性需求显著性增强。另外，从家庭层面来看，空巢家庭中与配偶居住的老人对舒适性需求高于独居老人。从空间分布特征看，与中心区相比，近郊区老年人舒适性需求在住房因素的影响下保持稳定。

2. 社会分层和居家老人舒适性需求

客观分层变量中高学历老年人和收入较高的老年人对舒适性需求比较明显，这一点与前面的可及性需求回归结果具有一致性。

综合前面便捷性需求、安全性需求和可及性需求回归结果发现，在舒适性需求的回归结果中，收入水平在3000元以上的老年人舒适性需求具有显著性，即使在控制变量的影响下回归系数变得非常小，仍然保持了显著性，而在前面三个回归模型中，收入水平为3000元以上的变量均没有显著性。可见，经济水平的差异对居家老人的居住环境需求层次有很大的影响。

从主观分层变量变化可以看出，在住房因素影响下，自理能力较差的老年人和患有多种疾病的老年人对舒适性需求的显著性保持稳定，其中，自理能力较差的老年人对舒适性需求更加明显。

表5-7　居家老人居住环境舒适性需求的多元回归分析

变量名称	模型1		模型2		模型3	
人口变量	B	SE	B	SE	B	SE
性别（男）：女	0.131	0.054			0.152	0.055

---

① 李宗华，李伟峰，高功敬. 城市老年人社区参与意愿的影响因素分析 [J]. 山东社会科学，2011（3）：47-51.

变量名称	模型1		模型2		模型3	
年龄（60~70岁）						
70~80岁	0.061*	0.070			0.063**	0.072
80岁以上	0.277**	0.116			0.292**	0.119
居住区（中心区）						
近郊区	0.260***	0.064			0.248***	0.065
远郊区	0.361	0.079			0.347	0.080
教育（初中以下）						
高中技校/中职	0.097	0.066			0.020	0.068
大专及以上	0.081*	0.086			0.148*	0.087
婚姻（无配偶）有配偶	0.035	0.090			0.019	0.093
居住方式（与家人）						
独居	0.087*	0.090			0.098**	0.092
只与配偶居住	0.094**	0.067			0.074**	0.069
月收入（1000元以下）						
1000~2000元	−0.008	0.073			−0.024	0.074
2000~3000元	0.054**	0.078			0.080**	0.079
3000元以上	0.014*	0.093			0.004*	0.094
经济自评（较好）						
一般	−0.086	0.067			−0.105	0.067
较困难	0.026	0.085			0.020	0.086
自理能力（能）						
部分能自理	0.249***	0.071			0.274***	0.071
不能自理	0.544*	0.088			0.554*	0.091
患病情况（无）						
1种	0.026	0.069			0.045	0.069
2种及以上	0.333***	0.086			0.326***	0.088
控制变量						
住房类型（多层）						
高层住宅			−0.096	0.079	−0.074	0.080
花园住宅			−0.312**	0.141	−0.251*	0.143

变量名称	模型 1		模型 2		模型 3	
普通旧式房			0.249***	0.090	0.234**	0.092
建房年代（1998 年后）						
1990 年以前			−0.004	0.095	−0.046	0.095
1991–1998 年			−0.081	0.066	−0.059	0.066
住房面积（≥ 70 平方米）						
≤ 30 平方米			−0.051	0.097	−0.006	0.096
30~50 平方米			0.010	0.089	0.119	0.091
50~70 平方米			−0.123	0.100	−0.012	0.101
居住楼层（3 层以内）						
4~6 层			0.371***	0.065	0.258**	0.065
6 层以上			−0.044	0.102	−0.089	0.106
常数	21.090	0.139	19.217	0.102	24.373	0.177
调整后的 R^2	0.310		0.437		0.595	
F 检验值	69.78***		73.14***		87.53***	

注：N=2816，* 表示 $P < 0.1$ 的水平下显著；** 表示 $P < 0.05$ 的水平下显著；*** 表示 $P < 0.01$ 的水平下显著。

五、理论思考

前面主要通过因子分析和线性回归对城市居家老人居住环境需求特征进行了定量分析，一方面，将居家老人的居住环境需求分为便捷性、安全性、可及性及舒适性四个类型；另一方面，根据老年人的不同特征在这四个方面的需求变化分析了老年人的居住环境需求差异。

（一）城市居家老人的居住环境需求具有一定的层次性，不同特征老年人的需求差异明显

我们发现在住房因素的影响下，女性老年人、高龄老人、空巢家庭，尤其是独居老人、经济条件较差的老年人对居住环境的便捷性和安全性需求突出，远郊区老年人便捷性需求也较高；另外，70~80 岁年龄段老年人、与配偶居住的空巢老人、高学历且收入较高的老年人群体对居住环境的可及性需求和舒适性需求突出。近郊区老年人、自理能力较差和患有疾病的老年人在四个因子上有普遍的需

求，其中自理能力较差的老年人需求更为明显。

根据生命周期理论，由于身处不同年龄段的个体表现出不同的行为方式（李洪心、白雪梅，2006①）及不同生命周期阶段家庭的住房需求也存在差异（孙玉环，2009②）。所以，在年龄、性别、空间分布、家庭居住特征、教育程度、经济及健康状况的影响下，老年人的居住环境需求具有一定的层次性，其中，便捷性需求和安全性需求属于一个层次，可及性需求和舒适性需求属于另外一个层次。

在需求层次理论中，学者有不同的划分标准，如马斯洛将人类需求分为生理、安全、社交、尊重及自我实现五个方面；阿尔德弗进一步将马斯洛需求层次理论简化为生存需求、交往需求及发展需求三个方面的"ERG"理论，借鉴这样的思路和便捷性、安全性，可及性及舒适性所包含的内容，我们根据前面的分析将居家老人的居住环境需求分为基本需求（便捷性和安全性）和发展需求（可及性和舒适性）两个层次。

当然，这种居住环境需求层次的划分并不是绝对的，我们只是依据调研数据进行相应的分析，如果安全性、可及性、舒适性三个方面均涉及室内和室外两个区域，那么要求我们在提倡以家庭居住为核心的同时必须兼顾到社区设施的可及性，才能为老年人创造一个舒适、安全的居住环境（董丽晶，2012③）。居住环境是构建社会养老服务体系和建设基本养老服务制度的重要组成部分，笔者认为，借助于已有的数据分析，并结合相关的需求层次理论，将居家老人的居住环境需求分为基本需求和发展需求两个层次，有助于根据居家老人的需求层次进一步改善居住环境，对于构建社会养老服务体系和建设基本养老服务制度可以起到一定的参考作用。

在构建以"居家为基础、社区为依托、机构为支撑"的社会养老服务体系的过程中，我们既应该注意居家老人居住环境的需求层次，也应该关注不同特征老年人的居住环境需求差异。根据需求进化理论，人类需求具有动态变化的特征，即需求不仅要体现人群的性别、年龄、文化水平、信仰等特征，还要适应特定的环境、地点及特定人群。即使专门为老年人设计的住房，也应该考虑到老龄化是一个动态的发展过程，每一个年龄段所需要的社会支援程度是不同的。因此，对

① 李洪心，白雪梅. 生命周期理论及在中国人口老龄化研究中的应用［J］. 中国人口科学，2006（4）：28-35.

② 孙玉环. 家庭生命周期变动对住房市场需求的影响研究［J］. 预测，2009（3）：15-21.

③ 董丽晶. 城市老年群体住房问题研究［J］. 中国国情国力，2012（9）：13-15.

建筑空间和环境的配套设施需求也存在差异（章文戈，2007①）。所以，在对居家老人居住环境需求层次分析的基础上，我们也应该关注不同特征老年人的需求差异，分析老年人居住环境需求随年龄、家庭、文化等因素的变动特征。

根据第二章介绍的需求进化理论，人类需求不仅具有动态变化的规律，还有需求协调化、需求集成化、需求专门化的特征。笔者认为，在构建社会养老服务体系和完善基本养老服务制度的过程中，居家老人的居住环境需求应协调好室内需求和室外需求的关系，例如，通过旧宅区室内的无障碍改造和新建住房的无障碍设计、潜伏设计，满足老年人的便捷性需求和安全性需求，同时改善住房与社区之间连接通道等出行设施以及在社区为老年人配置相关的服务设施，满足居家老人更高层次的需求。需求集成化主要是指由需求主体特征的差异所造成的相似的需求和多元化的需求，而需求专门化主要是从解决问题的角度提出应选择需求中的主要部分，并创造条件满足该部分需求。所以，在对居家老人居住环境需求分析的过程中，我们不仅要关注由年龄、性别、空间分布、家庭居住特征、教育程度、经济及健康状况等因素造成的居住环境需求差异，更要分析居家老人居住环境需求的重点，才能真正提高老年人的居住福利。

（二）低龄老人、非空巢家庭的居住环境需求也应该给予关注

通过课题调研数据对居家老人的居住环境需求特征，及需求的层次性进行分析，发现相对于低龄老人和非空巢家庭，高龄老人和空巢家庭的老年人有较高的居住环境需求。笔者认为，这只是居家老人居住环境需求的一部分，在构建社会养老服务体系和建设基本养老服务制度的过程中，低龄老人和非空巢家庭老年人的居住环境需求也应该给予关注。

第一，从需求角度来讲，低龄老年人和非空巢家庭也是居住环境需求的主体，根据需求层次理论及需求进化理论，在低龄老年人群体内部，由于年龄、性别、家庭结构及经济等因素的差异，因此，低龄老年人和非空巢家庭的居住环境需求也具有层次性及动态变化的特征。

第二，从居家养老和非正式支持的角度考虑，家庭和社区是老年人获得非正式支持的主体，对于空巢家庭老年人来讲，非正式支持主要靠配偶及老年人个人提供，对于非空巢家庭，配偶及其家庭成员可以同时为居家老人提供非正式支持。所以，在家庭结构小型化、核心化的趋势下，改善居家老人的住房等居住条

---

① 章文戈.中国城市老年住宅设计研究［J］.安徽建筑工业学院学报（自然科学版），2007（2）：92-95.

件，不仅可以提高空巢家庭老年人的生活质量，还可以通过住房建设、分配等措施，提高非空巢家庭所有成员的居住福利，使居家老人从家庭、社区获得更多的非正式支持，这对于健全社会养老服务体系也具有一定的推动作用。

第四节　不同住房类型适老性需求的综合评价

一、多指标综合评价法介绍

前面通过定量研究分析了居家老人在居住环境需求特征上存在的差异，其中将住房作为控制变量引入模型进行回归分析。为进一步了解居家老人的居住环境需求特征，本书借助于课题调研中的访谈材料，分析在不同住房类型中居家老人在居住环境方面的主观诉求。

在对访谈材料进行分析之前，先借助于多指标综合评价方法对不同住房类型的便捷性、安全性、可及性及舒适性进行计算，分析不同住房类型的总得分和各因子得分。

多指标综合评价方法是对多指标进行合成的一系列有效方法的总称。常用的多指标综合评价法主要有综合指数法、因子分析法、层次分析法及效用函数综合评价法等。在对宜居环境研究中，众多学者通过多指标的综合比较对居住环境进行分析，例如，李正龙（2012）通过不同城市经济指标的综合比较分析其宜居性，刘晶（2011）通过社区老年人养老需求的综合比较分析不同社区的适老性能等（李正龙，2012[①]；刘晶，2011[②]；陈钰芬，2005[③]）。对不同住房类型的城市居家老人居住环境需求进行综合评价并排序，我们可以根据因子得分系数矩阵、相应的指标值和各因子相应的贡献率，构造因子得分函数，分别计算四个因子得分和总得分，分析老年人在四个方面需求的总体差异，同时计算不同住房类型的各因子得分和综合得分，并进行比较。

---

① 李正龙．基于因子分析法对居民生活质量的度量与评价［J］．西北人口，2012（2）：22-26.

② 刘晶．城市居家老人生活质量评价指标体系研究——以上海为例［D］．华东师范大学博士学位论文，2011.

③ 陈钰芬．我国城镇居民生活质量的评估方法［J］．统计与决策，2005（3）：34-36.

二、不同住房类型需求因子得分的比较

利用因子得分系数矩阵构造因子得分函数，分别计算每种住房类型中四个因子得分和总得分，分析居家老人在四个方面需求的总体差异（如表5-8所示）。

表5-8　居家老人居住环境需求的因子得分系数

需求要素	1	2	3	4
没有扶手	−0.192	−0.037	0.561	0.177
蹲便器使用不便	0.257	−0.357	0.200	0.029
浴缸使用不便	−0.025	0.226	0.178	0.025
紧急时缺乏呼救设备	−0.060	0.530	−0.271	0.081
采光与照明不足	0.130	0.190	−0.101	0.077
空间狭小	−0.231	0.489	0.237	−0.115
地面高差	0.178	0.051	0.156	−0.484
地面太滑	0.289	−0.110	−0.149	−0.006
开关、插座位置不好，数量不够	−0.055	−0.011	0.116	0.528
轮椅进出移动困难	0.091	0.046	−0.082	0.360
加装电梯	0.126	0.061	0.049	0.113
缺少休息交流、活动的场地	0.109	−0.128	0.396	−0.168
噪声干扰	0.327	−0.123	−0.032	−0.160
治安不好，缺乏安全感	0.188	0.120	−0.100	−0.030

Z_1、Z_2、Z_3、Z_4 为四个因子得分，分别表示便捷性、安全性、可及性和舒适性，Z 表示总得分，Q_1、Q_2、Q_3、$\cdots$、Q_{14} 表示各变量在相应住房类型上的比重。

$Z_1 = -0.192Q_1 + 0.257Q_2 - 0.025Q_3 - 0.060Q_4 + 0.130Q_5 - 0.231Q_6 + 0.178Q_7 + 0.289Q_8 - 0.055Q_9 + 0.091Q_{10} + 0.126Q_{11} + 0.109Q_{12} + 0.327Q_{13} + 0.188Q_{14}$；类似计算出 Z_2、Z_3、Z_4，利用四个因子得分计算总得分。

$$Z = \frac{22.657Z_1 + 21.1Z_2 + 13.828Z_3 + 13.346Z_4}{70.949}$$

从表5-9可以看出，老年人居住环境需求的便捷性、安全性、可及性和舒适性四个因子总分为2.17，其中，便捷性需求最高，分值为3.37、其次为安全性需

求，分值为 2.97，可及性需求为 1.06，舒适性需求为 -1.18。总体来看，城市居家老人的室内需求相对较高，而室外需求则相对较低，居住环境需求主要还是集中在室内生活的便捷性和安全性方面，老年人室内室外需求差异明显。

表 5-9　不同住房类型居住环境需求因子得分

住房类型	总分		便捷性		安全性		可及性		舒适性	
	得分	排名	得分	排名	得分	排名	得分	排名	得分	排名
商品房	1.36	3	3.91	3	-0.15	2	-1.18	4	3.36	1
动迁房	1.73	2	4.96	2	-2.73	3	3.08	2	2.39	2
老公房	3.15	1	5.04	1	2.97	1	3.47	1	-3.18	4
花园房	1.09	4	-1.79	4	-3.27	4	2.69	3	1.06	3
合计	2.17		3.37	1	2.97	2	1.06	3	-1.18	4

对比不同住房类型综合得分可以看出，老公房由于建造年代较长，居住区功能较差，老年人急需改善居住条件，所以相应的需求得分最高；花园式住房配套设施完善，老年人对居住条件比较满意，综合得分最低；动迁房作为上海保障房建设的一部分，主要位于郊区，配套设施还没有达到保障房所要求的"同步规划、同步建设"的要求，所以动迁房居住环境需求的综合得分仅次于旧宅区的老公房。

如果从四个因子得分在不同住房类型之间的分布来看，老公房在便捷性、安全性和可及性方面都很高，居家老人改善居住环境的需求最明显，这三个因子的得分也最高。同时，在室外环境，尤其是居住环境舒适性需求方面，商品房分值最高，动迁房次之，而老公房分值最低。

综合分析不同住房类型中因子得分可以看出（见图 5-2）：不同住房类型中居家老人的居住环境需求存在明显差异。虽然老公房的综合得分最高，但在具体需求层次上，如居住环境的舒适性需求却低于其他三类住房。依据需求层次理论和需求进化理论（Maslow A.H.，1943[①]；刘宝铭、孙建广，2011[②]），这种需求差异既与居住环境本身有关，同时与居家老人的年龄、生活习惯及家庭养老资源的供给等因素都有一定关系，即使在同一种住房类型中，不同居家老人也存在多样化的居住环境需求。

---

① Maslow A.H. A Theory of Human Motivation［J］. Psychological Review，1943（50）：370-396.
② 刘宝铭，孙建广. 需求理论及需求进化定律［J］. 科技管理研究，2011（18）：192-195.

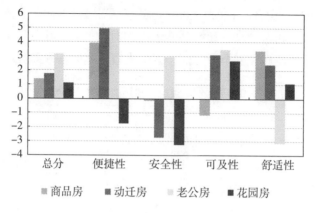

图 5-2   不同住房类型居住环境需求因子分布

为进一步分析不同住房类型中老年人居住环境的主观诉求，通过对不同住房类型中老年人访谈资料的分析，梳理各类型住房中老年人的居住环境需求特征。

第五节   不同住房类型的居家老人居住环境需求差异

一、老公房及里弄住宅老年人居住环境需求分析

（一）老年人原居养老的意愿

对老年人来讲，家庭内部不同代际之间的关系是他们最重要的人际关系[1]，但在家庭结构和居住模式变动的影响下，由于家庭照料资源的减少，老年人对多年建立起来的邻里关系的情感需求在增加。与年轻人相比，老年人的迁移意愿没那么强烈，并不想随意改变自己多年的居住环境，对住房、街坊邻居感情很深，这一点从旧宅区老年人的谈话中得到了很好的证明。

（个案编码：LGSX-20130718）

我和我爱人在这里工作几十年了，儿子在国外，虽然我们的住房只有 60m² 左右，可是这里的同事邻居之间都很熟悉，关系都很好，平时如果有什么事情，他们都会关照我们，所以我和我爱人都不想搬到其他地方去住。

---

[1]   杨晋涛 . 塘村老人［M］. 北京：中国社会科学出版社，2011.

（个案编码：LQNS-20130718）

因为我俩还能照顾自己，所以没有和儿子住在一起，也舍不得这里的街坊邻居，一出门大家都认识。以前我们去儿子那里住过一段时间，但我和老伴都不习惯，那里年轻人多，谁也不认识谁，同一个楼里的人都像陌生人一样，门对门都很少来往，哪像我们这里，大家一起住了好多年了，熟得不得了，我和老伴就又回来了，不过儿子一家每周末都过来看我们。

可见，老年人在表达居住设施和基本居住需求之间的矛盾时，对延续邻里情感的需求关注度也较高，对居住在老公房和旧式里弄中的老年人来讲，只有在改善基本居住需求的条件下邻里情感才能维系和延续。

（二）老年人住房改造意愿强烈

从老公房居住特征来看，居住在其中的主要以老年人为主，尤其是空巢老人较多，也有部分和子女居住在一起的，由于大多数年轻人工作等原因已经离开，和父母分开居住，老公房已成为大量老年人的集聚地。在访谈中发现，住在老公房中的老年人，由于住房年久失修，室内设施陈旧，与居住在商品房和动迁房中的老年人相比，对改善室内设施的愿望更加迫切。

（个案编码：LZZG-20130507）

我们的房子这么多年了，问题多着呢，你看看，电线都老化了，下水道经常堵水，走廊里你也看到了，又窄又脏，很多年轻人工作后，都搬走了，剩下的都是我们这些老人。

（个案编码：LZQ-20130507）

我想把自己房间的卫生间和厨房改造一下，毕竟年龄大了，洗个澡不方便，老站着很累啊，这个房间年代是很久了，厨房地方也很小，下水道啦、电线啦，到处都是问题，子女又没时间，如果政府能帮忙改造，那就太好了。

（个案编码：LWXL-20130718）

我虽然住在5楼，可我身体不错，上下楼不成问题，不过我倒希望能够把我们的房子适当整修一下，我在报纸上看到现在上海市政府好像在搞什么旧房改造，可我女儿说我们的条件达不到，我们的房子总体质量是很好的，可是里面的设施有点不方便，厨房的电线都很旧了，很不安全，面积也小，卫生间也需要适当收拾一下，如果政府愿意帮我们，我们自己也可以适当拿点钱，毕竟这种事由政府出头组织，至少质量可以保证啊。

分析个案 LZZG-20130507、个案 LZQ-20130507、个案 LWXL-20130718 的访谈内容：

第一，从老年人的需求表达中可以看出：老年人最期望的还是通过政府实施改造，这样可以更好地保障住房改造的质量，满足他们最基本的室内生活需求，这也是老年人家庭照顾者从照顾父母的需求角度希望能够解决的问题。可见，对老公房和一些里弄住宅实施无障碍更新改造不只和居家养老的老年人关系密切，对减轻居住在其中的整个老年家庭的负担都有直接的关系。

第二，目前的住房改造是否存在问题，老年人对政府实施的住房改造发表了自己的看法：希望扩大住房改造的范围。一方面，希望对室内厨房、卫生间、卧室等实施全面改造，不要只限于厨房和卫生间；另一方面，由于对改造对象的限制条件较多，大多数老年人被排除在外，不能享受到政府住房改造带来的便利。从老年人的谈话中可以反映出目前政府对老公房和旧式里弄的改造，无论在改造区域还是改造对象上都有进一步完善的地方，尤其是在室内这些和居家老年人日常生活密切相关的区域，必须结合老年人的需求特征进行进一步的完善。

（三）安全性需求明显

分析个案 LHPR-20130507 和个案 LLF-20130723 的谈话内容发现，不同年龄段的空巢老人都有较高的安全意识，主要表现在室内安装应急电话、扶手、急救装置等方面，同时老年人的言谈也体现了应急电话和呼救设施等是连接家庭和社区的媒介，对于老年人保持与社区之间的联系和家庭安全有重要的作用。

我们还可以从访谈中发现，空巢老人对政府助老服务发表了自己的意见。由于政府呼救设施的配置只限于独居老人，所以与配偶同住的家庭则享受不到该项助老服务。未来空巢老人和高龄老人增多将是老龄化的趋势，所以，老年人的需求特征与期望也说明如何在加大基本养老服务体系建设中做到养老资源配置的公平性问题。

（个案编码：LHPR-20130507）

父亲： 我老伴高血压好多年了，以前还较稳定，这几年年龄大了，血压经常升高，我就希望政府或街道能不能帮我们装个呼救之类的设施，这几年我身体也不太好了，我们的住房卫生间太小了，加上孙子一家共五口人，住房紧张的很呢。

儿子： 平时我和我爱人白天一般都在单位，家里就是父母两个人，我妈妈身体不太好，说实话，还是很担心他们两个老人在家出什么事情。你们谈到的在室内安装扶手、呼救设备之类的设施，是很不错的想法，不过之前没想过这些，以后父母年龄越来越大了，有机会可以给他在卧室、卫生间、厨房等安上这些设施，其实这些设备我们有时也可以用的。

（个案编码：LLF-20130723）

政府前一段时间推出一个为孤老安装应急电话的方案，如果有什么紧急需求，只要按一下电话上的按钮，应急中心或社区马上就会知道你有困难，会派人来帮助你。我认为这个措施很为老年人着想，但只有独居老人才能享受，我希望不论一个人居住还是两个老人住在一起，都应该为我们房间安装一部这样的电话。

可见，从正式支持与非正式支持的关系来说，政府提供的正式支持对于完善非正式支持体系具有重要的促进作用。在个案 LHPR-20130507 中的非空巢家庭和个案 LLF-20130723 中与配偶居住的空巢家庭都希望政府能帮他们配置安全设施，有助于他们从社区或其他方面获得相应的非正式养老支持。

（四）居住环境通行设施亟须改善

从个案 LYNS-20130507、个案 LHPF-20130723 的访谈中可以发现，一方面，居住在其中的老年人对加装电梯，方便出行有很大的需求，同时由于经济条件等因素的限制，老年人又不可能支付电梯购买及运行等过高的成本，而是寄希望于政府能够承担主要的责任；另一方面，老年人潜在的居住需求和自身有限的支付能力之间的矛盾使得电梯安装困难重重，老年人社交需求及更高层次需求的实现都将因居住环境可及性欠缺而受到影响。

（个案编码：LYNS-20130507）

如果政府能拿钱给我们装电梯就好了，我住在 5 楼，现在身体还好，如果适当让我拿一点钱可以考虑，如果太多了，那就算了，你想想，我还要吃饭、买菜，如果有病了，还要看病买药，到处要花钱。

（个案编码：LHPF-20130723）

我爱人身体不太好，上下楼不方便，我们的住房又没有电梯，现在上海市政府要为老公房安装电梯作为实事工程来抓，可问题是一栋楼安装电梯需要楼里的全部住户同意才行，我们老百姓自己哪有那么多钱啊。

（五）住房选择特征

从目前来看，老年人改善住房主要有更新改造、动迁和置换几种方式。大多数老年人希望通过动迁或更新改造改善自己的住房条件。分析访谈材料可以发现，旧宅区的老年人对动迁抱有较大的期望，同时也希望通过住房改造提高自己的居住质量，而住房置换，老年人更多考虑的是置换成本，置换后居住条件是否得到充分改善。无论是动迁、改造还是置换，从访谈材料可以发现，老年人对所在社区的养老环境都有较高的关注。

（个案编码：LWXL-20130718）

现在上海到处都在搞动迁，啥时轮到我们这里啊，不管是给我们改造还是拆迁，政府总得关心一下我们啊，夏天还好，到了冬天，这房子都没法住，去年一个75岁的阿婆因火灾没逃出来，幸亏我和老伴身体好，跑得快。

（您愿意用您现在的房子置换保障房或其他条件比较好的房子吗？）

当然好了，可是现在上海的保障房哪能让我们老年人住啊，都是给年轻人的，我们就希望赶紧动迁，我和儿子、媳妇、孙子都在一起住，哪住得下啊，房价那么贵，可我们总需要有人照顾吧，总不能让我们和儿子分开住吧，那位阿婆就是一个人住，上次没逃出来，作孽啊。

（个案编码：LHZX-20130507）

如果将来能动迁住进新房子就好了，我都75了，不知道还能不能赶上。我们这里住的老年人较多，年轻人大多都搬出去了，也不知道我们这里什么时候可以拆迁，当然拆迁好了，新房子谁买得起啊。我们这么小的房子能换多大的啊，没听说过房子还可以置换，要掏钱吗？如果不拿钱换个条件好的房子当然好啦。

（个案编码：LJSG-20130507）

知道现在政府正在实施老公房改造，我也关注过，可我们达不到条件啊，那些好像都是给低保困难老人的，怎么会给我们改造啊，我们自己改造，哪来那么多钱啊。就希望能够拆迁，那样的话小区环境也好，换房子要看房子和社区服务怎么样了，这可不是小事，如果政府愿意出头，可以考虑。

（个案编码：LWTX-20130718）

我们哪有什么钱买新房子，拆迁就好，不过最好还是在这附近，看病、买东西都方便。我腿不太方便，老母亲也快 90 了，我希望住一楼。我们现在的老式里弄房子没有人家那些新建的小区有健身、活动器械，活动空间太小了。我们最大的问题就是住房面积太小，不方便，卫生间太小，老母亲洗澡那个受罪啊，她又很爱干净，夏天还好，到了秋天、冬天，全家人受罪。我母亲心脏不太好，我支气管炎，你看看我们厨房灶台、电线还有屋里的门窗，都好多年了，真希望赶紧拆迁，这里年轻人好多都搬出去了，大部分都是老人，可我们儿子一家三口住房也很小，3 个人怎么能去和他们挤呢。想过申请保障房什么的，可我的条件又达不到，住一天是一天吧。

综合分析个案 LWXL-20130718、个案 LHZX-20130507、个案 LJSG-20130507 和个案 LWTX-20130718 的访谈内容，笔者认为，在建设老年宜居环境的过程中，改善旧居住区居家老人的居住环境，不应该局限于一种方式，应该通过住房更新改造、动迁及住房置换综合推进。

根据社会学家伯吉斯 20 世纪 20 年代提出的住房过滤理论，住房过滤不仅是住房在不同收入者之间的流动，其社会意义在于通过为低收入者提供住房进而改善他们的居住环境[1]。从供给层面来讲，目前住房市场大量空置房的出现，使住房的周转和置换成为可能，为住房过滤提供了基本条件[2]；从需求的角度来讲，社会阶层的分化进一步加剧了多元化的住房需求。旧居住区老年人的居住环境需求既与现实的居住环境有关，也与居家老人及其家庭的居住需求有关。迈克斯从过滤的社会分层机制方面提出了过滤的人口统计模型，将住房过滤与居住隔离、老龄化、弱势群体的住房需求等社会问题结合起来[3]。也有学者从主动过滤和被动过滤两个角度来分析住房过滤，其中，主动过滤指家庭通过迁居、改造或更新来调整住房以适应变化的环境[4]。分析访谈内容可见，大多数居家老人及其家庭改善居住环境的方式属于主动过滤，然而过滤行为受到年龄、家庭结构、收

① Gray F., Boddy M. The Origins and Use of Theory in Urban Geography : Household Mobility and Filtering Theory [J]. Geoforum, 1979, 10（1）: 117-127.

② 张文忠，刘旺，李业锦. 北京城市内部居住空间分布与居民居住区位偏好 [J]. 地理研究, 2003, 22（6）: 751-759.

③ Myers D. Upward Mobility and the Filtering Process [J]. Journal of Planning Education and Research, 1983, 2（2）: 101-112.

④ Baer W. C. Filtering and Third World Housing Policy [J]. Third World Planning Review, 1991, 13（1）: 69-82.

入、居住环境以及相关的公共政策的影响，这需要政府提供一定的支持条件才能实现。

所以，笔者认为，在构建以"居家为基础，社区为依托，机构为支撑"的社会养老服务体系的过程中，从老年宜居社区建设到老年友好城市建设，再到新版《老年人权益保障法》中的老年宜居环境建设，其实也启示我们应该以一种更加开阔的视野来提高居家老人的居住福利。住房过滤机制能有效配置住房资源，我国包括保障房在内的住房体制应建立具有中国特色的过滤运行环境，发挥市场对中低收入家庭住房配置作用，提高其居住水平[①]，这也需要在政府的主导下，对老年人居住环境建设从家庭、社区和城市建设进行统筹规划，才能更好地满足居家老人的居住环境需求。

（六）社区服务

老年人闲暇时间的增多和家庭事务的减少，在身体条件允许的情况下，会把自己的部分注意力和精力转向社区层面的活动中，从自己的同龄群体那里获得情谊，一些以西方社会为背景的老龄化研究也对老年人参与社区活动给予关注[②]，这是作为行为主体的老年人积极调整自己生活状态的重要表现。一般来讲，老年人的社会支持网络主要包括老年人的配偶、子女及相关照顾者。发展有利于老年人的社区支持网络，对于提高老年人的自助与互助能力，促进老年人社会参与具有重要意义[③]。

在社区层面需求内容的访谈中，老年人对交往空间的需求比较强烈。我们听到老年人谈到最多的词汇就是"老年人活动的地方""歇脚的地方""活动室""晒太阳、说话的地方""跳舞、打牌的地方"等，这些词汇囊括了老年人行为、老年人活动空间和老年人之间的关系，其中老年人的活动空间或交往空间只是一个中间环节，他在一定程度上有助于帮助老年人克服家庭内交往匮乏所带来的孤寂，并获得相关的养老支持。

（个案编码：LYNS-20130507）

对我们小区不太满意，治安不好，这里是老房子，好多年轻人都搬出去了，有的把房子租出去了，这里大部分都是老年人和租房子的人，社区只做一些表面

---

① 叶堃晖，杨柳.住房过滤机制中保障房流转研究——以美国为例[J].建筑经济，2012（12）：40-44.

② 周云.社会老年学：多学科的视角[M].北京：中国人口出版社，2007.

③ 李晓凤.社会工作：原理、方法、实务[M].武汉：武汉大学出版社，2008.

的事情，我们只能在外面走走，连个歇脚的地方都没有。

（个案编码：LHPR-20130507）

我们社区设施应该改善一下，那些健身器材都坏了，连个像样的活动室都没有，这里的老年人连个说话的地方都没有。

（个案编码：LZZG-20130507）

我们小区哪有什么社区照顾相关的服务啊，都是宣传得很好，那些服务都在一些新建的社区有，像我们这些老旧小区是没有的，政府重视有啥用，政府重视，下边这么多社区也不可能做到每个社区都有。

为什么旧宅区老年人对社区交往空间的需求如此强烈呢？结合人口结构、家庭结构变化及访谈对象所居住的环境，笔者认为，一方面和旧宅区的人口结构和家庭结构有关。旧城区老年人口较多，大量的年轻人流失，空巢家庭相对较多，老年人家庭内部的交流资源减少，即使一些老年人和子女同住，家庭生活的重心也已经转移到培养和抚育下一代身上，老年人处于被忽略的地位。另一方面现代社会人到老年地位下降和权威失落的客观状况，再加上以往与传统整合的有利于平衡和适应老年生活变化的手段匮乏或失效，老年人的精神需求容易被忽略[①]，而通过社区交往空间老年"同期群"的集体交往活动，如跳舞、打牌等，这些社区层面的行为在一定程度上满足了老年人精神层面的需求，可以说，把老年人在社区活动室等交往空间所进行的活动看作是老年人适应社会变迁的一种行为，而交往空间则在老年人社会适应过程中起到了中介作用。另外，旧宅区本身设施落后，随着老年人社区活动需求的增加，这种居住需求与社区活动资源匮乏之间的矛盾就显现出来了。

可见，在上海市建设老年友好城市和老年宜居社区的过程中，加大基础养老服务设施建设，对于推进"健康老龄化"和"积极老龄化"具有重要意义。可以使老年人在社区层面构建以自己为主的同期群体，并形成对自己年龄行为的认同感，延续自己的社会角色，这也是老年人利用社区资源对现实生活构建，积极适应社会的重要手段。

老年人同时也表达了对社区层面的不满："我们小区不太满意呀……社区只做一些表面的事情""我们小区哪有什么社区照顾相关的服务啊，都是宣传得很

---

① 杨晋涛.塘村老人［M］.北京：中国社会科学出版社，2011.

好，那些服务都在一些新建的社区有，像我们这些老旧小区是没有的，政府重视有啥用啊，政府重视，下边这么多社区也不可能做到每个社区都有""你看人家附近那些新建的小区，老年人都有地方跳舞、打牌，我们这里啥也没有"。

以在居家养老为基础、社区养老为依托、机构养老为支撑的条件下，老年人与社区的关系是一种依托关系[①]。这种关系的好坏直接影响老年人的生活质量和生命质量及身心健康水平。从目前社区老年人的表达中可以发现旧宅区社区建设状况和政府管理目标、老年人的需求之间差距较大。

在这里，老年人通过比较的方式表达了自己的需求和不满。作为需求主体，老年人认为自己的社区环境和新建小区差距较大，社区养老环境并没有因为政府重视而得到根本改善，且社区在为老服务方面做得并不理想。对比老年人需求内容的访谈可以发现，老年人对社区工作的不满和对政府重视社区建设却没有实施的无奈，不仅体现了社区硬件建设在居家养老服务体系中的重要作用，同时也反映了在社区居家养老服务体系建设中如何进一步完善工作机制，如何更好地发挥政府和社区作用的必要性。

综合来看，对旧住宅区老年人居住环境访谈中可以发现以下两点问题：

第一，从需求层次来看，旧宅区住房条件较差，由于政府实施的适老性住房改造限于住房局部区域的改造和针对部分老年人群体的改造，部分老年人的生理需求、安全需求及社区交往需求等都没有获得很好的满足。

第二，从改善居住环境需求的途径来看，老年人普遍希望通过适老性改造或动拆迁解决居住环境方面的需求问题，其中，老年人认为政府应在更新改造中承担主要责任。

另外，在家庭结构变动的背景下，传统的家庭养老功能逐渐削弱，老年人的子女、配偶作为非正式养老支持的主要提供者，他们对老年人居住环境需求的看法如何呢？

虽然本书主要研究居家老人的居住环境需求，但调研中并没有将访谈对象局限于老年人个人，而是考虑到在家庭结构变动条件下，不同的家庭成员，尤其是老年人的配偶、子女作为老年人的主要照料者，是如何看待老年人居住环境需求的，尤其是对居家养老的老年人，家庭成员的意见也许可以为我们改善老年人居住条件提供更好的参考。所以，笔者专门以家庭为访谈对象同老年人的子女、配偶进行了交流。

分析他们之间的谈话并对比前面的访谈材料，笔者发现，在旧宅区的老年人

---

① 刘荣才. 老年心理学［M］. 武汉：华中师范大学出版社，2009.

家庭，无论是子女还是配偶，最担心的就是居住的安全性问题，尤其对老年人的子女来讲，他们认为父母的安全性需求是第一位的，而且一些子女也愿意为父母适当付费改善居住环境。个案 LZYX-20130718、个案 LZYX-20130718 的家庭访谈记录显示：对于空巢老人来讲，住房的安全性需求成为子女和配偶，乃至整个家庭的居住环境需求中最重要的部分。

（个案编码：LDDY-20130718）

父亲： 我老伴不在了，平时儿子、儿媳上班，我一人在家。房子很旧了，要是能给我们适当改造一下当然好了，尤其是厨房很小，这么多年了，你去看看，那些电线、煤气管道、门窗都有问题，就等着这里拆迁呢，现在哪有钱买商品房啊。

儿子： 我最担心的就是安全问题，晚上还好说，家里有人，白天我和我爱人都工作，家里就他一人，他之前得过脑血栓，不过当时我妈妈还在，家里有人，打 120 抢救及时，没落下什么后遗症，可现在白天他一人在家，要是有什么事情，不敢想啊。商品房是买不起，只等着拆迁或给我们改造，我希望把卫生间好好改造一下，我爸爸洗澡就方便了，或政府能补贴点也行，给我们安装扶手、助浴座椅之类的。呼救设施当然好了，可问题是我们社区没有什么助老服务，呼救设施呼谁啊，社区也帮不了什么。

（个案编码：LZYX-20130718）

男： 我和我老伴住在这里 40 多年了，住房条件太差了，我们一直都在等动迁，但等了几十年还没有动静。政府将房子外面涂了又涂，好看是好看，但内部设施一塌糊涂，到现在还在用马桶呢。这里的居委里弄也好像没什么活动，所以我们都觉得比较寂寞，子女不来时我们就什么事都不想干。

女： 就算给我们改造一下也好啊，改造一下，洗个澡也方便，现在你看看，下雨时我的房子都滴水，厨房的电线都脱皮了，地面坑坑洼洼的。

男： 尤其是晚上，上个厕所都害怕，有一次晚上我不小心绊倒了，还好没事，哎！坐在地上我心里那个难受啊，自己跌倒自己爬起来。

女： 他也没叫我，早上知道了我还骂他怎么晚上不吭声，万一跌倒了起不来我怎么办啊，作孽啊！

男： 我们这里哪有什么社区服务啊，除了有什么大事情，会有街道的人通知一下，想出去我俩就自己搬个小凳子坐在外面门口。

女儿： 前几年父母和我们一起住，前年生完孩子后，我们的住房条件也紧张了，我婆婆也来了，我父母只好重新回来居住，我每星期都要回来看他们一次，毕竟老两口年纪大了，住在这里我不放心。可我们的经济条件有限，希望政府或社区能够给我父母的房子改造一下（您自己愿意适当拿一部分钱吗？）。如果不多，为了父母的安全，当然愿意，万一老两口晚上再出什么事情，可咋办啊！也不知道我们这里什么时候可以搬迁。

从资源提供者来讲，非正式支持主要由子女、亲属及邻近朋友等非亲属提供，然而在家庭结构及家庭功能变动的背景下，还有一种比较特殊的非正式支持方式，即老年人自养类型，包括老年人自己照顾自己和配偶之间的互相支持（郭平，2008①）。从个案 LDDY-20130718 和个案 LZYX-20130718 的谈话情景可以看出，这种家庭类型和空巢家庭面临着同样的问题，由于工作和居住等原因，虽然子女不能为父母提供及时的养老支持，但希望通过改善居住条件，保障父母的居住安全，增强父母的自理能力。

二、商品房老年人居住环境需求分析

商品房中老年人居住环境需求的内容主要表现在室外活动设施配置不够和室内安全设施需要进一步完善两个方面，同时，居住在商品房中的老年人对在宅服务有一定的需求，例如，上门义诊、护理等。分析访谈内容发现，虽然在居住状态上空巢老人占一半左右，如果考虑到白天子女工作及孙子女上学，那么受访的老年人白天基本全是空巢老人。所以在室内安全设施的配置方面，一些老年人的子女也认为非常必要，这说明居住设施的完善不仅可以满足老年人的需求，对减轻整个家庭的养老负担都有一定的保障作用。

（一）室内安全性问题突出

老年人的安全性需求非常明显，无论是空巢老人还是和子女一起居住的家庭，老年人和子女都注意到了安全设施的重要性。

商品房和动迁房中的老年人在基本住房条件方面要好于居住在旧宅区中的老年人，住房条件的改善客观上满足了老年人的生理需求，如为吃饭、穿衣、洗浴、睡眠等提供了基本的环境保障。同时，在对老年人的访谈中发现，无论动迁房还是商品房中的老年人，在交谈中似乎感觉到老年人及其家人对居住安全性的

---

① 郭平.老年人居住安排［M］.北京：中国社会出版社，2008.

忧虑，这进一步说明改善居家老人的居住设施的必要性。

（个案编码：SLHY-20131108）

老人：老伴不在了，白天一般都是我一人在家，就是有时候觉得心烦，没事干。

儿子：你们说的倒也提醒了我们，白天我妈妈一个人在家，是要给她安装个扶手、呼救设施之类的，又花不了多少钱，这样一旦有什么意外，也可以及时让别人知道，平时我妈妈一人在家，我们最担心的就是安全问题。

（个案编码：SWJL-20131108）

我们房子有电梯，上下楼很方便，楼梯都有扶手的。室内倒没有，现在买房一般不会注意扶手、呼救之类的室内设施，再说开发商才不会装这些，谁为我们老年人考虑呢，不过这些东西对我们老年人来说也确实很需要。像我老伴有高血压，每次洗澡，她在里面洗，我都在门外坐着，生怕她洗澡时，血压升高，要是晕倒就坏了，所以装个扶手、急救设施啥的倒蛮好的。

（个案编码：SZCL-20131206）

据说现在政府推出一种为在家居住的老年人而设计的报警系统，类似医院里床头的铃，如果身体不适或发生什么情况可通过该系统获得帮助。我认为这个想法很好，为老年人着想。因为现在很多老年人的子女不可能24小时在身边守着，万一发生意外可以有个保证，可就是不知道像我们这样的家庭条件政府能不能照顾到。

（个案编码：SLYF-20131108）

我想如果有机会我们会安装个呼救设施、助浴座椅之类的，我见过一个亲戚家卫生间装有的，蛮方便的。我们主要是下午或晚上出来活动一下，我认为我们楼道里和社区灯光倒是有点问题，如果能亮点就好了，不要用节能灯，楼道里一明一暗的，怪吓人的。其实我们现在住房条件好多啦，不过怎么说呢，现在盖房子谁会去想着为老年人盖啊，主要还是想挣年轻人的钱。

那么是什么原因导致了居家老人这种对居住安全性的忧虑呢？笔者通过分析老年人的谈话，认为有以下两点：

第一，和家庭结构变化有关，家庭规模和家庭结构的变化，传统的完全依靠家庭成员的养老模式发生了变化，家庭规模缩小、代际关系简单化，传统的大家庭分裂为越来越多的核心家庭，家庭成员间可以交流的对象和交流的机会减少，导致老年人内心失落感增强，对家庭的安全感下降。

第二，从供需匹配的角度来讲，住房市场与老年人的居住需求之间存在差距。目前的住房开发与建设还没有考虑到老年人的居住需求，房地产企业的市场定位和产品定位仍然锁定在中青年消费群体身上和一般居住用房的开发上，专门针对老年人的室内无障碍设计和潜伏设计等还没有真正实施。在这种居住条件下，如果子女不在身边，一旦老年人发生疾病、意外事故，将直接影响到老年人的人身安全。可见、虽然住房市场的发展满足部分老年人的生理需求，但是老年人的安全性需求却被忽略了。所以在访谈中老年人也反复谈道"房产商怎么会为我们建房"。

（二）心理需求问题明显

和旧宅区相比，商品房中老年人的心理需求问题比较突出。例如，案例7中的老人，虽然和子女一起居住，但是子女白天上班后，就变成了名副其实的空巢独居老人，只能"蜗居"在家。在商品房社区里，"老宅族"数量不在少数，虽然住房条件较好，但心理需求和精神需求并没有被满足，空巢孤独症现象越来越严重，他们的谈话充分说明了这个问题。

（个案编码：SLW-20131206）

我老伴走了以后，儿子把我从老家接来，可我不习惯，我还是喜欢老家的房子，虽然在单位公房里住，可里面的人都认识。这里住房条件比以前好多了，可人被束缚了，社区的人又都不认识。总觉得找不到以前在旧房子里住的那种感觉了，觉得少了点什么。白天我一个人站在屋外走廊里，就有种很无助、失落的感觉，说实话，我有点不喜欢大都市这种冷漠的气氛。在老家的楼里，门对门，就像一家人一样，可这里我真有点不习惯。

有学者将空巢家庭分为两种类型：纯空巢家庭，即单身空巢家庭和配偶空巢家庭；类空巢家庭，虽然子女不在身边但有其他亲属在身边的空巢家庭（穆光宗，2002[①]），关于空巢老人，也有学者将其分为三类，被迫型空巢老人，主要是指无子女亲属的老人；自愿型空巢老人，主要是指与配偶在一起居住，但距离子

---

① 穆光宗 . 挑战孤独·空巢家庭 ［M］. 石家庄：河北人民出版社，2002.

女又不太远的老人；无奈型空巢老人，指希望与子女一起居住，但子女由于工作等原因将其留在家中的老人（姚引妹，2006[①]）。

综合个案 SLW-20131206 和后面的个案 SLHY-20131108、个案 SMZM-20131206 可以发现，商品房小区中类空巢家庭中的老人和无奈型空巢老人的心理问题非常突出，个案 SMZM-20131206 中的老少同住，虽然有利于祖孙之间的感情交流，但老年人更多的是尽扶养义务，却享受不到相应的赡养服务，孤独心理难以避免。针对这些问题，笔者认为，首先，应该保障该类型老年人的室内安全问题，其次，为其提供良好的社区交流空间，使其融入社会，避免产生孤独等心理问题。

（三）社区适应能力较差

邻居情作为一种宝贵的、特殊的情感心理和人际关系，我国历来重视邻居情谊，例如，"远亲不如近邻""百万买宅，千万买邻"（《南史·吕僧珍传》）就是中国传统文化对"邻居"两个字的最高评价[②]。老年人闲暇时间较多，除在室内进行基本的生理活动之外，还渴望与室外和邻里及社区之间的同龄人进行交流。

然而在商品房小区，同质性减少；异质性增强，老年人的交流空间和交流机会减少。随着城市化进程的加快和居住条件的改善，现代化城市居住结构逐渐由"平房式"变为"高楼式"；"公用化"变为"独用化"；"各家相通"变为"家家封闭"；"高楼综合征"和"住宅封闭症"等问题逐渐产生。目前我国老龄化具有空巢家庭越来越多和高龄老人、失能失智老人越来越多的特点，再加上高楼式的封闭生活，老年人将成为患"高楼综合征"和"住宅封闭症"的主要群体，会使老年人的心理问题更加严重，对老年人的身心健康更是一种威胁。

商品房中的老年人是如何评价所在的社区呢，通过分析访谈材料，老年人对所在社区的评价褒贬不一，总体对改善社区服务设施的意愿非常强烈。

老年人比较看重社区周围的生活环境，这也是他们选择居住环境的一个重要因素，该位受访者的想法说明了这一点。

---

①　姚引妹. 经济较发达地区农村空巢老人的养老问题——以浙江农村为例［J］. 人口研究,2006(6):
38-46.

②　刘荣才. 老年心理学［M］. 武汉：华中师范大学出版社，2009.

（个案编码：SPDW-20131108）

我当初在这里买房子，就是相中了这里环境好，老年人多，没事还可以和那些老年人一起说说话，跳跳广场舞，我这个人闲不住。

这位老年人的居住需求也进一步证实了前面相关研究者的观点（李博，2012；陈实，2010；付琳琳，2011），城市居家老人的居住需求不仅包括住房室内区域，也更关注室外相关的活动区域。但目前很多新开发的商品房规划过程中还没有将老年人的养老需求考虑在内，导致老年人住进商品房以后，虽然室内设施相对完善，但是社区相应的硬件设施跟不上，为老年人的社区活动带来很多问题。

（个案编码：SLHY-20131108）

和楼里的人来往不多，基本没有来往，小区房都这样啊，哪像以前的房子，大家都很熟悉，出了门都认识。社区要是提供一些设施让大家都认识，尤其是我们这些老年人，那也蛮好的。

（个案编码：SYHL-20131108）

上街、交通比较方便，可是社区工作不到位，没什么活动的地方，感觉很乱，买房的时候开发商宣传得很好，可是住进来才知道，社区环境很一般，年轻人都上班了，白天只有我们这些老人，我白天都在家看电视，出来谁也不认识。

（个案编码：SMZM-20131206）

男：我们社区设施不行啊，那些健身器材坏的坏，旧的旧，有些也不适合我们老年人用，当时在这里买房子的时候，感觉这里还不错，他们宣传得也很好，可现在觉得社区服务没想象的那么好。

女：我们当初买房时，他们说这里服务很全、社区配有医疗服务、活动场所啥的，可是住进来才发现，根本不像开发商说的那样，现在建房谁会为我们老年人着想啊，开发商只管挣钱，把我们忽悠进来，剩下的事情就全交给社区啦。

（个案编码：SMZM-20131206）

我和孙子在一起住，他在附近读小学，儿子和媳妇工作在浦东那边，一般白天我一人在家，买房的时候他们就说这里有很好的养老服务什么的，都住进来几年了，除了有门岗以外，啥也没有。白天一人在家里，心里就发慌，出去也都不认识谁，就是希望社区能有些活动室什么的，大家一起搞些活动，可以互相认识，希望小区治安能好些，老有一些搞推销的来敲我们的门。

社会活动理论和老年亚文化群理论都比较重视老年群体的社会属性，老年人不应因年龄或其他原因脱离社会或被社会孤立，对于居家老人来讲，提供便于老年人交往的场所或活动空间，有利于保持老年人社会角色的延续，也有利于老年人重新认识自我[①]。从以上几位访谈者的谈话中可以看出：与老公房不同，老公房居民希望通过改造、动迁等延续原来的邻居情感，而商品房里面，老年人面对陌生的居住群体，需要重新构建自己的社区生活网络，人与人之间的交往是日常生活的重要组成部分，居家老人的社交需求可以概括为老年人对亲情、友情、爱情等的需求。商品房社区人际关系相对淡薄，老年人缺少一个健全的社区服务和交际网络。老年人希望社区能够创造条件，为他们构建一个交流的平台，重新适应生活环境，主动构建生活网络。老年人的社交需求应引起重视，这直接影响到居家老人生活质量的提高。

综上所述，与动迁房和旧宅区的老年人相比，生活在商品房小区中的居家老人面对的一个重要问题就是社区适应问题，这直接影响到马斯洛需求层次中交际需求、尊重及自我价值等需求的实现。

在这里，我们对社区适应做一个简单的解读。

所谓社区适应，是指当一个社区出现问题与社会变迁时，该社区即面对来自内部、外部的压力，促使其发展出相对应的组织结构与行动的过程。有效的社区适应可将社区变迁或社区问题发生后对社区结构及社区居民造成的伤害降至最低，同时建设足以应付内、外压力并具前瞻性，避免社区结构在剧烈社区变迁中解体的社区适应机制。一方面，社区适应可以是个人对社区变迁的适应，例如，久住传统乡村社区者迁入城市社区居住，长期居住于封闭式机构环境中的人重回正常社区，或是不同专业社区之间的迁徙等，个人都需要一段时间适应。另一方面，社区的适应经常是依赖整个社区组织结构总动员以维持社区功能之正常运作，这种全面性的社区适应，必须整合社区中各类团体的力量，妥善处理一些相应的问题。主要包括重视建立领导组织，统筹社区事务；发掘社区共同的需要，找出解决问题的措施；加强各团体间的联系与沟通[②]。

也有学者从社区适应的角度分析，社区应满足以下几方面的需求[③]：身体层

---

①　刘美霞.老年住宅开发和经营模式［M］.北京：中国建筑工业出版社，2008.

②　朱丽莎.新编健康心理学［M］.武汉：武汉大学出版社，2007.

③　陈惠英，李楚翘，杨晶.康复辅导工作［M］.北京：商务印书馆，2011.

面的满足、物质层面的满足、社交层面的满足、发展及活动层面的满足、情绪层面的满足等。

个体与特定社会环境相互作用达成协调关系的过程以及这种协调关系呈现的状态①，对社会个体的身心健康具有很大的促进作用。随着城市居家老人规模的扩大，很多城市及社区组织已经意识到社区适应问题对老年人的身心健康至关重要。因此，如何从"封闭式"的家庭生活转变为"开发式"的家庭生活，变"封闭式的邻居关系"为"开放式的睦邻关系"，让居家老人从自己的社区环境中获得更多养老支持，成为国内外老年宜居社区建设的重要一环。

（四）在宅服务需求

马斯洛需求层次理论主要特点是：认为人的需求是有层次性和递进性的，随着低层次需求的满足，会不断产生高层次的需求。老年人不仅重视物质需求的满足，对精神生活方面的需求也有很高的期望。与以往相比，老年人的精神生活需求开始由单一的娱乐休闲向娱乐需求、情感需求、交往需求、求知需求等多元需求转变，从感受阶段的旁观者逐步向认知阶段和体验阶段主动参与者转变，由传统"休闲型"的需求向"含金量"更高的"文化型""思想型"需求转变②。

对商品房中的老年人访谈资料分析发现，与老公房或里弄住宅的老年人相比，商品房中的老年人在学历和经济收入两个方面相对较高，这种客观的社会分层对老年人居住环境需求的影响非常明显。分析个案 SLW-20131206、个案 SLYF-20131108 两位老年人的访谈内容可以发现，居住在商品房中的老年人，对在宅服务有一定的需求，这可能正是该部分老年人自身经济条件或家庭经济收入较好而产生的需求。

（个案编码：SLW-20131206）

我不太喜欢这个现状，希望社区居委会能提供一些活动，给我与更多的老年邻居相识的机会。我身体也不太好，有高血压，心脏也不太好，我在《文汇报》上经常看到上海的社区服务发展得很好，可说实话，我们这里的社区没见有什么服务，我倒希望能像报纸上说的有一些上门义诊、护理、探望等相关的服务，要不我一人在家，出了什么事情，等子女回来，也晚了，社区应该和我们家庭保持联系。

---

① 高利平.健康老龄化研究［M］.济南：山东人民出版社，2011.
② 许佃兵.当代老年人心理发展的主要矛盾及特点［J］.江苏社会科学，2011（1）：43-46.

（个案编码：SLYF-20131108）

男：希望社区能够多关注我们的生活，多安排一些体检、健康讲座什么的。大家还好吧，肯定没有以前在弄堂里关系那么亲啊，现在都是门对门，基本没什么来往。

老年人普遍存在职业终结、角色转换后的失落感、社会交往减少下的孤独感、社会对比下的自卑感、基于疾病等原因的抑郁感等。随着行动能力的下降，老年人人际交往范围日渐缩小，人际关系网络逐渐萎缩。老年人的社会交往大多处于"以亲属人际关系网为核心，近邻朋友和近邻外朋友存在"①的人际网络之中。老年人希望能在自己的周围形成新的人际交往圈，拥有一些志同道合的朋友，能够彼此交流学习，健身娱乐，互帮互助。

三、动迁房老年人居住环境需求分析

动迁房主要由电梯房和多层住房组成，对比动迁安置房的访谈材料，我们发现居住在动迁房中居家老人的居住环境需求与其他类型的住房相比，也存在一定的异同点。

动迁房和商品房一样，室内设施相对完善，老年人的基本生理需求容易满足。另外，从以下几位老年人的交谈中可以看出，动迁房中的老年人居住模式也有一定的变化，部分老年人与子女分开居住，例如，个案 DZFL-20140112、个案 DWRR-20140112 几位老年人有的和子女在一栋楼里，门对门；有的在一个小区，不在一栋楼里。虽然没有和子女一起居住，但这些老年人对自己的居住状况比较满意，这也说明了"一碗汤距离"的居住模式正被大多数老年人所接受。

同时在动迁房分配中也存在一些问题，例如，个案 DMXL-20140112、个案 DWXF-20140112 住在 5 楼和 6 楼的老年人，由于上下楼不方便，给老年人日常出行带来很大的问题，个案 DMXL-20140112 中的老年人不得已和子女分开重新租房，动迁房中的多层住房没有电梯等通行设施，虽然老年人的基本居住条件改善了，但个别老年人的社交等需求却受到了限制，导致居家老人高层次的需求无法满足。调查表明，老年人往往将亲属作为首选照料者和依靠者，与正式支持相比，非正式支持更多地满足了老年人精神心理方面的需求，例如，紧急援助、情

---

① 刘永策，李彦，林明鲜．城市老年社会人际关系网及其对老年人精神生活的影响——以烟台市文化苑社区为例［J］．新疆社会科学，2009（4）：110-115.

感交流需求、安全心理需求等，基于血缘、地缘的关系，非正式支持主要来自于亲属、邻居、好友等（姚远，2006[①]），将改善住房设施与提供社区服务相结合，可以同时满足居家老人的物质需求和精神需求。从个案 DZFL-20140112 和个案 DCMQ-20140112 的交流中还可以看出，动迁房中的老年人对室内安全性相关的潜在需求和室外社区交流等需求特征也比较明显。

（个案编码：DZFL-20140112）

我们住的是电梯房，上下楼很方便，动迁时，有多层的，但我很幸运，不但拿到了电梯房的号，而且我们两套房子，我和我儿子住对门（您当时为什么不选择多层住宅，那样面积大点）。

是啊，多层住宅6层，面积是大点，可没有电梯啊，我都快70了，上下楼不方便，再说我选多层住宅的话，就不一定能和我儿子住得这么近了，我还要他照顾呢。之前我哥哥住多层住宅，半夜得了疾病（当时68岁，5楼），叫救护车，上下楼费了很大劲，电梯房虽然面积稍微小点，可是有电梯，有消防通道等，住的安全啊（您觉得室内安装扶手、呼救设施用处大吗？）。

没有呼救设施，之前我们社区曾经宣传过，让我们装，当时有些人装了，可我没有装，不过下次如果有机会，我会装的，毕竟年纪大了，如果有什么意外，也方便，不过还好，我儿子就在我对面。

（个案编码：DWRR-20140112）

多层住宅面积较大，我们住2楼，虽没有电梯，但上下楼也还行，很方便，我俩才60多岁，和儿子一起住，我们上面还有公公和婆婆，动迁抽签时两套房，我公公婆婆都80多了，他们住在我隔壁的一栋楼里，在1楼，我们会每天帮他们买菜，去看望他们（他们那么大年龄了，愿意和你们分开住吗？）。愿意啊，我婆婆腿不太舒服，公公有高血压、支气管炎，但两人身体平时还是不错的，也愿意单独住，因为我们在一个小区，两栋楼又挨着，每天都会见到。

（个案编码：DMXL-20140112）

（您现在住6楼，觉得上下楼方便吗？以后年龄大了怎么办？）怎么办，那就不知道了，以前住的老房里，我们对面楼的老太太，年龄大了，住4楼，身体不好，每天都站在窗户旁边，像个鸟儿一样，被困在笼子里，望着楼下的人，可

---

① 姚远.非正式支持与老年人生活质量［N］.中国人口报，2006-04-03（003）.

她又下不了楼。现在嘛，虽然住6楼，累是累点，不过现在身体还好，以后老了，不能动了，看儿女怎么安排，他们愿意照顾我们，我们就和他们一起住，下不去楼，我就待在家里，他们要没有时间，就送我们去养老院。

（个案编码：DWXF-20140112）

我们当时抽的是2套房子，都在5楼和6楼，儿子、儿媳和孙子在一起，孙子也快成家了，加在一起五六人，住在一起不方便，可我一人住一套房子也在5楼，也不方便上下楼。后来和儿子商量，他们就为我在这里租了一个一室一厅，和儿子相距也就十五六分钟，在一层，这里也很方便，他们基本每天都来看我（您当时没想过和别人调换一下房子吗？）。哪有你们说的那么简单，你们说调换就调换啊，小高层谁不想住下面，没有电梯，上下楼多累啊，再说别人家也有老人，怎么可能调换。

（个案编码：DCMQ-20140112）

搬来以前是住石库门的，虽然住房条件没有这么好，但是街坊邻居的感情都很好，不像现在都是门对门，交流很少。小区里也没有给我们老年人提供一个固定的活动场所，子女平时工作忙起来就没时间来兼顾我们的生活和心情。我就希望街道能够办一些适合我们老年人的活动，开一些老年活动室，还可以请一些人来给我们开班，培养一些兴趣，这样就不会觉得孤单或无聊了。

四、理论思考

通过对旧宅区老公房、商品房及动迁房几种住房类型中老年人居住环境需求的访谈分析可以发现，对于大多数居家老人来讲，家庭养老功能的强弱，不仅与家庭规模大小等因素有关，与居住环境也有很大的关系。虽然家庭规模大小及居住特征对老年人的养老支持有一定的影响，然而我们不能忽略老年人对居住环境需求的差异。

（一）城市居家老人居住环境需求的差异与住房具有社会分化载体功能有一定的关系

李强用"住房地位群体"的概念来分析不同住房群体的居住需求差异。"住房地位群体"是指由于所占有或所居住的住房的影响而处于相似的社会位置上的一群人，其中，住房因素包括住房位置、社区环境、社区文化等特征，住房使人们进入一个比较稳定的社会网络，形成比较稳定的生活模式。然而由于不同"住房地位群体"的经济条件、居住条件、文化程度的差异，使住房具有明显的社会分化载体功能，这种分化不仅表现在所居住的住房类型的差异上，更表现在居住环境需求的差异上，这种居住环境需求的差异进一步强化了社会分化的外显特征（李强，2009①）。

对比不同住房群体的访谈材料发现，由于受到住房条件及自身经济条件等因素的影响，因此，不同住房类型中的居家老人居住环境需求差异明显。

居住在旧宅区老公房中的老年人，对室内室外便捷性、安全性等需求非常明显，有相当一部分老年人处于空巢状态，同时住房及社区环境适老性能较差，使得家庭养老功能进一步降低。与旧宅区老年人相比，商品房和动迁房中的老年人虽然基本居住条件有较大改善，但从居家养老的角度考虑，无论是室内还是室外，还存在不适老的地方，例如，需要进一步提高室内的安全性，社区养老配套设施没有满足大多数老年人的交往需求等。

对于不同"住房地位群体"的居住环境需求差异，我们应从需求者的主体特征、居住条件、城市规划等角度辩证分析。对于旧宅区老公房、动迁房及商品房中老年人的居住环境需求，我们应重点关注老公房中居家老人的居住需求。

由第三章关于全国和上海老年人居住现状的分析可知，目前还有大量居家老人生活在 20 世纪 90 年代的老公房中，而且空巢老人比重较高，自身改善居住条件的能力较低。根据社会排斥论的逻辑，由制度安排、阶层差异等因素造成的居住分化将弱势群体排出一定的社会领域，或者说改善居住条件能力的缺失将进一步加剧该群体的边缘化（闵学勤，2012②）。老公房居住环境适老性能较差，这个问题本身是在中国住房制度发展等社会变迁的背景下形成的，根据韦伯对地位获得的综合认知，地位或居住条件的改变需要受教育水平、职业声望的综合提升才能实现，而老公房中的居家老人由于家庭、年龄、健康等因素的限制，大部分老年人自身已不具备这种能力，如果没有相关政策的帮扶，老公房中居家老人集中居住产生的贫困效应或其他养老问题将有可能进一步加剧该类群体的边缘化。

所以，在城市化的进程中，对旧宅区老公房的适老性改造已成为满足城市居家老人居住环境需求的重要议题。

---

① 李强.转型时期城市"住房地位群体"［J］.江苏社会科学，2009（4）：41-53.
② 闵学勤.社会分层下的居住逻辑及其中国实践［J］.开放时代，2012（1）：110-118.

（二）结合潘允康、边燕杰[①] **等从区位学视角对住房与中国城市家庭结构的分析，当今住房既是家庭两代人同居共处的因素，也是两代人分离的因素**

从区位聚散论看住房与家庭结构：家庭关系不同于其他社会关系，是散中一定要有聚，尤其要有聚的地方和空间，即住房。住房是家庭成员聚散选择的重要条件，然而在老宅区中，由于住房条件较差，大多数老年人与子女分开居住，加大了老年人与子女的居住隔离。

从区位共生论看住房与家庭结构：与西方社会相比，中国人在聚散选择中比西方人还较多地考虑共生问题和共栖问题。据此，在住房的要求上是分合兼顾的，既要离开，又要近一点，以便于联系，相互支持。从家庭模式上来说，老年人对由亲属关系，如核心家庭等所组成的家庭网有更多的依赖和期望。虽然家庭网中的各个家庭是独立的，但在保持各自独立生活方式的前提下，以日常生活的频繁交往和相互救援为主要特征。根据动迁房中老年人的访谈我们也可以看出，老年人家庭由于住房条件的改善，基本满足了"一碗汤距离"的居住需求，虽然一些老年人处于空巢状态，但距离子女较近，可以及时和家庭成员保持联系，拥有一个稳定的家庭网，也可以使老年人获得及时的支持。

（三）老年人的非正式支持系统不仅在家庭中存在，社区中的非正式资源对老年人也具有重要意义

从国外研究来看（姚远，2005[②]），社区中的朋友和邻居在老年人的支持体系中发挥着重要作用，不仅可以影响老年人的幸福感，为老年人提供灵活的、反应迅速的支持，在帮助老年人参加社区活动，提高老年人再社会化方面也具有重要作用，这些都是正式支持无法提供或有心提供但没有办法实施的，而社区中的非正式支持可以发挥这方面的优势。

相对于家庭支持来说，社区中的朋友、邻居在养老支持方面只能发挥补充的支持作用（郭平，2008）。然而在对旧宅区老公房、商品房及动迁房中居家老人的访谈中发现，老年人对参加社区活动有很高的期望，尤其是商品房小区中老年人对增加社区活动设施的意愿更加强烈，从前面关于居家老人居住环境需求的回归分析中也可以看出，安全的社区环境和活动空间是老年人舒适性需求的重要部分，不同的住房类型对应不同的社区支持问题，这也启示我们从社

[①] 潘允康，边燕杰，关颖，卢汉龙等. 住房与中国城市的家庭结构——区位学理论思考［J］. 社会学研究，1997（6）：69-79.

[②] 姚远. 非正式支持的理论与实践：北京市老龄问题应对方式的再研究［M］. 北京：知识产权出版社，2005.

区层面为老年人创建一个沟通、交流的支持环境，不仅有利于保持老年人的个性和价值意识，也可以促进老年人与社会的融合，提高居家老人再社会化的水平。

（四）目前我国老龄政策对象定位不准，政策功能比较单一[①]，还没有完全适应居家老人的养老需求

居家老人从家庭和社区获得的非正式支持具有非政府性、社会性，然而政府的支持也是非常重要的，只是扶持方式与正式支持有所不同，虽然政府不直接干预非正式支持系统，但可以通过一些间接的措施来支持它的发展，如通过住房改造、住房建设分配改善居家养老的条件等[②]。

对不同住房类型中老年人居住需求进行访谈还发现，旧宅区老年人对目前适老性改造政策存有一定的意见，如改造范围限于室内，范围较小，且改造对象对年龄限制较高，受益面较小等，同时老年人家庭对申请廉租房、公共租赁房等存在的困难也表达了自己的看法，部分已经迁入动迁房小区的老年人认为，政府应该在住房分配中照顾老年人的居住需求。

随着老年群体规模的扩大及家庭养老功能的弱化，老龄政策在功能方面，既要满足老年人的基本需求，又要满足老年人的发展性需求，只有充分关注和满足老年人需求的老龄政策，才能激发人口老龄化的正面效应（穆光宗，2002[③]）。无论是适老性住房改造还是新建住房的建造与分配，都应以需求为导向，满足不同老年群体和老年家庭的居住需求，这也是健全社会养老服务体系和增强家庭养老功能的客观要求。

第六节　本章小结

本章主要在前一章分析的基础上对上海市居家老人的居住环境需求特征进行了分析。首先将上海市居家老人居住环境需求归纳为便捷性、安全性、可及性及舒适性四个方面。在此基础上，利用社会分层理论通过多元回归分析了不同居

---

① 原新，李志宏，党俊武等.中国老龄政策体系框架研究［J］.人口学刊，2009（6）：25-29.

② 郭平.老年人居住安排［M］.北京：中国社会出版社，2008.

③ 穆光宗.中国老龄政策的思考［J］.人口研究，2002（1）：43-48.

家老人的居住环境需求特征，结果显示，由于性别、年龄、居住特征等因素的影响，不同居家老人在居住环境需求方面具有一定的层次性，其中，便捷性和安全性属于需求的第一层次，即基本需求；可及性和舒适性属于需求的第二层次，即发展需求，其中，客观分层变量中的教育程度起到了重要的影响作用。其次，本章通过构造因子得分函数，进一步分析了不同住房类型在四个需求因子上的得分差异，发现旧宅区老公房的适老性能最差，在便捷性、安全性、可及性方面有较高的需求，而商品房在社区环境方面的得分最高。最后，借助于调研中的访谈材料对不同住房类型中居家老人居住环境的主观诉求进行了分析，并从理论上进行了相关的讨论。

第六章

城市居家老人居住环境需求的影响机理分析

前面两章主要通过调研数据对上海市居家老人的居住现状及居住环境需求特征进行了分析，本章主要通过定量分析和相关养老政策的梳理，对居家老人居住环境需求问题的影响因素进行分析，从而为进一步解决问题提供参考资料。

第一节　人口因素

一、研究设计与方法

（一）理论基础

根据第二章文献中的老年人与环境适应理论——劳顿—帕姆拉生态模型[①]，老年人与环境之间的适应程度是由双方因素共同决定的，既包括老年人自身能力及家庭条件，如健康状况、经济状况、家庭资源等，又包括老年人所生活的环境，如住房、社区环境等，任何一方存在问题都会影响老年人的生活质量。从理论上来讲，在居家养老模式下，老年人改善居住条件的意愿不仅受到社会经济发展、社区环境和为老服务等宏观、中观因素的影响，也与老年人自身的人口社会特征、健康和经济等因素有密切联系（苏振芳，2014[②]），相对于其他因素，人口因素具有相对稳定性，从人口数量、人口结构及人口空间分布特征等居住环境的

---

① N. R. 霍克曼，H. A. 基亚克. 社会老人学［M］. 林欧贵英，郭钟隆译. 台北：五南图书出版股份有限公司，2003.

② 苏振芳. 人口老龄化与养老模式［M］. 北京：社会科学文献出版社，2014.

角度研究将成为应用人口学的重要研究领域（陈春林、任远，2014[①]）。根据潘允康、边燕杰（1997）等对住房与家庭结构之间关系的分析，即住房情况也是两代人同居或分居的重要因素[②]，而不同的居住特征对子女的赡养行为也会产生一定的影响，首先，无论是为父母提供经济支持、生活照料，还是精神慰藉，同住条件下子女提供这三方面赡养的可能性最大；其次，与父母邻近居住的子女，可能性最小的是距离父母最远的子女[③]。所以，老年人改善居住条件的意愿本身不仅反映了老年人对住房及养老的需求，也反映了老年人在养老方面对家庭非正式支持的期望。同时，老年人实际的居住条件也受到自身住房供给条件的限制，考虑到现实居住条件与理想居住条件之间存在一定的差距，所以，老年人现实的居住条件也可能是老年人改善居住环境意愿的影响因素之一（陆杰华、白铭文、柳玉芝，2008[④]），有鉴于此，本书也将老年人基本住房状况作为变量纳入模型。

（二）模型操作与理论假设

根据以往对老年人居住问题的研究，我们确定对老年人"改善居住条件意愿"的分析模型，因变量是问卷中所涉及的和老年人改善居住环境意愿相关的问题。在问卷中所涉及的问题是："如果对您的居住环境进行改善，您认为自己最需要的是什么？"答案有：①设置轮椅通道；②加装电梯；③安装扶手；④增加阳台；⑤改善灯光与照明；⑥安装监控与求助设备；⑦消除地面高差；⑧购买新住宅；⑨不需要改善。

本书研究的因变量"老年人改善居住条件意愿"是一个非连续变量，可以通过二元 Logistic 回归分析方法，在控制其他相关因素影响的条件下，逐步加入与因变量相关的自变量，从而讨论各种因素对老年人改善居住环境意愿的影响。因变量是老年人改善居住条件的意愿，为便于回归分析，把回答设置轮椅通道、加装电梯、安装扶手、增加阳台、改善灯光与照明、安装监控与求助设备、消除地面高差、购买新住宅合并为需要改善，编码为 0，把回答"不需要改善"合并为 1。重新对因变量编码后作为二元 Logistic 回归分析的因

① 陈春林，任远.适应人口数量和结构变动的刚性住房需求研究［J］.中国房地产，2014：12-23.

② 潘允康，约翰·罗根，边馥琴.边燕杰.住房与中国城市的家庭结构——区位学理论思考［J］.社会学研究，1997（6）：69-79.

③ 鄢盛明，陈皆明，杨善华.居住安排对子女赡养行为的影响［J］.中国社会科学，2001（1）：130-140.

④ 陆杰华，白铭文，柳玉芝.城市老年人居住方式意愿研究——以北京、天津、上海、重庆为例［J］.人口学刊，2008（1）：35-41.

变量。

自变量的选取和前面线性回归一样，主要从老年人的人口特征、居住特征，经济特征和健康特征四个方面来研究对改善居住条件意愿的影响，由于老年人健康状况中健康自评（健康状况：好、不好）和其他变量之间存在多重共线性，为提高模型分析的准确性，在模型中剔除该变量，同时加入和老年人住房相关的变量。

借鉴已有研究，提出以下理论假设：

第一，虽然近几年老年人住房条件得到很大改善，相当一部分老年人居住在以商品房和保障房为主的高层住宅、多层住宅及花园住宅中，但还有部分老年人居住在 1998 年住房改革之前的旧房中，且通过问卷分析，高层住宅和多层住宅的规划设计也有一些不适老的地方，在居家养老的背景下，老年人对改善居住环境的意愿非常明显。

第二，老年人的人口特征、健康状况及经济条件等都会对城市居家老人改善居住环境意愿产生影响。

第三，在以居家养老为主要养老模式的背景下，老有所居是保证居家养老模式稳定性和可持续性的基本条件，完善的居住条件对提高居家老人生活质量有重要的保障作用，而城市居家老人现实的住房条件与居住环境需求之间有一定的差距，这也应该是影响老年人改善居住环境意愿的因素之一。

（三）二元 Logistic 回归模型介绍

本书主要通过二元 Logistic 的逐步回归分析方法，首先，在模型 1 中将老年人的人口特征作为自变量，采用二元 Logistic 的逐步回归分析各人口变量对老年人改善居住环境意愿的影响；其次，模型 2 在模型 1 的基础上添加和老年人健康相关的变量，模型 3 在模型 2 的基础上添加和老年人经济条件相关的变量；最后，在模型 3 的基础上加入老年人现实的住房条件，通过观察自变量的变化，从而对老年人"改善居住环境意愿"的影响因素进行全面分析（如表 6-1 所示）。

在分析中，通过 SPSS 中的 Binary Logistic Regression 模型对问题进行分析，具体模型为：

$$\ln \frac{p}{1-p} = B_0 + \sum_{i=1}^{N} B_i X_i \tag{6-1}$$

其中，p 表示老年人居住条件是否需要改善的概率，B_0 表示常数项，B_i 表示第 i 个变量 x_i 的偏回归系数。自变量前面线性回归已做处理，得到各个虚拟变量与参照组对比的结果，通过逐步回归的方法进入模型。

二、模型结果分析

从回归结果来看，模型 1 在解释人口因素对老年人改善居住环境意愿的影响方面还是可以的，卡方检验整体的显著性变化比较理想。在模型 1 中，年龄、居住区、婚姻状况和居住方式四个变量都显著增加了老年人改善居住环境意愿的比重。从模型 1 可以看出，在没有其他因素影响的条件下，随着年龄的增加，高龄老人比低龄老人更希望改善居住条件；近郊区老人比中心区老人更希望改善居住条件；有配偶的老人比无配偶的老人更希望改善居住条件；空巢家庭比非空巢家庭更希望改善居住条件。

模型 2 在模型 1 的基础上加入了和老年人健康相关的因素后，模型的显著性得到进一步提高。和模型 1 相比，除了年龄、居住区、婚姻状况和居住方式四个变量发生作用之外，老年人的性别、自理能力和患病情况也显著增加了老年人改善居住环境意愿的比重。从模型 2 健康因素的引入可以发现，一方面，患有疾病和自理能力两个变量增加了改善居住环境意愿的比重，说明身体健康状况较差的老年人更希望改善自己的居住条件，同时由于健康因素的引入，可以看出，女性老年人比男性老年人更需要改善居住条件。另一方面，对比模型 1 还可以发现，70~80 岁老年人改善居住环境意愿的比重显著性增强。

对比模型 2 和模型 1 可以看出，女性老年人的健康因素，例如，自理能力、患病情况等对老年人改善居住环境意愿有较大的影响，老年人的自理能力和患病情况主要是由自己表达的，也就是说主观分层变量在模型 2 中通过性别变量起到了影响作用。

模型 3 在加入了经济变量后，和模型 2 相比，老年人改善居住环境的意愿进一步发生了变化。主要表现在两个方面：一是性别、年龄、居住区、居住方式和健康状况五个变量依然发挥了作用，不同程度地增加了老年人改善居住环境意愿的比重，其中，年龄（70~80 岁）和患病情况（2 种及以上）的显著性增强。婚姻状况不再具有显著性。二是在加入经济因素后，高学历老年人改善居住环境意愿的比重降低，而低收入老年人和经济自评较差的老年人改善居住环境意愿的比重增加。

在模型 3 中，主观分层变量和客观分层变量对老年人改善居住环境的意愿同时具有影响作用，其中，对 70~80 岁老年人和患有 2 种以上疾病的老年人影响最大。

模型 4 在引入住房变量以后，可以看出，老年人改善居住环境的意愿在模型 3 的基础上进一步发生了变化（见表 6-1）。主要表现在三个方面：一是和模型 3 相比，年龄、居住区和居住方式、健康状况、经济因素仍然发生作用，其中，变化较大的是："不能自理"的老年人显著性使老年人改善居住环境意愿的比重增加了 1.195 倍，月收入 1000~2000 元的老年人显著性使老年人改善居住环境意愿的比重增加了 1.607 倍，经济自评一般老年人的显著性使老年人改善居住环境意愿的比重增加了 1.130 倍，而居住方式中与配偶居住虽然保持了正向的作用，但显著性有所下降。二是在住房因素的影响下，性别和教育两个变量的显著性消失，而婚姻变量再一次变得显著，使老年人改善居住环境意愿的比重增加了 1.157 倍。三是从新加入的住房因素来看，与多层住宅相比，高层住宅的显著性使老年人改善居住环境意愿的比重下降了 0.330 倍，而普通旧式住宅的显著性使老年人改善居住环境意愿的比重增加了 1.528 倍；与 1998 年以后建造的住宅相比，居住在 1998 年以前住宅中的老年人改善居住环境的愿望非常明显；同时居住在 30 平方米以下和居住在 4~6 层的老年人改善居住环境的愿望也非常强烈。

表 6-1　改善老年人居住环境意愿的二元回归分析

	模型 1		模型 2		模型 3		模型 4	
	Exp（B）	S.E	Exp（B）	S.E	Exp（B）	S.E	Exp（B）	S.E
性别（男）：女	0.997	0.161	1.040*	0.164	1.077*	0.172	0.855	0.193
年龄（60~70 岁）								
70~80 岁	1.594*	0.204	1.509**	0.221	1.480***	0.228	1.298***	0.257
80 岁以上	1.173**	0.211	1.235**	0.214	1.271**	0.222	1.102**	0.244
居住区（中心区）								
近郊区	1.631*	0.219	1.601*	0.221	1.610*	0.226	1.586*	0.243
远郊区	1.307	0.310	1.287	0.352	1.265	0.361	1.190	0.421
教育 （初中以下）								
高中技校/中职	0.260	0.212	0.236	0.217	0.278	0.225	0.343	0.250
大专及以上	0.384	0.261	0.375	0264	0.454*	0.275	0.528	0.295
婚姻（无配偶）： 有配偶	1.123*	0.263	1.129*	0.266	1.128	0.278	1.157*	0.314
居住方式 （与家人）								

续表

	模型 1		模型 2		模型 3		模型 4	
	Exp（B）	S.E	Exp（B）	S.E	Exp（B）	S.E	Exp（B）	S.E
独居	1.522**	0.226	1.544**	0.229	1.502**	0.242	1.475**	0.286
只与配偶居住	1.274***	0.237	1.343***	0.243	1.249***	0.247	1.019*	0.262
自理能力（能）								
部分能自理			1.628*	0.223	1.503*	0.226	1.648*	0.240
不能自理			1.879	0.275	1.886	0.277	1.195**	0.309
患病情况（无）								
1 种			1.477*	0.225	1.549*	0.234	1.387*	0.250
2 种及以上			1.862*	0.270	2.156**	0.272	2.348**	0.299
月收入（3000 元以上）								
1000 元以下					1.205**	0.227	1.075**	0.245
1000~2000 元					0.690	0.215	1.607*	0.242
2000~3000 元					0.315	0.392	0.212	0.406
经济自评（较好）								
一般					0.900	0.223	1.130*	0.235
较困难					1.382*	0.259	1.856*	0.283
住房类型（多层）								
高层住宅							0.330*	0.286
花园住宅							0.029	0.397
普通旧式房							1.528**	0.317
建房年代（1998 年后）								
1990 年以前							1.122***	0.353
1991~1998 年							1.444*	0.241
住房面积（≥70 平方米）								
≤30 平方米							1.022*	0.302
30~50 平方米							0.858	0.290
50~70 平方米							1.144	0.339

续表

	模型 1		模型 2		模型 3		模型 4	
	Exp（B）	S.E	Exp（B）	S.E	Exp（B）	S.E	Exp（B）	S.E
居住楼层（3 层以内）								
4~6 层							1.743*	0.247
6 层以上							2.153	0.404
常量	2.274**	0.284	1.377**	0.340	1.514**	0.434	2.240**	0.589
卡方	190.329		207.245		230.864		347.920	
−2 似然	1050.743		1033.826		1010.208		893.151	
NaR²	0.321		0.339		0.464		0.580	

注：N=2816，* 表示 P＜0.1 的水平下显著；** 表示 P＜0.05 的水平下显著；*** 表示 P＜0.01 的水平下显著。

三、思考与讨论

根据前面提到的理论假设，从模型可以看出，老年人的人口因素、健康特征、经济条件及住房状况等对老年人改善居住环境的意愿具有显著的影响，验证了我们前面提出的理论假设。主要体现在以下五个方面：

第一，在居家养老的背景下，城市老年人对改善居住条件的意愿明显。在上海市城市综合改造中，尽管老年人居住条件得到了一定的改善，但由于上海老龄化形势比较严峻，且还有相当多的老年人居住在建造时间早、养老条件落后的老旧住宅中，且新建住宅在安全性、便捷性等方面也存在一些问题，给老年人日常生活带来一定的影响，老年人在改善居住环境方面有一定的需求。

第二，从人口特征来看，老年人性别、年龄、居住区、教育水平、婚姻状况及居住方式对老年人改善居住环境的意愿有着显著的影响，不同程度地影响着老年人改善居住条件的意愿。以女性老年人以 70~80 岁年龄段为主，居住在城市边缘区，空巢家庭的老年人更希望改善自己的居住环境，同时，80 岁以上的老人对改善居住环境的意愿也比较大，而学历为大专的老年人改善居住环境的意愿有所下降。

第三，老年人健康因素中自理能力和患病情况与老年人改善居住环境的意愿有一定的相关关系。部分能自理且患有各种疾病的老年人更期望改善自己的住房条件。

第四，老年人经济因素中月收入和经济自评与老年人改善居住环境的意愿也有一定的关系。月收入在 1000 元以下，且生活较困难的老年人改善居住环境的愿望较强烈。

第五，从四个模型综合来看，人口特征中的年龄、居住区、居住状态三个因素在没有健康状况、经济条件及住房因素的影响下，对改善居住环境的意愿有着显著的影响，都增加了老年人希望改善居住环境的比重，即使加进了和老年人相关的经济、健康及住房因素后，三个变量的正向作用依然显著，说明年龄、居住区和居住状态对老年人改善居住环境的意愿有显著的影响。人口因素中的性别在健康和经济因素的影响下显著，教育在经济因素的影响下显著，婚姻状况在加进经济因素后显著性消失。可见，人口因素对老年人改善居住环境意愿的影响总体上比较明显。健康因素和经济因素都不同程度地增加了老年人改善居住环境意愿的比重，虽然健康因素在没有经济因素的影响下对老年人改善居住环境的意愿有显著的影响，但其影响很可能是通过经济因素而发生的。无论人口因素、健康因素及老年人实际的住房因素是否存在，不能否认，经济因素对老年人改善居住环境的意愿有显著影响。

第二节　市场因素

一、老年产业发展滞后

（一）老年产业的定义

老年产业，又称为"养老产业"，有学者认为："老年产业是以年龄以及由年龄决定的消费特征为标志而划分的产业，即为满足老年人的特殊消费需求而为他们提供产品和服务的产业，包括传统老年产业，例如，服装、食品、保健以及现代老年产业，如娱乐、住房、社区服务等多种行业"[1]，该定义对市场经济条件下老年产业的盈利性有所忽略。也有学者将老年产业定义为："以老年人为对象、以满足高层次生活为目标，向老年人提供商品和服务的民间营利事业活动的总称，也称老人福利产业、银色产业等"[2]，此定义将老年人需求界定在"高层次"范围，将

---

[1] 刘韬，甘源. 中国老年产业发展调查报告 [N]. 经济观察报，2005-09-01.

[2] 田香兰. 养老事业与养老产业的比较研究———以日本养老事业与养老产业为例 [J]. 天津大学学报（社会科学版），2010（1）：29-35.

老年产业的产权完全局限于民间资本范围也不太合适。20 世纪 70 年代，日本和欧共体等发达的市场经济国家陆续进入老龄化社会。为弥补社会养老保障体系的不足，进一步满足老年人口的特殊需求，这些国家在社会养老保障体系和政府公共服务之外，利用社会资本的投入，通过进一步发展市场化、商品化的老年产业，满足老年人口多样化的消费需求，逐步形成较为完整的老年产业体系①。

从老年产业的不同定义可以看出：一方面，养老产业是由老年人需求导向所拉动的综合性产业，以老年人为主要消费群体；另一方面，学术界在养老产业盈利性与非盈利性方面，是否需要民间资本参与方面也存在不同的看法，这些不同的观点实质上反映了市场经济条件下养老产业需要以一种什么样的模式运营，或者说政府、市场、社会等不同的责任主体如何协调，保持养老产业的持续发展。

（二）老年产业的弱质特征

如果一个产业的经济再生产能力处于相对弱势甚至绝对弱势的地位和状态，该产业可以称为"弱质产业"（Weak Industry）②。与国外及国内的其他产业相比，虽然老年产业具有广阔的消费市场和长远的社会需求特征，但由于作为消费主体的老年人消费能力相对不足，老年产品附加值较少，扩大再生产能力较弱，老年产业在整个产业体系中具有明显的弱质特征。与国外相比，我国养老产业缺少中长期的发展规划，老年人口的消费需求还没有引起市场的密切关注，企业也缺少研究和开发老年产品动力，因此，造成老年产品市场供需失衡（韩振燕等，2011③）。

二、老年住房市场供需失衡

从产业发展规范来看，老年产业缺乏必要的政策性支持和引导。在基础设施建设上，养老院或许是我国养老产业的最核心部分，然而目前我国社会养老服务体系建设以"居家为基础、社区为依托、机构为支撑"，很多老年人希望在家养老，在自己的房子内度过余生，但住房内部缺乏必要的适老化设计，为居家老人提供的住房及相应的配套设施非常稀缺，养老产业发展与养老需求之间还存在很大的差距。目

---

① 刘韬，甘源.中国老年产业发展调查报告［N］.经济观察报，2005-09-01.

② 郭正模，魏宇菲.老龄产业的弱质特征与政府对老龄产业的扶持政策探讨［J］.天府新论，2014（3）：53-58.

③ 韩振燕，施国庆，梁誉.江苏老龄产业发展需求与对策建议［J］.南京邮电大学学报（社会科学版），2011（4）：16-20.

前市场上老年住房供给与居家老人住房需求之间的矛盾主要在于以下三个方面：

（一）住房开发类型滞后于老年家庭居住需求的变化

除少数老年人选择养老院等福利设施作为主要居住模式以外，根据家庭规模大小和居住意愿的不同，大多数居家老人的居住模式可分为合居模式、独居模式和毗邻模式。从第二章关于老年人居住模式的分析中可以看出，随着社会经济的发展，传统的几代合居的养老模式逐渐减少，加上老年人与子女生活习惯及观念的差异，且身体健康的老年人更愿意按自己的生活习惯或与配偶共同居住，夫妇同居和独居的空巢家庭逐渐增多，同时与子女相邻而居的居住模式也正被多数老年人接受。

老年人居住模式的变化与住房需求是密切联系的，然而目前市场上适合老年家庭选择的住房类型并不多。

美国调查显示，生活在服务较好的老年社区，老年人的平均寿命要延长10年，虽然中国老年人口规模和家庭变化较大，但市场上缺少理想的老年人住房项目，这也说明老年住房有巨大的市场需求[1]。欧美及亚洲其他国家进入老龄化社会的时间较早，根据老年人口养老特征及居住需求的变化，开发了多种类型的住房。美国养老社区中的独居式住房、老年公寓；英国的退休住宅、护理住宅；日本的两代居及养老院模式；新加坡的小型公寓及多代同堂住房等，供不同需求的老年人选择。由于老年住宅产业具有明显的弱质特征，成本高，盈利较少，回收周期较长，所以在老年产业发展的过程中，老年住宅产业发展较慢，基础设施建设主要以养老院和福利院为主，而针对居家养老及家庭变化所产生的住房需求，住房市场却缺少有效的回应。

（二）住房配套设施与居家老人养老需求之间的矛盾突出

随着预期寿命的延长，住房无障碍配套设施将成为居家老人居住的重要保障。对空巢老人和高龄老人来讲，这些无障碍设施显得更为必要，尤其是高龄老人较高的残障发生率使老龄事业发展内容和发展模式面临新的挑战，其中，对日常生活护理和辅助设施的需求将会更加突出[2]。

在前文我们从便捷性、安全性、住宅环境通达性及舒适性四个方面对老年人住房需求特征进行了详细分析，从老年人住房需求的差异性可以看出，一方面，老年人住房需求与住房本身建造有关，如室内防滑、入口坡道等；另一方面，与

---

①②　中国发展研究基金会. 人口形势的变化和人口政策的调整［M］. 北京：中国发展出版社，2012.

住房相关的配套设施相关,如室内和走廊区域安装的扶手、紧急呼救设施、电梯、助浴座椅等,这些无障碍配套设施都是提高城市居家老人生活质量的重要组成部分。随着居家养老模式的普及,老年人对这些自助自理能力的住房配套设施的需求也更加迫切。

大量研究表明,除了因增龄过程中的老年人认知障碍、器官功能症等常规性老年健康问题增多之外,老年人的两周犯病率与患慢性病率都远远高于其他年龄组人员,如果考虑家庭规模缩小及家庭照料功能的弱化,能够提高老年人自理能力和生活质量的住房配套设施的潜在需求与有效供给不足之间的矛盾将会更加明显。然而根据国家老龄委提供的数据,2010 年中国老年人用品市场的需求量为 10 万亿元,而提供的产品不足 10%[①],目前市场上和居家养老相关的老年用品非常短缺,在国外和老年住房相关的扶手、呼救设施、助浴座椅等相关的产业发展较为成熟。可见,老年市场的发展与养老需求之间还存在很大的差距。

(三)老年产业还存在供给不足与相对过剩并存的问题

老年产业规模层次"小而低",现阶段传统老年产业涉及的产品及服务单一、层次低,主要在衣食,医疗保健等方面提供低层次的服务,和居家老人基本居住需求相关的产品还没有得到很好的开发,如住房及相关的配套服务等,产业标准缺失,目前市场尚未实现规范化和标准化的运作模式。

第三节　制度因素

一、社会养老服务体系建设规划(2011~2015 年)

国务院办公厅印发的《社会养老服务体系建设规划(2011~2015 年)》对我国目前社会养老服务体系建设作了详细介绍。规划指出:我国社会养老服务体系主要由居家养老、社区养老和机构养老三部分组成,其中,在居家养老层面,根据老年人身体健康状况、自理能力强弱提供针对性的服务。对生活不能自理的高龄、独居、失能等居家老人,规划明确提出为其提供辅具配置、紧急呼叫和安全

---

① 中国发展研究基金会.人口形势的变化和人口政策的调整[M].北京:中国发展出版社,2012.

援助等住房配套设施并实施住房无障碍改造。

规划提出改善居家养老环境，健全居家养老服务支持体系，其中，在居家养老层面，支持有需求的老年人实施家庭无障碍设施改造，同时重点建设社区日间照料中心、托老所、老年人活动中心及互助式养老服务中心等社区养老设施，增强社区养老服务功能。在建设方式上，规划建议通过新建、改建、扩建、购置等方式，因地制宜地建设养老服务设施。新建小区要统筹规划，将养老服务设施建设纳入公建配套实施方案。

另外，规划还从政府、市场、社会责任分担的角度对社会养老服务设施的运行机制、资金筹措和保障措施等作了说明。

二、基本养老服务制度建设

基本养老服务是指与我国经济社会发展水平相适应，以满足老年人基本服务需求为目标，在政府主导下，通过国家的财政投入，向全体老年人提供基本的生活照料、卫生健康与精神文化等服务。

2009 年，民政部、国家发改委、全国老龄办决定联合进行编制基本养老服务体系建设试点工作，并拟提议将基本养老服务体系建设规划列入国家重点专项规划。2012 年，国务院出台《国务院关于印发〈国家基本公共服务体系"十二五"规划〉的通知》，将基本社会服务作为独立内容单列一章，其中，"为老年人提供基本养老服务"是基本社会服务的重点任务之一，所以，基本养老服务也是基本公共服务体系的重要组成部分（如图 6-1 所示）。

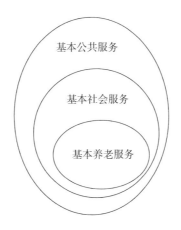

图 6-1　基本养老服务、基本社会服务和基本公共服务之间的关系

基本养老服务的主要内容包括直接服务、基础设施建设①和专项现金三个方面，其中，基础设施建设包括老年福利院、老年护理院、老年公寓、日间照料中心、托老所、社区卫生服务机构、老年活动中心、居家养老服务中心、无障碍设施、社区养老信息网络等。

基本养老服务制度的运行体系主要包括以两种评估机制保障服务质量；以五种保障制度确保服务可持续发展；以数字化养老平台提高服务管理效率；通过建立两支志愿队伍满足老年人精神和社会参与需求②，结合基础设施建造改造为基本养老服务提供环境保障。其中，基础设施建造改造包括社区无障碍环境改造；家庭无障碍环境改造、社区文体活动设施建设。

可以看出，无论是社会养老服务体系建设规划（2011~2015年），还是基本公共服务中所包含的基本养老服务，都将改善居家养老环境作为其中的重要组成部分，并从政府、市场、社会等方面提出相关的实施策略。

三、《老年人权益保障法》

（一）老版《老年人权益保障法》

在老版《老年人权益保障法》中，老年人住房问题也主要从家庭、政府及社会三个方面进行了阐述。

在家庭层面，首先，明确赡养人应承担为老年人提供并改善住房条件的责任。第十六条明确规定：赡养人应当妥善安排老年人的住房，不得强迫老年人居住或迁居条件低劣的房屋；老年人自有的或承租的住房，子女或其他亲属不得侵占，不得擅自改变产权关系或者租赁关系；老年人自有的住房，赡养人有维修的义务。同时鼓励家庭养老，为赡养人照顾老年人创造条件，例如，第二十七条：国家建立健全家庭养老支持政策，鼓励家庭成员与老年人共同生活或就近居住，为老年人随配偶或赡养人迁徙提供条件，为家庭成员照料老年人提供帮助。在该条款所提到的"家庭养老支持政策"中，包括住房在内的居住环境应该是重要的组成部分，无论是共同生活还是就近居住，只有解决老年人和其赡养人之间的居

---

① 直接服务：为了满足老年人生理与安全需求，提供生活照料、家政服务、医疗康复、精神慰藉、紧急救助等服务；专项现金：为家庭经济困难、生活难以自理的失能老人、高龄老人以及独居老人提供基本养老服务补贴。

② 两种评估机制：老年人综合评估、为老服务及机构评估；五种保障制度：城市"三无"老人和农村五保老人保障制度、养老券补偿制度、家庭照顾短期看护服务、养老院补贴制度、长期护理保险；两支志愿队伍：为老服务志愿者队伍、老年志愿者队伍。

住问题，赡养人才能更好地照顾老年人。

与第二章"家庭赡养与扶养"相比，第三章"社会保障"进一步强调对特殊老年人，例如，为经济困难的老年人、居住条件较差的老年人提供居住保障。第三十一条：国家对经济困难的老年人给予基本生活、医疗、居住或其他救助；第三十二条：地方各级人民政府在实施廉租住房、公共租赁住房等住房保障制度或在进行危旧房屋改造时，应当优先照顾符合条件的老年人。

与第二章和第三章相比，第四章"社会服务"侧重于社会养老服务设施建设，一方面，强调了社区养老设施建设的重要性，第三十八条就社区养老设施建设，例如，日间照料、康复护理等设施建设做了相关规定，提倡邻里互助养老，进一步提高社区养老功能。另一方面，明确提出政府和相关部门在养老服务设施规划建设上应承担主导责任，从养老服务设施的规划建设、土地利用、资金筹集、老龄产业发展等方面，政府应该统筹规划，加大宏观指导的力度。

（二）新版《老年人权益保障法》

除以上和老年人居住相关的条款以外，在2013年颁布的新版《老年人权益保障法》中，单独增加"宜居环境"一章，其中，老年人住房问题作为老年宜居环境建设的重要组成部分。

在第六章第六十四条明确规定："国家推动老年宜居社区建设，引导、支持老年宜居住宅的开发，推动和扶持老年人家庭无障碍设施的改造，为老年人创造无障碍居住环境。"同时强调老年人居住环境建设的规范性，例如，第六十二条："国家制定和完善涉及老年人的工程建设标准体系，在规划、设计、施工、监理、验收、运行、维护、管理等环节加强相关标准的实施与监督。"第六十三条："国家制定无障碍设施工程建设标准。新建、改建和扩建道路、公共交通设施、建筑物、居住区等，应当符合国家无障碍设施工程建设标准；各级人民政府和有关部门应当按照国家无障碍设施工程建设标准，优先推进与老年人日常生活密切相关的公共服务设施的改造；无障碍设施的所有人和管理人应当保障无障碍设施正常使用。"

另外，在宜居环境建设这一章，特别强调应紧密结合老龄化特征建设老年宜居环境。第六十一条：各级人民政府在制定城乡规划时，应当根据人口老龄化发展趋势、老年人口分布和老年人的特点，统筹考虑适合老年人的公共基础设施、生活服务设施、医疗卫生设施和文化体育设施建设。

四、思考与讨论

通过对比分析《老年人权益保障法》的变化可以发现，未来老年人居住环境研究将成为老龄化研究的新领域，包含老年人住房保障在内的居住保障也将成为社会保障关注的重点。

从新版《老年人权益保障法》中老年宜居环境的相关规定可以看出，首先，我国老年宜居环境建设更加注重以老年人的需求为导向，将老年人的居住需求特征与老年人的数量、结构、分布等特征相结合将成为老年宜居环境建设的前提；其次，我国老年宜居环境建设主要包括老年人住房、社区养老设施及机构养老设施三部分，和以"居家为基础、社区为依托、机构为支撑"的社会养老服务体系建设是相一致的，其中，第六十四条特别强调在宜居社区建设过程中，引导和支持老年宜居住宅开发，并加大老年人家庭无障碍改造，这与我国老年人以居家为基础的养老特征是相符合的，老年宜居住宅的开发建设是老年宜居环境建设的基础；最后，由第六章第六十二条和第六十三条可以看出，老年宜居环境建设更加注重规范性和科学性，需要政府、市场、社会及家庭等方面的相互配合才能有效实施，尤其需要政府加大政策上的引导和制度上的监管，这也是老年宜居环境建设的重要保障。

综合分析《老年人权益保障法》《社会养老服务体系建设规划（2011~2015年）》及基本养老服务制度建设可以发现，在为居家老年人提供居住保障的过程中，政府越来越重视从老年人的结构特征和养老需求出发改善老年人的居住环境。对比《老年人权益保障法》《社会养老服务体系建设规划（2011~2015年）》及基本养老服务制度建设中涉及居家养老环境的条款也可以看出，对于居家老人的住房需求，《社会养老服务体系建设规划（2011~2015年）》及基本养老服务制度建设重点对社区和家庭无障碍改造作了相关规定，而《老年人权益保障法》不仅强调通过家庭无障碍改造满足老年人的居住需求，而且从新建住房等角度做了规定，例如，保障房中的廉租房、公共租赁房及宜居社区和宜居住宅开发。

综上所述，在以"居家为基础、社区为依托、机构为支撑"的社会养老服务体系建设过程中，居家老人的住房需求和社区建设是互相补充的。从前面现行养老文件的规定可以看出：一方面，要通过对现居住房的无障碍改造改善居家老人的居住条件，同时包括对保障房在内的住房开发建设满足更多老年家庭的居住需求；另一方面，作为需求主体，老年群体内部结构性差异日益显现，高龄老人、空巢家庭和失能失智老人数量增多，使城市居家老人的居住环境需求已不仅局限于家庭内部的基本居住需求，而且更要从社区层面满足老年人日间照料、护理等居住和养老的需求。

第四节　政策因素

一、中国住房政策与老人福利政策的脱节

从 20 世纪 50 年代到 70 年代末，国家住房供应体制在我国逐步建立，城市居民的住房主要由国家提供。中央政府从国家预算中拨付住房投资给地方政府和单位，鼓励其建造公房给职工居住，住房建设作为国家基本建设计划的重要组成部分，政府承担了城市住房供应及管理的主要责任。这一时期除了养老院、社会福利院和疗养院两种特别的老年住房类型之外，还没有专门为普通老年人服务的住房政策[①]。

虽然国家供应的住房制度在一定程度上缓解了新中国成立初期的住房数量短缺问题，但随着当时出生率的上升及人口数量的增加，房屋数量仍然稀缺，且当时建造的住房质量低下，严重影响城市居民生活质量的提高。20 世纪 70 年代末期，国家住房供应体制给政府造成较大的财政压力，为缓解经济发展与住房需求之间的矛盾，政府开始实施住房制度改革，即通过住房商品化和公房的自有化改革，鼓励房地产市场发展。这一时期的住房市场改革对老年人带来很大的影响。一部分老年人通过住房二级市场置换或补差额获得住房的产权，进而改善了居住质量。但在早期的单位体制下，老年人工资较低，受"养儿防老"等观念的影响，大多数老年人并没有较多的积蓄，还没有能力改善自己的居住条件。

尽管从 1999 年中国正式进入老龄化社会，但城市住房建设对老年人口的居住需求却缺少足够的关注。在最新的《城市居住区规划设计规范（2002 版）》中[②]，对城市居住区配建小学、托儿所制定了强制性规范，但对于配建养老院或托老所，却只有原则性的参考意见，并无强制性的规定。另外，大多数开发商兴建的商品住房以中青年为主要消费群体，对老年人的居住需求较少考虑，目前的住房开发模式还没有完全适应居家养老和社区养老的需求。

---

①　刘红. 中国养老机构政策的发展与展望［C/OL］. 首届国际社会政策论坛论文集，2005. 中国社会政策网，http：//www.chinasocialpolicy.org/Page-Show.asp？ Page-ID=289.93-100.

②　中华人民共和国建设部. 城市居住区规划设计规范（2002 版）［M］. 北京：中国建筑工业出版社，2002.

二、老年优待政策的要点及不足

由于经济发展水平的差异，各地区所实施的老年人优待政策也存在不同。例如，北京所实施的"北京市老年人优待政策"中对于老年人住房的优待政策主要是通过："建立居家养老福利服务制度，为有特殊困难的老年人发放养老服务补贴"实现的。该项政策对老年人的住房优待政策只是停留在经济层面，而对这些有特殊困难的老年人住房条件及房屋质量普遍较差的问题并没有提出具体解决的方案和整治措施[①]。与北京及全国其他城市相比，"上海市老年人优待政策"也存在类似的问题，虽然在公共场所助老方面有一些规定，但相关的优待规定不具体、不明确，同时还需要进一步扩展优待的项目内容[②]，例如，如何根据居家老人的居住需求，提高老年人住房及社区方面的适老性能等。

从表6-2可以看出，在优待对象方面，各地区主要针对的是存在住房及生活困难的老年人个人和纯老年家庭户；在优待内容方面，主要集中在住房的维修、室内生活设施的安装及动迁安置房和廉租房的安置方面。虽然我国各城市空巢老人数量在逐渐增多，但目前和子女同居还是老年人主要的居住模式，居家养老在社会养老服务体系中仍居主导地位。所以，在构建适度普惠型社会福利体系的过程中，包括上海在内的各城市不仅要关注老年人个人的居住需求，更应该重视和子女同居的老年家庭的住房需求，进一步完善老年人优待政策，增强老年家庭的养老功能，同时合理利用包括公共租赁房等在内的社会资源提高居家老人的居住福利。

表6-2 全国各省市优待老年人政策摘录——居住部分

省（市）	住房
天津	对老年人居住的直管公产房屋实行优先登记维修和修缮
湖北	单独居住的老年人安装燃气、有线电视，持乡（镇）人民政府、街道办事处出具的证明，安装费给予30%的优惠照顾
云南	将贫困纯老年人户优先纳入廉租房保障范围
山东	实行住房优先保障。对城镇低收入、住房困难的纯老年人家庭户，优先纳入廉租房保障范围；对农村贫困老年人无房户、危房户的住房纳入农村危房改造工程
黑龙江	敬老院、老年公寓、托老所、老年活动室等为老年人服务单位安装电话、闭路电视，安装费给予30%的优惠照顾

---

① 陈理力，胡惠琴.香港老年人租贷公房政策借鉴——以北京老年人住房政策为比较对象［J］.中国住宅设施，2009（8）：7-14.

② 钟永城.进一步落实和完善《上海市老年优待规定》的意见及对策［C］.上海市退休职工管理研究会2006年年会论文选集，2006.

续表

省（市）	住房
吉林	县级以上人民政府建设行政部门应当将享受低保待遇无赡养人的老年人户，优先纳入廉租房保障范围
辽宁	安置回迁住房时经本人申请，可以不参加统一摇号，安置在住房的最底层（如最底一层不够可延至二层），但要参加该楼层摇号
福建	70岁及以上身边无子女的老年人，持街道、乡镇以上民政部门的证明，在申请安装闭路电视和管道煤气时，初装费实行优惠，并优先安装。建设住宅区和发展社区服务业，要统筹安排社区老年公寓、托老所、老年活动场所等设施建设，为老年人生活、休息、娱乐、健身提供方便。孤寡老人在其独有产权或承租住房拆迁安置中，同等条件下享受优先选择楼层的优待。贫困纯老年人户优先纳入廉租房保障范围
深圳	民政局利用福彩公益金为深圳市部分高龄独居老人免费安装"亲情通"（紧急呼援系统）。凡具有深圳户籍、年龄满80周岁以上且独居的老人可免费申请；在册救济三无孤老、低保户里60岁以上的独居或仅与残疾子女生活的老人、低收入孤老、优抚孤老、一等以上伤残军人、市级以上劳动模范（全国单项先进等）、百岁老人等七类老人亦可申请享受政府出钱购买的免费服务或补贴服务

注：相关政策文献来源于天津、湖北、云南[1]、山东[2]、黑龙江、吉林、辽宁、福建、深圳[3]七个省市。

从以上分析可以看出，目前居家老人住房问题的解决主要停留在"有地方住"的层面，例如，虽然北京市在规划上提出："积极关注和加强老年人住房研究，适应北京老龄化的趋势和养老方式的变化，在居住区规划和住房建设中应充分考虑未来老年人的居住和配套服务需求。"但在实践上还没有像国外及中国香港那样根据老年人年龄结构、家庭类型及老年人健康状况、经济水平等提供具体的住房方案。

第五节　理论思考

中国社会福利责任理论在由工业主义范式向公民权利范式发展的过程中，公民权利逐渐受到重视，而从公民权利发展到社会需要，则意味着政府社会福利责

---

[1]　http：//www.zgllcy.org/chanye/news_in.php？f=zhengce&nohao=280.

[2]　http：//baike.haosou.com/doc/6779436-6995540.html.

[3]　http：//wenku.baidu.com/view/06934e0a581b6bd97f19ea78.html.

任的深化与细分，需要理论将公民权利范式的实现向前推进了一大步，公民需求成为社会福利体系发展与完善的助推器。

以需求为本进行社会福利的目标定位，需要从社会福利接受的群体、需求目标定位的具体内容、需求为本的社会福利政策和制度安排等多方面进行分析，由此形成一个以需要为本的社会福利目标体系。显然，接受国家提供社会福利的是包括老年人在内的具有社会权利的全体公民，需求满足的具体目标包括国家提供适当的基础教育保障、适当的医疗保障、居住福利保障等（彭华民，2012[①]）。

结合前面的研究，我们利用社会福利理论对老年人居住环境需求问题从理论层面进一步分析，一方面，结合上海市老龄化的现状和发展趋势及前面章节对老年人居住环境现状和需求特征的分析，对社会福利的需求主体和需求内容做理论层面的分析；另一方面，根据前面相关制度和政策的分析，对不同主体应承担的福利责任进行分析。

一、从老年人居住环境需求内容来看

通过前文对老年人居住环境现状和居住环境需求特征分析，包括上海市在内的全国老年人居住环境现状并不理想，室内室外都存在适老性能不足的问题。分析上海市的调研数据发现，由于年龄结构、家庭结构、经济特征、健康及住房等因素的差异，城市居家老人的居住环境需求呈现多元化的需求特征，不同特征居家老人对改善居住条件的意愿非常明显，随着高龄化、空巢化程度的加深，老年人居住环境需求差异性将更加明显。

在经济转型和社会变迁的过程中，社会成员的基本需求应作为政府社会福利责任扩大的基本动力。中国社会福利制度从传统的维稳和补缺发展到新时期的适度普惠，说明中国政府的社会福利责任更加关注社会成员的需求，更加注重结合自己的政治、经济、文化背景促进社会福利制度的发展，使社会福利的内容和受惠群体逐步扩大。

老年人居住需求作为社会养老服务体系和社会福利体系的重要组成部分，在改善居家老人居住条件的过程中，不仅要通过适老性改造等手段解决现存的居住问题，而且应该从已有居住问题中吸取教训，在未来的城市规划中将居家老人的居住环境需求考虑进去，例如，大型保障房社区建设的适老性问题等，以免"还

---

① 彭华民. 中国政府社会福利责任：理论范式演变与制度转型创新［J］. 天津社会科学，2012（6）：77-83.

旧债、欠新债"，增加未来住房改造的成本和负担。

二、从需求主体来看

在通过住房改造和增强新建住宅适老性能提高居家老人居住福利的同时，更应该兼顾居住环境需求主体的变化，即老龄化的现状和发展趋势。老年人作为居住环境需求的主体，其规模、结构及家庭变化对居住需求有直接影响。

2007 年，民政部提出建立适度普惠社会福利制度，在此之前，中国政府社会福利责任主要是维稳和补缺，虽然国家高度干预社会，但未像欧美一样承担大社会的福利责任，主要通过低水平的补缺型社会福利制度，将社会福利提供给部分弱势群体，社会福利制度惠及的范围较小。与传统的社会福利制度相比，适度普惠社会福利制度在一定程度上标志着中国政府所承担的社会福利责任逐渐从消极福利责任转型到积极福利责任，社会福利的覆盖面将进一步扩大，这也是社会福利责任理念从工业主义范式发展到公民权利范式，再到社会需求的必然趋势。

上海市老年人口不仅规模和比重十分庞大，高龄化特征也非常显著。根据最新统计数据，2013 年上海老龄化程度已达到 27.1%，为全国最高，每 10 万户籍人口拥有百岁老人 9.8 人，比 2012 年增加 1.0 人[1]，上海已经达到长寿城市标准[2]。据上海市人口计生委预测，从 2013 年起，上海市新增老年人口中 80% 以上将为独生子女父母；2018 年左右，独生子女父母老年数量将进入高峰期，独生子女父母成为人口老龄化的主体。从居住特征来看，大多数独生子女与父母同住的比重较低。2011 年，上海市人口与发展研究中心发布的《上海市第一代独生子女家庭及养老问题研究报告》显示，78.8% 的"独一代"父母已经退休，"独一代"已婚子女与父母同住的只有 27.6%，家庭养老功能持续弱化。

截至 2010 年，近 1/4 的上海家庭进入人口老龄化，并且对上海市的社会保障、住房、为老服务体系等提出越来越大的挑战。

家庭规模变小、老年家庭和空巢家庭增多及家庭结构、代际关系简单化的直接后果就是家庭功能的弱化。在人口老龄化及家庭老龄化的双重压力下，由于家庭内部照顾资源减少及家庭抗风险能力减弱，居家老人可以接受的非正式养老支持也必然减少，在构建以居家养老为主的社会养老服务体系过程中，更需要相关的社会政策和制度安排来增强家庭的养老功能。所以居家老人的居住环境需求问

---

① 钱蓓. 上海每 10 万人口有百岁老人 9.8 人［N］. 文汇报，2014-09-30.
② 国际上对长寿地区的认定有一个重要标准：每 10 万人口中百岁老人达到 7 位。

题不只是老年人个人的问题，更是关系到老年家庭居住利益的社会问题。

中国社会福利制度在工业主义范式的发展过程中，主要是被动地解决存在的社会问题，缺少风险防范机制，而在经工业主义范式向公民权利范式和社会需要发展的过程中，应根据需求导向，进一步完善社会福利制度，增加社会福利的内容，扩大社会福利的覆盖范围，提高社会福利的保障水平和功能，化解潜在的社会风险。

根据华东师范大学人口研究所课题组预测数据：未来上海无论是户籍老年人口还是常住老年人口，在总体上都呈现稳步增加的趋势。在常住人口方面，到2020年，60岁及以上老年人口将达到总人口的20.08%；80岁及以上老年人口将达到总人口的2.62%。在户籍人口方面，到2020年，60岁及以上老年人口将达到总人口的36.26%；80岁及以上老年人口将达到总人口的5.64%[①]。与常住人口相比，户籍人口老龄化程度相对较严重。

1976~2005年，这30年中上海市出生的全部独生子女数量合计为315.6万，另外，根据上海市从2006年开始历年户籍人口出生人数、期间出生人口总数、一孩率和一孩人数发展预测，到2020年，出生一孩人数将可能达到110.25万，2030年将达到169.75万，2040年将达到233.75万，如果加上2006年以前已经出现的独生子女人口数量，在2020年、2030年和2040年上海独生子女人口总数大约分别为425.85万、485.35万和549.35万[②]，这个数字也相当于上海同期独生子女家庭数量。

当政府的社会福利责任是面对已经存在的社会风险而被动地采取措施时，所提供的社会福利只能维持社会成员的现实生存状态，社会成员的生活质量并不会得到大幅度的改善。而适度普惠性社会福利制度的建立，不仅要求政府解决现存的社会需求，更要求政府在面对各种自然和社会问题时，建立有效的普惠型的社会福利制度机制，调动市场、社会、家庭等各方面的力量，积极预防和化解社会风险，加强社会福利项目的预防性功能，将潜在的风险化解在萌芽状态中，增强

---

① 资料来源：华东师范大学人口研究所课题组. 未来上海人口发展总体战略研究：基于"六普"数据的上海人口发展态势、特征及新趋势研究［R］.2013.

② 资料来源：华东师范大学人口研究所课题组.上海独生子女父母老龄化发展趋势与对策研究［R］. 在出生人数中，2000年以前数据来源于《上海市人口与计划生育资料汇编》，2000年以后数据来源于上海市人口计生委统计报表。在总和生育率中，1984年以前数据来自《中国各省生育率手册》，1984年起数据来源于《上海市人口与计划生育资料汇编》，2000年以后数据来源于上海市人口计生委统计报表。在出生孩次中，2000年以前数据源于《上海市人口与计划生育资料汇编》，2000年以后数据来源于上海市人口计生委统计报表，1976年数据为估计数。

社会成员的生存能力[①]。

　　未来空巢家庭将主要以计划生育政策实施后的独生子女家庭为主，随着独生子女成家立业，空巢老人数量也将逐渐增多。从养老特征来看，上海正在实施"9073"的养老模式，提高居住环境的适老性能是健全社会养老服务体系的重要内容。对于空巢老人来讲，脆弱的家庭结构和弱化的家庭功能使其对居住环境的依赖性增强，居住环境对提高其晚年生活质量具有重要的保障作用。对于老年独生子女父母来说，他们与其唯一的家庭及其子女的关系，更是直接决定着他们日常生活的质量。因此，社会要尽可能为年老的独生子女父母创造同家人交往和联系的条件，例如，可以在户籍制度、住房分配等方面制定出新的、特殊的政策，为他们提供方便（风笑天，1991[②]）。

　　社会福利政策的主要内容都是以社会成员生理发展和基本能力提高过程的需要为本而设立的，这些需求推动社会福利制度的发展和完善，也使社会成员享受了相应的社会福利。所以，在构建和完善适度普惠型社会福利制度的过程中，根据老龄化发展趋势和家庭变动特征提高居家老人居住环境的适老性能，不仅是健全社会福利体系的客观要求，也符合社会福利理论发展的规律。

三、从责任分担方面来看

　　福利多元主义强调社会需要是由多元制度提供的资源来满足的，国家建立的社会福利制度只是其中之一，社会成员得到的各种福利是不同制度提供的总和，各种社会组织都可能是社会成员需要满足的提供者。以社会需要理论作为分析路径，形成了提供社会需要满足的制度的新分析框架。根据福利多元主义，虽然国家是社会福利责任的主要承担者，但其他部门也具有提供社会福利的责任。在建立适度普惠型社会福利制度的过程中，政府、市场、家庭、社区等应根据社会需求变化和特征，组成相互支持、功能互补的满足社会成员需要的社会福利体系（彭华民，2012）。

　　在社会养老服务体系和基本养老服务制度中，对改善老年人居住环境从政府、社会、市场等不同层面做了规定，《老年人权益保障法》也对老年宜居环境

---

① 吉登斯提出积极社会福利是为了解决在全球化背景下福利国家或者一个政府的社会福利责任该向何方发展的问题。他认为我们应当倡导一种积极的福利，公民个人和政府以外的其他机构也应当为这种福利做出贡献，而且积极福利还有助于财富的创造，它关乎人的幸福。

② 风笑天. 城市独生子女父母的老年保障问题［J］. 北京大学学报（哲学社会科学版），1991（5）：100-107.

建设的规范性做了说明，并且对家庭、社会、政府等应承担的为老年人提供和改善住房环境的责任做了阐述。可见，改善居家老人的居住环境需求，不是依靠政府单方面可以解决的，只有通过政府、市场、社会、家庭等方面建立合理的责任分担机制，才能进一步满足城市居家老人的住房需求。

工业主义理论推动政府社会福利责任制度化，公民权利理论提高了社会成员的地位，社会需要理论以人为中心，使政府的社会福利责任有了具体的可操作的实施依据。所以，根据适度普惠型社会福利的要求，在福利多元主义体系中，政府所承担的主要责任是根据公民的需求特征及变化，实施宏观层面的指导。根据不同的社会福利接受人群和他们的需要制定相应的社会福利制度，保障不同群体获得相应的福利，例如，老人群体是最先接受普惠型社会福利的人群，儿童和残疾人群体次之。同时，政府只有做好社会福利服务的管理制度安排，才能实现政府、市场、家庭、社会等方面的责任分担。

第六节　本章小结

本章对居家老人居住环境需求问题的影响因素从宏观和微观角度进行了分析，一方面，作为需求主体，不同特征老年人对改善居住条件的意愿差异明显，其中，年龄、居住区、居住状态三个变量具有稳定的影响作用，说明在改善居家老人居住环境的过程中，应重点针对不同年龄、不同居住区和不同居住特征的老年人采取有效的措施。另一方面，从供需匹配的角度来讲，目前老年产业弱质特征明显，尤其是针对居家老人的老年人住房市场缺少动力，虽然养老政策和制度对改善居家老人居住环境有相关的规定，但缺少相应的政策扶持。在家庭养老功能持续弱化的条件下，政府在改善居家老人居住环境方面应进一步加大政策扶持，使居家老人从便捷、安全、可及、舒适的居住环境中获得更多的养老支持。

第七章

结论、政策探索与研究展望

第一节 结论与讨论

综合前面的分析，现将本书的研究结论进行归纳和讨论。

一、我国老年人基本居住条件有所改善，但居家养老模式下城市老年人居住环境适老性不足的问题日益凸显

由于老年人流动性低，日常活动范围窄，住房和小区环境构成老年人生活环境的基本要素。通过分析"2010 年中国城乡老年人口状况追踪调查"中城市老年人住房数据及相关调研数据发现，老年人居住条件包括室内与室外整体上并不理想，离居家养老模式下老年人对居住环境的需求还有一定差距。一方面，随着人口老龄化进程的加快，我国居家养老保障将面临养老需求持续扩张的问题；另一方面，随着城市生活水准的提升、高龄老人中失能、失智、患病比重的增高，在居家养老需求扩张及家庭养老功能弱化的背景下，居家老人需要的不仅是有房可住，更需要安全、便捷、舒适的居住环境。从全国和上海"六普"数据可以看出，虽然 1998 年住房改革使一部分老年人居住条件得到一定程度的改善，但还有相当一部分老年人居住在老公房等旧居住区中，室内设施陈旧，安全性能较低，同时社区适老性环境较差，缺少老年人活动中心等配套设施，对老年人参与社区生活造成很大影响。

分析上海市的调研数据发现，虽然上海市居家老人在住房类型、住房面积等方面得到一定程度改善，但室内厨房、卫生间的安全性、便捷性问题比较突出，

室外连接通道短缺或存在问题，距离老年宜居环境的要求还相差较远。据预测，未来 10 年我国 60 岁及以上老年人口将以年均 3.3% 以上的速度快速增长，第一代独生子女父母大批进入老年，尤其是在城市户籍老年人口中每年新进入 60 岁的独生子女父母比重将高达 70% 以上，在 2025 年老年人口规模将超过 3 亿，占总人口的比重将超过 20%，而城市户籍人口老龄化程度和压力将更为严重。面对严重的养老问题，有学者从社会老年学视角提出"丧失理论假说"，认为个人老龄化的过程伴随着角色、亲友、健康及理想等资源的丧失（穆光宗，2002[①]），而社会活动理论强调了良好的居住环境对于保持老年人身心健康，增强老年人自理、自立能力具有重要的促进作用，通过创造便于老年人生活交往的居住环境，保持老年人社会角色的延续，尤其是赋予老年人适当的非强制性社会角色，使老年人以一种积极的心态重新认识自己（刘美霞，2008[②]）。

能否满足老年人对居住环境的基本需求，是建立符合全面建设小康社会的要求、覆盖我国城市所有常住老年人口并与未来农村居家养老保障体系协调、衔接全面、可持续发展的居家养老保障体系的需要，直接关系到广大老年人口的晚年幸福、家庭的和睦安康乃至整个社会的安定和谐。

二、居家老人对居住环境的需求具有一定的层次性，但不同特征老年群体对居住环境需求的层次性并非由需求本身而引发，主要由购买力层次所决定

国内外研究表明，老年人口需求受到身体状况、社会经济状况、人口学状况以及家庭状况的影响。例如，在美国，黑人、女性、贫困线以下、非西班牙裔老年人具有较高的功能缺损比例。我国学者研究表明，老年人的身体功能与性别、年龄、社会经济状况等有很大的联系（陈志科、马少珍，2012[③]；王艳芳、冯志涛，2009[④]）。

本书参考国内外文献，将居家老人居住环境需求内容分为一级指标、二级指标和三级指标。通过因子分析得到居家老人居住环境需求的便捷性、安全性、可及性、舒适性四个因子。从四个因子包含的内容来看，室内区域是居家老人居住环境

① 穆光宗. 空巢家庭化中的养老问题［J］. 南方人口，2002（1）：33-36.

② 刘美霞. 老年住宅开发和经营模式［M］. 北京：中国建筑工业出版社，2008.

③ 陈志科，马少珍. 老年人居家养老服务需求的影响因素研究——基于湖南省的社会调查［J］. 中南大学学报（社会科学版），2012（3）：26-31.

④ 王艳芳，冯志涛. 城市社区居家养老需求供给影响因素分析［J］. 合作经济与科技，2009（6）：114-115.

需求的重点，其中，便捷性需求以二级指标需求模块中厨房和卫生间存在的问题为主，主要和居家老人生理需求有关，而安全性、可及性及舒适性三个因子所包含的内容则涉及室内室外两个一级指标，包含二级指标四个需求模块中的内容。

　　因子分析只是分析了居家老人居住环境需求要素的总体特征，本书在因子分析的基础上，借助于社会学中的社会分层理论，通过多元线性回归，进一步分析了不同特征居家老人居住环境需求的差异。研究发现，城市居家老人对居住环境的需求具有一定的层次性，不同特征老年人的需求差异性明显，其中，便捷性需求和安全性需求属于一个层次（基本需求），可及性需求和舒适性需求属于另外一个层次（发展需求）。具体表现在：一方面，女性老年人、高龄老人、空巢家庭，尤其是独居老人、经济条件较差的老年人对居住环境便捷性和安全性需求突出；另一方面，70~80岁年龄段老年人、与配偶居住的空巢老人，高学历且收入较高的老年人群体对居住环境可及性需求和舒适性需求突出。另外，近郊区老年人、自理能力较差和患有疾病的老年人在居住环境需求方面有普遍的需求，其中，自理能力较差的老年人需求更为明显。上述分析结果表明，居家老人对居住环境的需求具有层次性，完全符合马斯洛的需求层次理论，即人的需求是分层次的，不同人的需求层次也不同。

　　另外，分析居家老人在四个需求因子上的需求特征发现，客观分层变量中的教育因素通过经济收入对老年人的居住环境需求产生影响，进一步说明居家老人居住环境需求的差异与改善居住条件的能力有关。

　　定性调查的结果同样表明，不同特征老年人对居住环境的需求层次性并非由需求本身而引发，而是因为购买力以定序变量的身份对欲望施加影响而导致，因为老年家庭住房购买力是有层次的，有些家庭购买力很强，当原有住房无法满足其居住环境需求时，可以通过购买或房屋置换满足其居住环境的需求，而有些人只能维持生计，无法通过自身的努力改变居住环境。因此，笔者认为，同一个时代、同处一个社会的老年人，他们对居住环境的需求种类其实基本相同，只是不同老年人对需求的强烈程度不同而已，不同人对需求的购买力不同而已。正是因为购买力的层次，导致马斯洛所发现的需求层次的群体现象，最终形成不同住房类型中的居家老人对居住环境需求的差异性。

三、不同住房类型中的居家老人对居住环境需求存在一定的差异性，但便捷性和安全性是共有的最基本的需求

　　本书分别计算了居家老人居住环境需求四个因子在不同住房类型中的得分和

总分，总体来看，城市居家老人住房室内便捷性需求和安全性需求较高，室内室外需求差异明显。从住房类型来看，老公房由于建造年代较长，居住功能较差，所以改善居住条件的需求得分最高，花园式住房配套设施完善，老年人对居住条件比较满意，综合得分最低。另外，分析四个因子在不同住房类型之间的分布发现，首先，老公房在便捷性、安全性和可及性方面都很差，老年人改善居住条件的需求也最明显，这三个因子的得分也最高，但在室外环境，尤其是改善社区环境方面，商品房分值最高，而老公房分值最低。在国外研究中，住房的可及性包含四大类指标：住房内部情况、房屋外部环境、横向和纵向通行情况、空间的可利用性（Hacihasanoglu and Hacihasanoglu，2001[①]）。在考察住房可及性的一系列指标中，是否有电梯是非常重要的指标（Fänge and Iwarsson S.，2003[②]）。中国城市已有的多层建筑物一般不安装电梯，这是体弱老年人遇到的最大的纵向通行问题。这也在一定程度上解释了为什么老公房在可及性等方面都比较差。其次，对访谈材料的分析发现，不同住房类型中老年人的居住环境需求异同点主要表现在四个方面：一是老公房、商品房和动迁房中的居家老人对社区配套设施，例如，老年人活动空间等需求突出。二是老公房和商品房中居家老人需要提高室内安全性，其中老公房中老年人的安全性需求更为明显。三是老公房中老年人一方面希望实施住房改造或动迁，改善居住条件，同时，他们原居养老的意愿比较强烈，对延续邻里情感的需求较高，这也说明通过改善居住条件增强家庭和社区对老年人的非正式支持对于提高居家老人生活质量具有重要的保障作用。四是与老公房、动迁房中的老年人相比，商品房小区中的居家老人心理需求和精神需求问题更加突出，社区配套服务设施的短缺，进一步降低了老年人的社区适应能力，完善社区基础设施有助于商品房中老年人在心理和精神方面获得更多的非正式支持。

综上所述，不同住房类型中的老年人均将安全性和便捷性作为最主要的需求，现阶段老年住宅安全性和可及性不足是现阶段城市老年居住环境存在的一个普遍性的问题。居家老人对居住环境安全性和便捷性的需求，是人口老龄化和高龄化发展、老年人身体健康状况恶化、自理能力下降的必然结果。在满足居家老人便捷性和安全性基本需求的同时，应进一步改善室外设施的可及性、提高社区的舒适性、满足居家老人在居住环境方面的发展需求。

---

① Hacihasanoglu and Hacihasanoglu, O. Assessment for Accessibility in Housing Settlements.［J］. Building and Environment, 2001, 36（5）: 657–666.

② Fänge and Iwarsson S. Accessibility and Usability in Housing: Construct Validity and Implications for Research and Practice. Disabil Rehabil, 2003, 25（23）: 1316–1326.

四、城市居家老人对居住环境安全性的需求服从于整体安全感的需要，旧宅区熟悉的生活圈及社会网络是其坚守的主要原因

影响居家老人居住环境需求的因素很多，居住环境的安全性是其主要考量的因素。随着年龄的增长，老年人生理功能衰退，恐惧性增强，对安全性的需求加大，居住环境的需求引发了对改善居住条件的意愿。本书通过二元 Logistic 逐步回归从微观视角分析了不同特征老年人改善居住条件意愿的差异，综合来看，居家老人的年龄结构、分布特征及居住状态对改善居住条件有显著的影响，即使在老年人经济、健康及住房因素的影响下，依然保持了正向的作用。健康和经济因素不同程度地增加了老年人改善居住条件的比重。

但定性调查结果同时显示，老年人虽有改善居住条件的意愿，但仍愿意居住在旧宅区，甚至不愿与居住在适老性能较好的商品房的子女共居。本书的分析结果表明，虽然老年人对居住环境存在安全性需求，但其最终的选择，会在居住社区的安全性和居住环境的安全性之间进行平衡。对大部分老年人而言，当面临选择时，其不愿意远离原有熟悉的社区环境。许多实证研究也表明，"就地养老"有利于老年人的身体和心理健康、持续保持与社会交流。从居住特征来看，旧宅区空巢老人较多，相比于和亲属同住，空巢老人可能最缺乏代内和代际之间的养老支持（闫志强，2008[①]）。通过旧宅区适老性改造，增强居住环境的安全性、便捷性和可及性，可以在一定程度上弥补家庭非正式支持系统的缺陷，满足旧宅区老年人就地养老的意愿。

五、住房规划、建设时适老性能不足，居住环境基本需求未纳入居家养老服务体系，政策供给不足是城市居家老人居住环境需求难以得到满足的主要原因

依据供需平衡原理，居家老年人对居住环境的需求，需要通过改善适老性的政策和资源供给加以满足。但从宏观方面考察，与其他产业相比，老年产业具有明显的弱质特征，尤其是老年住房开发与居家老人住房需求之间处于失衡状态，无论是住房还是住房配套设施都没有满足居家老人的需求。其中，政策供给不足是主要的原因。通过文献分析发现，西方发达国家的居家养老环境建设以老年宜居社区建设为主，在住宅设计中比较注重老年人的居住需求，但以往我国

---

① 闫志强.广州老年家庭与老年人口居住安排的空间差异[J].南方人口，2008（3）：4-9.

的住宅设计中对老年人的需求重视不够。从国外研究来看，老年友好社区（Age-friendly Community）理念已经席卷了欧洲和北美。2005 年，世界卫生组织启动全球老龄友好城市项目（Global Age-Friendly Cities Project），世界上很多国家积极响应、推广了这一政策，在美国被称为生活化社区（Livable Community），英国称为终生社区（Lifetime Neighborhood），加拿大使用了老年友好社区这一名词。我国也于 2009 年制定了建设"老年宜居社区"和"老年友好型城市"的目标。全国老龄办于 2009 年开展"老年宜居社区"和"老年友好城市"建设的试点工作，并于 11 月发布《全国老年宜居社区行动指南》，将"老年宜居社区"评定标准初步概括为居住舒适、活动便捷、设施齐全、服务完善、和谐安康、队伍健全六个方面，每个方面涵盖详细的子项和细化标准。全国老龄办所提出的"老年宜居社区"理念与"老年友好型社区"的理念相似，构建"老年友好型社区"已成为我国老龄工作新的工作抓手和着力点。2010 年 6 月，全国老龄办制定《全国老年友好型城市（城区）行动指南》，确定老年宜居社区占城市（城区）社区比例 55% 以上的建设目标，并就老年宜居社区公共交通、公共文化、公共安全、生态环境、老年保障等的建设标准作出了明确的规定。国家民政部发布的《社会养老服务体系建设规划（2011~2015 年）》，也将"改善居家养老环境，健全居家养老服务支持体系"作为一项重要的建设任务。但与世界卫生组织（WHO）所倡导的以及西方发达国家的实践相比，我国更偏重于居家养老户外环境的建设，尚不能满足大量集中居住在旧宅区的城市老年人口的居家养老需求。

在相关的法规制度方面，虽然《老年人权益保障法》和基本养老服务制度对居家老人的居住问题做了相关规定，但分析现行老年人优待政策中的居住条款及《上海市保障性住房建设导则》发现，保障房建设注重经济性，而适老性能较低，保障范围较小，老年人优待政策中住房条款部分优待对象侧重于空巢家庭，优待内容主要集中在住房的维修、室内生活设施的安装及动迁安置房和廉租房的安置方面，这离居家老人的居住环境需求和构建社会养老服务体系还有一定的差距，同时也说明居家老人居住环境需求问题的解决不仅要有法规制度的规定，还需要加大政策上的引导和支持。

从供给方式来看，如何将老年居住环境的服务需求纳入居家养老服务，作为一种公共服务，其提供方式除了政府直接提供，还可以通过该市场化手段提供（如代理、委托、合同、购买服务等形式），或交由让社会组织、第三部门、私人机构来承担。这里的关键问题是政府出资、制定标准和规则，并进行监督和管理，使之与公共部门形成良性竞争，从而进一步提高老年群体对公共服务的满意度（陈立行，2007[①]）。

六、城市居家老人对居住环境的需求具有阶段性，不同发展阶段需求的特征存在差异性，老年人居住环境需求的实现方式具有阶梯性

本书以60~70岁的低龄老人和非空巢老人为参照组，分析居家老人的居住环境需求，同时在定性分析中发现低龄老人和非空巢老人对居住环境也存在强烈的需求。如果我们将不同年龄老人对居住环境的需求看成是一个老年人在不同时期的需求，则不难发现，不同年龄阶段、不同居住状态老年人对居住环境的需求存在差异性。从而说明老年人对居住环境的需求是动态的，会随着老年人身体健康状况、居住方式的改变而发生变化。

笔者认为，与生活在养老机构里的老年人相比，居家老年人活动范围更大。从生活的住宅到所属的社区，再到整个城市，构成了他们的生活空间。在构建社会养老服务体系和建设基本养老服务制度的过程中，不同特征居家老人需要的养老支持也不同，由于空巢高龄老人家庭照料资源的短缺，如果为其提供安全、便捷的居住环境，增强自理、自助能力，那么，可在一定程度上弥补家庭养老功能弱化。对低龄老人或非空巢老人，改善居住条件，鼓励多代同居，不仅有利于进一步巩固传统的家庭养老功能，使老年人从家庭成员中获得更多的非正式支持，同时对于缓和紧张的代际关系，增强家庭发展能力可以起到一定的促进作用。

与此同时，随着第一代独生子女父母陆续步入老年、失能和半失能老人数量增加，居家养老保障体系建设任务将更加繁重。老人和子女的居住观念正在改变。虽然老人与子女也希望相互照顾，但年轻人更希望有自己独立的生活空间，而老人也不喜欢和儿女相互影响，希望分开居住，享受自由的晚年。尽管如此，有相当一部分老人却无法负担独居的成本；目前的老年住宅开发模式仍以集中的老年社区为主，导致了服务对象高端化、无法普及的问题，同时制造了与儿女生活距离太远，与原生活环境切断的难题。不同的家庭生命周期对居民的消费需求都会产生影响，其中，家庭规模小型化增加了对耐用消费品及住宅的需求量（李建民、李建新，1998[②]）。因此，现阶段一方面需要专门针对老年单身或夫妇，既

[①] 陈立行.向社会福祉跨越中国老年社会福祉研究的新视角［M］.北京：社会科学文献出版社，2007.

[②] 李建民，李建新.中国城市居民家庭小型化及其对消费需求的影响［J］.人口学刊，1988（3）：39-43.

体现无障碍化和适老化、又体现集约化设计的小户型老年住宅。另一方面要探索传统开发模式向其他模式转型的可能性和必要性，如旧住宅适老性改造，或新建住宅中一般性商品住房与老年住宅相结合的社区模式。

七、住房保障不仅要保障居家老人有房可住，也要确保居住环境的宜居性，构建多元化的老年居住环境需要责任共担机制

本书研究结果表明，老年住宅及其连接通道的安全性、便捷性、可及性等需求已经成为老年人居住环境的主要需求。党的十八大报告指出，在改善民生和创新管理中要加强社会建设……在学有所教、劳有所得、病有所医、老有所养、住有所居上持续取得新进展，努力让人民过上更好的生活。对老年人而言，住有所居是老有所养的前提。让老年人住有所居，是敬老爱老的需要，同样是社会实现自身完善的需要。

对老年人居住环境需求的满足首先涉及对其定性的问题，也即居住环境的需要是否属于其生存的基本需求，能否纳入政府的基本公共服务范畴。笔者认为，只有将老年居住环境方面的基本需求纳入基本居家养老服务范畴，才能切实保障老年人的居住权利，也正是在这个意义上，住房保障对无房老人，应为其提供安全、便捷的住房，对有房居住的老人，要满足其对基本的安全和可及性的基本需求。根据福利多元主义，虽然国家是社会福利责任的主要承担者，但其他部门也具有提供社会福利的责任。在建立适度普惠型社会福利制度的过程中，政府、市场、家庭、社区等应根据社会需求变化和特征，组成相互支持、功能互补的满足社会成员需要的社会福利体系（彭华民，2012①）。

有学者基于家庭养老中的血亲价值论提出家庭养老中的三级整合：一级整合指先天动力和后天动力的整合，二级整合指文化模式和行为方式的整合，三级整合指家庭养老是国家、社会、家庭和个人整合的结果，这种整合有多种形式，如政策、法律、规范等（姚远，2000②），三级整合通过国家、社会、家庭和个人的合力，为居家养老提供了环境支持。我国在社会养老服务体系和基本养老服务制度中，对改善老年人居住环境从政府、社会、市场等不同层面做了规定，《老年人权益保障法》也对老年宜居环境建设的规范性做了说明，并且对家庭、社会、

① 彭华民.中国政府社会福利责任：理论范式演变与制度转型创新［J］.天津社会科学，2012（6）：77-83.

② 姚远.血亲价值论：对中国家庭养老机制的理论探讨［J］.中国人口科学，2000（6）：29-35.

政府等应承担的为老年人提供和改善住房环境的责任做了阐述。

综合分析不同住房类型中居家老人的主观诉求发现，老年人及配偶、子女普遍认为，政府应在改善居家老人居住条件中承担主要责任。可见，改善居家老人的居住环境需求，不是依靠政府单方面可以解决的，需要在政府主导下，只有通过政府、市场、社会、家庭等方面建立合理的责任分担机制，才能进一步满足城市居家老人的居住需求。

八、旧宅适老性改造旨在解决居家老人便捷性、安全性和可及性等需求问题，具有纳入危旧房改造的理论依据，可以解决旧宅适老性改造资金不足的问题

综合前面章节关于老年人口居住现状、需求特征和改善居住条件意愿的研究，旧宅区老公房的适老性改造有一定的必要性。

通过第四章对全国和上海老年人居住环境数据分析可知，居住在旧宅区老公房中的老年人比重非常高，由第五章对上海居家老人居住环境需求特征的分析发现，20世纪90年代之前建造的老公房年代较长，居住设施陈旧，居家老人在居住环境的便捷性、安全性、可及性和舒适性方面存在不同程度的需求特征。同时，在改善居住环境的意愿方面，第六章的定量分析也显示，由于20世纪90年代的普通旧式房中的居家老人居住条件的限制，特别是70岁以上的独居老人由于经济条件较差，自理能力较低，且大多患有疾病，改善居住条件的愿望非常明显。从老年人口的已有住房结构来看，中国老年人口存在户居住面积普遍狭小、住宅环境和设施缺少无障碍化等问题，中国城市已有的多层建筑物一般不安装电梯，这是体弱老年人遇到的最大的纵向通行问题。

根据养老政策和法规的相关内容，将旧宅区老公房中家庭和社区的无障碍环境改造纳入旧住宅整治改造具有一定的可行性。

在第六章关于基本养老服务制度建设中，基本公共服务包含基本社会服务，而基本养老服务是基本社会服务的重要组成部分，在基本养老服务包含的直接服务、基础设施建设及专项现金三项内容中，基础设施建设主要包括社区无障碍环境改造、家庭无障碍环境改造、社区文体活动设施建设。另外，《建设部关于开展旧住宅整治改造的指导意见》（建住房〔2007〕9号）明确指出："旧住宅整治改造属于为民服务的实事工程，具有明显的社会效益，是政府履行公共服务职能的重要内容。"结合基本养老服务制度建设和《建设部关于开展旧住宅整治改造的指导意见》，作为旧住宅整治改造的重要组成部分，针对老年人的家庭无障碍

环境改造和社区无障碍环境改造不仅是构建社会养老服务体系和加快基本养老服务制度建设的重要内容，也是新版《老年人权益保障法》中宜居环境建设的重要组成部分，将其纳入旧住宅整治改造具有实践上的可行性。

从基本养老服务制度包括的内容来看，社区和家庭环境的无障碍改造具有公共服务的属性，根据公共服务理论，将其纳入旧住宅整治改造具有一定的合理性。

从理论上来讲，基本公共服务是公共服务最核心的组成部分，是为满足社会公众最基本的需求而提供的服务（杨超，2013[①]）。基本公共服务的内容从性质和类型上可分为底线生存服务、公众发展服务、基本环境服务和公共安全服务四类，其中，基本环境服务主要包括居住服务、公共交通、公共通信、公用设施和环境保护（陈海威，2007[②]）。旧宅区老公房中针对老年人的无障碍环境改造既属于基本环境服务中的居住服务，又属于和老年人基本生存性需求相关的服务。从消费需求层次来看，与低层次消费需求有直接联系的为基本公共服务，类似于马洛斯所解释的人的生理需求和安全需求，从消费需求的同质性来看，人们的无差异消费需求属于基本公共服务。可见，基本的公共教育、基本医疗卫生服务、社会保障、基础设施等都是基本公共服务的内容（刘薇，2010[③]）。通过前文对不同住房类型需求因子的计算分析发现，由于住房建造时间较早，基本居住设施较差，老公房中的居家老人在便捷性、安全性、可及性方面有较高的需求，其中，与基本生存性需求相关的无障碍环境改造理应属于基本公共服务的范畴。

从国外经验来看：旧城改造是城市化的一般规律，无论是英国和美国等欧美国家，还是日本、韩国等东亚国家，旧城改造的内容及范围都随城市化发展而不断加以拓展。在我国旧城改造中有相当一部分资金用于危旧房屋的改造，能否将老年旧宅中和便捷性、安全性和可及性等基本需求相关的内容纳入旧居住区的危旧房改造范围，是政策突破和创新的关键点。

九、保障房建设由政府主导，在建设和分配时，老年人及其家庭对居住环境的需求应当予以优先满足

在居家养老模式下应以家庭支持和帮助作为解决老年人生活照料和养老问题的基本途径。家庭网提供的非正式支持系统是老年人可以利用的最直接、最便

---

① 杨超.我国基本公共服务供给中的政府责任研究［D］.东北师范大学硕士学位论文，2013.

② 陈海威.中国基本公共服务体系研究［J］.科学社会主义，2007（3）：98-100.

③ 刘薇.我国"基本公共服务"理论研究评述［J］.经济研究参考，2010（16）：64-92.

利、最可靠的养老资源（李爱芹，2007[①]）。研究显示，一方面，与子女同住是由老年人自身健康问题所产生的照料需求，即选择效应；另一方面，子女照料又有利于长辈的身心健康及促进效应（张震，2004[②]）。应根据居家老人的居住环境需求特征，建立老人与子女"分而不离"的模式，合理改善空巢家庭的居住格局问题，在住宅设计方面适当增加"老少户型"是一种理想的选择（郭平，2008[③]）。

2013年颁布的《北京市人民政府关于加快推进养老服务业发展的意见》规定，在建设、分配廉租住房、公共租赁住房等保障性住房或进行危旧房屋改造时，统筹考虑家庭成员照顾老年人需求，鼓励家庭成员与老年人共同生活或就近居住。

在第五章关于居家老人居住环境需求特征的分析中发现，近郊区老年人在居住环境的便捷性、安全性、可及性和舒适性方面保持了稳定的显著性，这主要是由居住条件的适老程度和人口老龄化程度之间的不协调造成的。研究显示：上海不同区域的人口结构与公共资源配置存在不协调现象，其中，养老资源和教育资源最显著（陆歆弘，2013[④]）。从老年人口分布特征来看，上海"六普"数据显示：老年人口郊区化特征非常明显，从家庭结构来看，空巢家庭有71.6%分布在郊区。通过改善居住环境进而使郊区化的养老模式得到优化，有利于改善中心城区严重的老龄化问题，实现人口的合理分布（赵衡宇、过伟敏、陈琦，2011[⑤]）。同时，这也需要在城市基础设施建设中考虑如何根据不同类别老年人的居住需求特征，对住房及社区建设进行合理规划。近几年上海郊区的保障房社区导入人口多为外来人口和中心城区老年人口（王方兵、吴瑞君，2014[⑥]），保障房社区的规划建设、分配应考虑如何满足不同特征老年人及其家庭的居住需求，可以使老年人从家庭、社区获得更多的养老支持。

从人居匹配理论的角度来讲，由于社会分层的客观存在和社会制度的相应安排，拥有不同收入、位居不同社会阶层的群体会拥有与之相匹配的住房及各自理

① 李爱芹. 城市空巢老人的生活状况与社会支持实证研究——以徐州市为个案 [J]. 社会工作，2007（3）：43-45.

② 张震. 子女生活照料对老年人健康的影响：促进还是选择 [J]. 中国人口科学（增刊），2004：29-36.

③ 郭平. 老年人居住安排 [M]. 北京：中国社会出版社，2008.

④ 陆歆弘. 上海人口老龄化的空间分布及其与居住环境的协调度研究 [J]. 现代城市研究，2013（10）：94-98.

⑤ 赵衡宇，过伟敏，陈琦. 居住郊区化背景下城市老龄人口居家养老模式与环境需求问题 [J]. 学术争鸣，2011（6）：10-11.

⑥ 王方兵，吴瑞君. 大型保障房社区建设对区域人口发展的影响——以上海市为例 [J]. 人口与社会，2014（1）：27-31.

想的居住模式，社会的低收入群体或弱势群体应有机会获得安置房，或租住政府提供的公租房、廉租房（闵学勤，2012[①]）。所以，实施郊区大型保障房建设、分配向居家老人及其家庭倾斜从理论上讲有一定的合理性。另外，从制度上来讲，保障房建设、分配向老年人及其家庭倾斜也是完善居家养老模式，保障居家老人生存权利的客观要求。

在住房改革过程中，政府逐步构建了有中国特色的住房结构体系和制度体系，其目标主要指向有结构性差异的城市居民，直接目的是不同收入阶层的居民购买或居住不同类型的住房，以及享受不同类别的住房制度（李斌，2009[②]）。《老年人权益保障法》对居家老人的居住权利也有相关的规定，例如，第二章第二十七条："国家建立健全家庭养老支持政策，鼓励家庭成员与老年人共同生活或就近居住，为老年人随配偶或赡养人迁徙提供条件，为家庭成员照料老年人提供帮助。"第三章第三十二条："地方各级人民政府在实施廉租住房、公共租赁住房等住房保障制度或进行危旧房屋改造时，应当优先照顾符合条件的老年人。"

可见，改善老年人居住环境，为居家老人及其家庭提供合适的住房，是政府健全家庭养老支持政策的重要组成部分。政府鼓励老年人与家庭成员同住或就近居住，客观上有利于老年人享受更多的生活照料和精神慰藉等非正式养老支持。

第二节　政策探索

一、我国老年人居住环境建设存在的不足

通过前面关于城市居家老人居住环境需求的分析，笔者认为，目前我国老年人居住环境建设存在以下三点不足。

（一）老年人居住环境建设中对居家养老需求的定位不明确

人口需求是复杂而多样的，就人口需求的一般态势来说，又有强弱、缓急、先后之分，即人口需求的层次性，既有按需求目的划分的生理性需求和社会性需

---

① 闵学勤.社会分层下的居住逻辑及其中国实践［J］.开放时代，2012（1）：110-118.
② 李斌.分化的住房政策：一项对住房改革的评估性研究［M］.北京：社会科学文献出版社，2009.

求，又有按需求主体划分的个人需求、家庭需求和社会需求（张纯元、马立原，1996①）。目前我国政府实施的是"以居家为基础、社区为依托、机构为支撑"的社会养老服务体系，老年人的居住环境主要以家庭和社区为主。居家老人的生活照料和精神慰藉等非正式养老支持，主要来自于家庭和社区，居家老人居住环境建设要同时满足老年人个人和家庭的需求，然而通过对前面的数据和访谈材料分析发现，目前居住环境建设还没有满足城市居家老人及其家庭的养老需求。

家庭养老功能的弱化使居家养老更加需要社会支持。从理论上来讲，家庭功能是相对于家庭成员的需求而言的，家庭功能与家庭需求是一种对应结构，这种对应结构的均衡程度决定家庭的整体福利水平及每一个家庭成员的生活质量（吴帆、李建民，2012②）。在家庭变迁加剧、家庭功能弱化的背景下，家庭需求与家庭功能的对应结构失衡、家庭功能供求的自我均衡机制失灵，家庭能力建设比以往更加依赖外部的支持。

（二）以住房为主的基础设施建设适老性不足

随着未来城市化步伐的加快及人口结构变化的加速，保障房建设必须适应人口结构变化产生的居住需求。有专家指出：目前我国保障性住房套型设计普遍还比较粗放，这与居家老人的养老需求还有一定的差距③。

老年宜居环境是指适宜老年人生活的公共环境和家庭环境④。大多数老年人的生活空间还是以室内为主，而《上海市保障性住房建设导则》（以下简称《导则》）关于室外环境的无障碍设计做了相关规定，室内空间无障碍设计则没有提及。《老年人权益保障法》和基本养老服务制度建设都对老年家庭无障碍改造的必要性做了说明，根据陈理力、胡惠琴（2009）对北京市保障房的调研发现，无论是经济适用房、廉租房，还是限价商品房，或室内单元入口、厨房、卫生间等老年人活动的重要区域普遍存在安全性、便捷性较差的问题，而且室内还缺少适合老年人使用的人性化家电设施（陈理力、胡惠琴，2009⑤）。《导则》指出：保障房套型设计以家庭结构和家庭生活行为模式为基本因素，家庭人口、家庭类型

① 张纯元，马立原.试论人口需求理论与市场［J］.南方人口，1996（2）：1-4.

② 吴帆，李建民.家庭发展能力建设的政策路径分析［J］.人口研究，2012（4）：36-44.

③ http://www.doc88.com/p-6741175898343.html.

④ 朱勇.全国老龄办.居家少支持，环境不宜居——我国居家养老存在的问题及建议［N］.中国劳动保障报，2012-02-21（003）.

⑤ 陈理力，胡惠琴.香港老年人租贷公房政策借鉴——以北京老年人住房政策为比较对象［J］.中国住宅设施，2009（8）：7-14.

和家庭代际关系成为保障房套型设计的重要参考因素。《导则》规定，公共租赁住房是为有效缓解本市青年职工、引进人才和来沪务工人员及其他常住人口的阶段性居住困难，满足其过渡性居住需求的保障性住房。虽然不同类型保障房的保障对象侧重点各有不同，作为重要的住房消费群体，不同老年家庭的住房需求却没有在导则中体现出来。

（三）政策碎片化，缺少合理的顶层设计

我国在 1999 年颁布了《老年人建筑设计规范》，对老年人建筑的各种空间尺度与要求做出了文字性的规范条款，其中，有大量对于老年人居住空间的规定。但由于住宅设施的不可流动性，居住环境建设的阶段性，现阶段我国居住环境的建设缺乏对规划、建设和改造一体化的顶层设计。居家养老服务的提供过于分散化，缺乏对跨社会、跨地区的力量进行统一整合；居家养老服务内容碎片化，缺乏系统性和规模性；居家养老服务所利用和开发的社会力量还不够充分等。

政府对老龄产业认识缺位和支持错位并存，政府相关部门过多地支持老龄产业非竞争行业、过多的重视社会效益和承担了市场供给的角色（许晓茵、李洁明、张钟汝，2010[①]），却缺少对老年人住房和老年耐用消费品等相关产业的扶持政策和导向服务的深入研究，由于没有实质性政策的支持和引导，导致一些企业缺乏开发老年市场的动力。虽然《老年人权益保障法》提出"国家推动老年宜居社区建设，引导、支持老年宜居住宅开发，推动和扶持老年家庭无障碍改造"及"国家采取措施，发展老龄产业"的规定，但仍然缺少相关政策的支持和引导。

我们必须注意西方福利国家的危机对我们的启示以及福利多元主义对福利国家发展的意义，将福利多元主义嵌入我国社会福利结构（彭华民、黄叶青，2006），在福利多元主义观点的指导下，通过合理的顶层设计，在政府、市场和社会组织等不同的利益主体之间建立有效的责任分担机制，有效处理包括居住环境在内的养老需求问题。

二、老年人居住环境建设的国际经验

在福利危机的影响下，发达国家养老硬件环境的基本指导理念经过了从福利机构养老到社区居家养老的曲折转变过程，"脱设施化""去机构化"逐渐成为养

---

① 许晓茵，李洁明，张钟汝．老年利益论［M］．上海：复旦大学出版社，2010.

老的主要特征。2013 年 10 月 29 日，中共中央政治局就加快推进住房保障体系和供应体系建设集体学习中指出：借鉴国内外经验，加强顶层设计，加快建立统一、规范、成熟、稳定的住房供应体系。针对我国在老年人居住环境建设中存在的问题，笔者认为，居家老人居住环境需求问题的解决，一方面，需要结合我国"未富先老"的国情，以居家老人的需求为导向，采取有效措施；另一方面，归纳总结发达国家和地区老年人居住环境建设的经验，对提高老年人居住环境建设水平具有重要的参考价值。所以，本书主要对社区养老发展比较成熟的美国，居家养老发展比较成熟的日本、新加坡及中国香港的老年人居住环境建设经验进行了分析。

（一）居住环境建设与增强家庭养老功能相结合

住房对养老方式或居住方式有直接的影响，而居住方式的选择不只是空间或地点的变动，也会产生直接或间接的社会后果，例如，家庭为老年人提供的非正式支持的影响等（郭平，2008[①]）。与经济上的支持相比，老年人需要的生活照料和精神慰藉等非正式养老支持只有在同居或邻近居住的条件下才能更好地满足。随着老年人希望在家庭、社区中养老意愿的增强，"脱设施化"养老成了重要趋势[②]，许多国家根据老年人的养老需求和居住需求建造了多样化的住宅。

美国空巢家庭比重较高，从对居住环境的需求特征来看，美国老年人迁移流动的比重并不高[③]，美国家庭养老和居家养老中所谓的"家"，是同住房与养老服务密切联系的，指美国老年人不离开自己的住房而保持自己的晚年生活，实现自我养老支持[④]。作为美国老年居住环境建设的重要特色，多样化的"退休社区"为老人退休后选择居住环境提供了一种选择。社区内有为退休老人提供的居家援助式养老的老人公寓等，满足不同特征老年人的生活需求，主要包括自住型公寓、协助型老年公寓、持续护理（特护）型公寓。

无论是日本、新加坡，还是中国香港，政府都认识到住房问题不仅是老年人个人的居住问题，也是和家庭结构、家庭功能相关的社会问题，改善老年人居住条件，对增强家庭凝聚力，促进代际互动有重要作用。

日本老年居住设施建设主要经过了养老院时期、老人之家时期、目前的多类

---

① 郭平．老年人居住安排［M］．北京：中国社会出版社，2008．

② 司马蕾．中国养老设施中人性化与高效率的矛盾与统一［C］．日本建筑学会学术演讲梗概集，2010．

③ 全国老龄工作委员会办公室．国外涉老政策概览［M］．北京：华龄出版社，2010．

④ 张恺悌，郭平．美国养老［M］．北京：中国社会出版社，2010．

型发展时期①。政府根据老年人的居住需求提供了不同类型的住宅，主要有三种：一是早期的以将老年人集中起来居住为主要特征的"专住型"住房；二是以"家庭"为社会整体单元，通过建造多样化的户型满足老年人和青年夫妇等不同年龄段居住需求的"混合型住房"，人们形象地将这种"分而不离"的居住方式称为"一碗汤"的距离；三是按照政府制定的"住生活基本法"和"应对长寿社会的住宅设计指针"建造的"通用住房"。

新加坡老龄化发展与养老模式与我国有相似的特征，家庭养老具有重要的地位。建屋局于1987年开始根据老年人的居住需求，建造了多类型的多代同堂住房，支持老年人和家庭成员居住在一起，缓解家庭照料资源的不足②。根据空巢老人行为习惯及生理机能变化，为其提供大量乐龄公寓，对乐龄公寓室内和室外都进行了相关的无障碍设计，提高空巢老人独立生活的能力，将乐龄公寓建在成熟的社区内部，进一步提高空巢老人的归属感。

中国香港房屋委员会针对低收入老年人推出的公屋计划主要有：高龄单身人士优先配屋计划、共享颐年优先配屋计划、天伦乐优先配屋计划等，针对不同的老年人及家庭有不同的配屋计划。同时，通过长者租金津贴计划、体恤安置、紧急警报系统安装津贴等措施，进一步健全长者住房配套服务体系，引入社会力量，完善住房供应体系，满足不同收入水平老年人的居住需求。

在解决老龄问题的过程中，无论是国外，还是中国香港，政府都大力倡导老年人"原地养老""在宅养老"，通过政府政策等正式支持，帮助老年人从家庭和社区获得更多的非正式支持，增强居家老人的归属感。例如，新加坡政府为实现"成功老龄化"的目标，将"原地养老"确定为实现该目标的战略之一，要求老年人个人必须主动规划自己晚年生活；家庭要承担照料老年人的主要责任；社区也要协助支持老年家庭承担赡养老人的责任，政府应提供条件鼓励老年人、个人、家庭、社区各尽其责③。

（二）完善住房保障制度，提高老年人的居住福利

1965年出台的《美国老年法》中第3款和第4款规定，私人住房和公共养老设施应考虑到老年人的特殊需求，1974年出台的《住房和社区发展法》中规定，为低收入老年人和残疾人提供廉价住房。这些保障措施对于推进美国老年住

---

① 张菁，刘颖曦.日本长寿社会住宅发展［J］.建筑学报，2006（10）：13.

② 牛慧恩.面向老龄化的住区规划与住宅设计——兼介新加坡的养老安居计划［J］.住宅产业，2004（7）：56-58.

③ 林闽钢.论我国社会养老服务的公益性及实现途径［J］.人口与社会，2014（1）：7-11.

房发展起到了至关重要的作用。

日本老年人居住环境影响较大的法规是 1963 年颁布的《老人福利法》，由在宅养老福利对策和设施养老福利对策两部分组成①，在住房供应方面，为了构建老少同居亲子家庭互助网络，政府对开发的新住房和新社区制定了优惠开发计划。

20 世纪 80 年代，日本福利政策的重心开始向居家养老转变。1982 年日本政府出台了《老人保健法》，鼓励老年人在自己家里养老并接受护理服务②。随着高龄老人的增多，1986 年通过《日本长寿社会对策大纲》，从收入保障、保健福利、社会生活和居住环境四个方面对高龄老人的晚年生活提供保障③，其中，在居住环境层面提出"适应终生生活设计"的基本原则，要求住房设计和社区规划需适应多元化的家庭居住模式，例如，提供空巢老人使用的住房、提供亲子两代家庭近居、邻居的住房类型等。为进一步满足高龄老人的居家养老需求，1989 年日本政府制定了《高龄者保健福利推进十年战略》，鼓励地方政府建设并完善与居家养老相关的各种设施④。

日本的福利政策在养老方面以居家养老为中心，不断完善和居住相关的福利保障体系，尤其是将住房开发与年龄结构和家庭结构的变动融合到一起，进一步保障老年人的居住权利。

随着人口老龄化问题的日益严峻，新加坡政府更加注重老年人居住环境问题的综合治理。1998 年，政府设立人口老化跨部门委员会，并于 2006 年发布《人口老龄化课题报告书》，其中，关于改善老年人居住环境的条款，例如，提供不同住房选择；在所有组屋设置方便轮椅出入的无障碍环境；巩固家庭关系以确保家庭仍是老年人快乐的主要源泉⑤。

（三）政府主导，建立合理的责任分担机制

由于美国政府奉行"小政府、大社会"的理念，实施政府引导、市场化运营、社会力量参与的策略，社区为老服务体系比较完善，政府主要通过资金和政策支持，慈善机构、民间团体等的积极配合，推动和扶持老年居住环境建设。

在养老社区和公寓的建造方面，虽然政府提供了部分资助，但其运营和管理

---

① 胡仁禄，马光 . 老年人居住环境设计［M］. 南京：南京大学出版社，1995.
② 林闽钢 . 论我国社会养老服务的公益性及实现途径［J］. 人口与社会，2014（1）：7-11.
③ 张菁，刘颖曦 . 日本长寿社会住宅发展［J］. 建筑学报，2006（10）：13-16.
④ 皇甫平丽 . 日本的养老服务［J］. 瞭望，2010（13）：28.
⑤ 李满 . 人口老化问题严重，新加坡努力改善老年人生活环境［N/OL］. 经济日报，2006-02-14. http：//europe.ce.cn/main/caijing/200602/14/t20060214_607784 3.shtml（2010/6/17）.

主要靠养老企业和机构自己来承担，属于私人性质。介于政府体系和市场体系之外的非政府组织在缓解美国老龄化危机方面也发挥着重要作用，不仅扩充了社会保障资金的来源，也在社区为老服务方面发挥着不可替代的作用。

20 世纪七八十年代，机构养老在日本养老模式中占主要地位[①]，20 世纪 90 年代以后，随着日本高龄老人规模的扩大和居家养老逐渐成为主要的养老模式，日本政府对老年居住政策进一步调整，鼓励社会力量参与居家老人居住环境建设。

根据 1986 年通过的《日本长寿社会对策大纲》的要求，1992 年 3 月颁布 "长寿社会对应住宅设计指针"。为提高居家养老居住环境的适老性能和宜居性能，1994 年实行《中心建筑法》，进一步推进老年人住房和社区环境的无障碍化改造，1995 年制定 "高龄化社会对策大纲"，对社区养老服务机构实施政府和市场、社会共同经营的策略，并于 2000 年颁布实施《老年人居住法》，进一步完善居家养老的老年人居住服务体系。为鼓励更多的社会福利法人和民间企业参与建设和改建老年住房，日本政府于 2011 年出台修订《老年人住宅法》，为建设及改建老年住房的企业提供资金补贴政策[②]。

三、注重保障房的适老性，惠及更多的居家老人

日本保障房建设在改善老年人居住环境方面发挥了重要作用，截至 2008 年，日本保障房建设已解决了近 400 万独居老人的居住难题。

由于老龄化程度的加深及相关政策的引导，日本保障房适老性能进一步增强。1966 年，在政府的指导下，制定实施了五年一期的 "住生活基本法"，地方政府在基本法的指导下制定适合本地区住房发展的五年期发展计划[③]。到 2006 年，为应对高龄化、少子化等社会问题，对 "住生活基本法" 进行修订，强调将安全性、老龄社会的适应居住性和耐久性作为保障房设计的基础，并在该法律基础上制定出为期 10 年的 "住生活基本规划"[④]，满足居住者随年龄增大，当身体机能出现障碍时的居住需求，即将保障房建设作为应对高龄化社会的重要对策，体现国家制定的 "应对长寿社会的住宅设计指针" 的要求。根据 "应对长寿社会的住宅设计指针" 的要求，日本保障房建设在室内设计、室外公共空间及社区活动场地

---

① 李斌，黄力. 养老设施类型体系及设计标准研究 [J]. 建筑学报，2011（12）：84-87.

② 高齢者住宅施設徹底ガイド / サービスを付き高齢者住宅 [C]. 株式会社不動産流通研究所編集 · 発行，2012.

③ 周典. 日本保障性住宅的规划设计 [J]. 建筑学报，2009（8）：22-27.

④ 国土交通省住宅局. かな住生活の 現に向けて [R]. 东京：国土交通省，2006.

等都做了相关的适老性规定，满足居家老人的居住需求。

同时，保障性住房面积主要根据日本人口普查数据和家庭结构变化，并与住房普查数据相结合进行调整。日本保障房面积标准先后经历了"最低居住标准""平均居住标准""诱导居住标准""城市型诱导居住标准"和"一般型诱导居住标准"的阶段性调整，使住房供应满足核心家庭、老年单身家庭、老年夫妇家庭的居住需求[①]。在为老服务的保障房社区环境建设方面，设置"地域综合为老服务系统"小规模、多功能、地域化社区服务据点，为老年人提供日间护理、短期入住等多种功能设施，进一步满足了居家老人的养老需求。

另外，美国《住房法》于1959年已授权实施非营利的廉租房项目，为低收入老年人特别是妇女提供廉价住房，新加坡政府根据人口结构和家庭居住需求的变动，开发不同类型的组屋，组屋政策是典型的普惠性政策[②]，在改善居家老人及其家庭居住环境方面发挥了重要作用。

四、目标定位

通过对城市居家老人居住环境需求特征及影响因素的分析，笔者认为，在提出一个合理的路径之前，应对居家老人的居住环境问题有一个目标定位。

第一，城市居家老人居住环境需求问题是在城市化、老龄化背景下"老年友好城市建设"和"老年宜居社区建设"的重要组成部分。改善城市居家老人的居住条件既是我国以居家为基础、社区为依托、机构为支撑的社会养老服务体系的现实推进，又是完善基本养老服务制度的重要环节，更是破解中国人口老龄化及家庭养老功能弱化背景下日趋尖锐的养老服务难题的有益探索。

第二，城市居家老人居住环境需求问题的解决应坚持"以人为本"，无论是"老年友好城市建设"还是"老年宜居社区建设"，满足老年人的需求是其基本出发点和最终归宿，因此，正确分析老年人的需求是解决居家老人居住环境需求问题的前提。一方面，城市居家老人的需求具有共性，例如，解决最基本的居住及满足生理需求是所有老年人面对的问题；另一方面，我们更应该注意城市居家老人的需求又有群体的差异性，即不同的需求主体对居住环境是否"宜居"所表现出的需求差异，这些差异在某些环节甚至表现为一定的矛盾性[③]。因此，城市居

---

① 周典.日本保障性住宅的规划设计［J］.建筑学报，2009（8）：24.

② 郭伟伟.新加坡社会保障制度研究及启示［J］.当代世界与社会主义，2009（5）：76-81.

③ 江立华，黄加成.老年人需求与宜居社区建设［J］.华东理工大学学报（社会科学版），2011（6）：87-92.

家老人的居住环境需求问题不仅是一个居住环境适老性建设的问题，更是一个如何协调兼顾不同群体利益和需求的公共政策的制定问题。

第三，城市居家老人居住环境需求问题的解决，可以理解为为老年人创建一个生活设施完善，便于老年人参与社会的养老环境，不仅可以使老年人从家庭和社区获得更多的非正式支持，还可以满足老年人多层次和多样化的需求，帮助老年人树立"自信、自立、自强"的生活方式，鼓励其将"被动养老"转化为"主动养老"（江立华、黄加成，2011）。

总之，作为老年宜居环境建设的重要组成部分，创建一个既适应于当前市场经济，又贴近老年人具体生活和老年人养老需求的居住环境，"营造一个和睦成风、安居乐业、其乐融融的美好生活环境"对增加老年人的居住福利具有重要的社会意义（费孝通，2000[①]）。

五、政策建议 [②]

（一）加大政府的政策性支持，明确政府、市场、社会在解决居家老人居住环境问题中的定位与责任

在福利多元主义的发展过程中，无论是福利三角的研究范式还是福利四角的研究范式，都引入了市场元素和社会元素，通过国家、市场、社会及家庭的有效配合，实现福利体系的不断完善。在居家养老的实践中，应坚持以国家、市场、社会及家庭为主体的福利多元主义思想，相对于家庭、社区和社会的责任，政府的宏观责任是决定居家养老发展的关键所在（同春芬、汪连杰，2015[③]）。城市规划建设中需要对老年人居住环境有前瞻性的观念引导和制度安排，在政府与市场、社会等环节建立合理的责任分担机制。

首先，要发挥政府的主导作用，制定和实施相关的法规和政策，将包括居住在内的居家养老服务纳入国家和地方经济社会发展规划，同时对居家养老的发展思路、发展目标、空间布局、设施建设、土地供应、资金投入、政策保障等应有长期的规划。在宏观上，住房方面可以和老年友好城市建设相结合，争取将老年住房建设及改造项目纳入政府的住房支持政策范畴。在政策制定上，可以借鉴国

---

① 费孝通. 当前城市社区建设一些思考［J］. 群言，2000（8）：13-15.

② 部分内容发表于《兰州学刊》。王方兵，吴瑞君，桂世勋. 老龄化背景下国外老年人住房发展及经验对上海的启示［J］. 兰州学刊，2014（11）：116-125.

③ 同春芬，汪连杰. 福利多元主义视角下我国居家养老服务的政府责任体系构建［J］. 西北人口，2015（1）：73-78.

外的经验，政府可以将老年住房建设用地纳入城镇土地利用总体规划和计划，合理安排用地需求，进一步形成居家养老的政策支持体系，并细化住房政策和家庭无障碍改造等配套政策。

其次，中观层面和老年宜居社区建设相结合，社区中要有适合居家养老硬件环境的适老性安排。社区内规划建设老年人需要的生活服务、医疗卫生、康复护理等公共基础设施，通过市场化运营满足老年人对家庭护理、精神慰藉、紧急援助等方面的需求，强化居家养老的功能，实现居住舒适性和社区服务可及性的有效结合。与发达国家相比，中国非营利组织种类偏少、服务功能不全。政府应通过制定运营补贴、收费减免等优惠政策引导和鼓励社会非营利组织积极参与社区养老服务，例如，制定向非营利组织购买生活照料、康复护理、精神慰藉等养老服务政策，支持非营利组织参与管理、运营社区养老设施。

（二）出台有利于老年人居家养老的保障性住房建造和分配政策，建立保障房社区适老性的长效机制

老年住房发展需要通过产业化、市场化的方式不断满足老年人的居住需求。《中国老龄事业发展"十二五"规划》将老龄产业发展作为重要任务之一，鼓励社会资本投入老龄产业。未来一段时间，我国保障性住房建设将主要以公共租赁房和廉租房为主，在老龄化日益严峻的形势下，政府应从制度和政策层面加大对保障房适老性建设的引导，并给予一定的支持。

在我国老龄化向高龄化、空巢化发展的过程中，可以借鉴美国、日本、新加坡等国家根据老年人的居住特点、生活习惯等，将老年住房和普通公寓建在一起的经验，例如，根据"应对长寿社会的住宅设计指针"的要求，日本政府对包括老年住房在内的新型住房和新社区实施优惠开发计划并给予一定的补贴，加大对老年住房开发的政策扶持力度。因此，加大对保障房建设适老性的政策性引导，又如，规定在新建保障房小区内配备一定面积的老年住房，对用于"老年住房"的用地面积免征部分税收，以降低建设成本，保护房地产商的投资建设积极性；一方面，从政策上采取补贴的形式鼓励房地产商投资开发有一定公益性的、多档次的，多种类不同性质的老年住房。政府部门在法制上需要将老年住房设计标准化、开发规范化，通过出台老年住房开发管理办法的方式，对空间布局和规划给予指导，在开发建设上进行监督管理。以日本为例，将"适应终生生活设计""应对长寿社会的住宅设计指针"的要求融入保障房建设中，在保障房小区开发一些适合老年家庭居住的户型，满足老年人家庭的居住需求和养老需求。

近年来上海保障性住房供大于求的矛盾较为突出，上海土地资源有限，养老

用房严重缺乏，这为将部分保障性住房转化为养老用房创造了可行条件①。

以上海为例，可以根据大型保障房社区集中建设、成片开发的原则，结合老年人的空间分布特征，在不同区域的大型保障房社区规划建设一定数量的老年住房，一方面，根据家庭规模小型化，老年人和子女的居住差异等特征对公共租赁房和廉租房的面积动态化调整，建造多样化的户型，满足老年人和子女的居住需求；另一方面，室内设计也可以参考日本通用住房潜伏设计、无障碍设计的特点，满足不同年龄段老年人的居住需求，真正体现住房的适老性。

另外，保障房的供应和分配也应兼顾到居家老人的居住需求。在 2007 年的英国公共住房中，46% 是单亲家庭；22% 是年龄超过 65 岁的老人；26% 是年龄超过 75 岁的老人，在 68% 的丧失收入来源的住户中，有 32% 为已经退休的老人。可以参考日本保障房建设分配、新加坡政府组屋分配、英国公共住房及中国香港等地区的保障房分配经验，对申请保障房的不同类型的老年家庭，在分配环节给予一定的照顾。

（三）建立完善的旧居住区多层住房适老性改造和服务配套体系

2012 年《我国老年住宅发展研究》报告指出：目前居住在城市旧住宅中是大多数老年人的居住形态，相对新建商品房，多层旧住宅的适老性功能严重不足。2013 年印发的《国务院关于加快发展养老服务业的若干意见》中，把"实施社区无障碍环境改造"列为我国到 2020 年加快发展养老服务业的一项主要任务，并要求加快实施"推动和扶持老年人家庭无障碍设施的改造，加快推进坡道、电梯等与老年人日常生活密切相关的公共设施改造"。从上海市高龄化、少子老龄化的发展态势和老年人居住在旧住宅区比例增长的趋势来看，由于旧住宅适老性改造缺少相关的政策支持，改造主要以室内无障碍改造为主，存在改造范围较小，因此，老年群体受益面窄等问题。日本近些年流行的"小规模多机能型居宅介护"型住房多是由民宅及普通住宅改造而来的。

旧宅区居住的老年人口比重高，自身改善需求的能力较小。要从根本上解决资金不足的问题，需要进行理论与政策创新。一方面，需要对高龄、失能的贫困老年人，对其家庭生活设施进行无障碍改造，给予适当补助。另一方面，要突破老年旧宅适老性改造的政策障碍。

笔者通过分析 2013 年新版《老年人权益保障法》中"宜居环境"的相关规定，认为应在相关养老制度和法规的指导下，进一步完善相关政策，从三个方面

---

① http：//market.chinabaogao.com/gonggongfuwu/0G91605062013.html.

有效推进旧住宅适老性改造，为居家老人创建一个无障碍的生活环境。

1. 科学、合理确定旧住宅适老性改造的项目及标准

基础设施建造改造作为基本养老服务制度运行体系的重要组成部分，其中的家庭无障碍环境改造和社区无障碍环境改造是健全居家养老模式的重要途径。根据 2013 年《老年人权益保障法》第六章"宜居环境"第六十三条：各级人民政府和有关部门应当按照国家无障碍设施工程建设标准，优先推进与老年人日常生活密切相关的公共服务设施的改造。

优先推进主要涉及的相关改造内容和标准。

考虑到城市居家老人在旧住宅中分布的比重较高，在居住环境便捷性、安全性、可及性方面具有多样化的需求特征，适老性改造项目及标准应以满足老年居民最迫切的居住需求为中心。2003 年建设部颁布的《老年人居住建筑设计标准》对老年住宅设立了四大类共 29 项具体指标，适用范围为"老年人住宅、老年人公寓及养老院、护理院相关建筑设施的设计"，并强调"新建普通住宅时，可参照本标准做潜伏设计，以利于改造，旧住宅适老性改造也可以参照此标准实施"。2015 年上海市政府公布实施的十项实事项目囊括了养老、旧房改造等，其中，旧房改造主要集中在居民用电设施改造、老旧电梯评估、高层售后公房消防设施配置等几个方面[①]。所以，在旧住宅的适老性改造中，政府应根据老年人的需求特征和相关的建筑设计、规划等条例，合理确定家庭无障碍改造和社区无障碍改造的具体内容，有利于保证旧住宅适老性改造的顺利实施。

2. 根据评估为有需求的家庭提供无障碍设施改造

居住保障是基本养老服务制度的重要组成部分，主要为居家养老的老年人提供相应的居住福利。由前面的分析可知，由于老年人个体特征和家庭结构的差异，城市居家老人的居住环境需求具有多样化的特征。家庭无障碍设施改造是改善居家老人居住条件的重要举措，政府作为老年宜居环境建设的主要推动者，应根据老龄化的发展特征，建立老年人综合评估制度和评估标准，根据评估为有需求的家庭提供无障碍设施改造。

3. 发挥政府的推动和扶持作用，鼓励社会力量参与，保障旧住宅改造的顺利实施

建设部颁布的《关于开展旧住宅区整治改造的指导意见》中要求"对旧住宅区整治改造给予一定的倾斜，加大整治改造的资金投入"，虽然旧住宅区适老性改造具有明显的社会效益，但仅靠民政系统的投入，不可能扩大受益面。

---

① http：//sh.east day.com/m/20150122/u1ai8549008.html.

2013 年《老年人权益保障法》中"宜居环境"第六十四条规定：国家推动老年宜居社区建设，引导、支持老年宜居住宅的开发，推动和扶持老年人家庭无障碍设施的改造，为老年人创造无障碍居住环境。其中，在家庭无障碍设施改造中用了"推动和扶持"的表达方式，说明政府更加注重鼓励社会力量参与基本养老服务设施的建造改造。2015 年颁布的《关于鼓励民间资本参与养老服务业发展的实施意见》（民发〔2015〕33 号）指出，"鼓励民间资本参与老年公寓和居住区养老服务设施建设以及既有住宅适老化改造"①。

在我国，政府是基本公共服务的主要生产者、提供者和协调者，具有总负责的地位和作用（杨弘、胡永保，2012②）。我们建议将旧宅区的老公房适老性改造纳入旧居住区综合改造，属于公共服务的范畴，但并不意味着政府承担所有责任。由于旧宅区适老性改造属于公房服务范畴，政府除了提供一定的财政支持之外，还应发挥政策的推动和扶持作用，鼓励市场主体和社会力量参与。正如《建设部关于开展旧住宅整治改造的指导意见》（建住房〔2007〕9 号）指出："旧住宅整治改造属于为民服务的实事工程，具有明显的社会效益，是政府履行公共服务职能的重要内容。"旧住宅改造本身具有非营利性，其中，针对居家老人的住房适老性改造非营利性更明显，单纯依靠市场和社会力量是不可能有效推进的。所以，政府在公共服务供给资源的优化配置中应发挥基础性的"推动和扶持"作用，弥补市场对公共服务配置的失灵，一方面，通过法规、政策的引导，鼓励市场和社会力量参与；另一方面，采取措施优化群体配置，惠顾竞争中的弱势群体，充分保护社会弱势群体的居住利益，使其同样可以享受到公共服务（廖晓明、黄毅峰，2005③）。旧住宅的适老性改造作为政府公共服务的重要组成部分，在政府投入的同时，应通过政策引导，如对适老性改造的项目在税收上给予一定的优惠或减免等措施，鼓励吸引更多的社会力量和民间力量参与其中，保障旧住房适老性改造的有效推进。

（四）政府主导，创建住房置换的平台，为居家老人提供更多居住选择的机会

针对城市居家老人的居住环境需求，虽然我们主要从旧宅改造和保障房建设两个方面作了分析，但笔者认为，在建设老年宜居环境的过程中，我们是否可以

---

① http://www.yanglaocn.com/shtml/20150226/142490391040609.html.

② 杨弘，胡永保.实现基本公共服务均等化的民主维度——以政府角色和地位为视角［J］.吉林大学社会科学学报，2012（4）：13-19.

③ 廖晓明，黄毅峰.论我国政府在公共服务供给保障中的主导地位［J］.南昌大学学报（人文社会科学版），2005（1）：17-21.

尝试探索更多的满足居家老人居住环境需求的措施，如住房置换。

根据上海市 2007 年底的统计，上海市全市住宅面积 3.8 亿平方米，住宅小区 8486 个，其中，公房和售后公房小区 3966 个，占住宅小区总数的 46.7%，约 1.4 亿平方米[①]。另外，根据前面"2010 年中国城乡老年人口状况追踪调查"数据，居住在 2000 年以前住宅中的城市老人占 83.88%，1995 年以前的比重达 67.23%。

住房需求主要包括刚性住房需求和改善型住房需求两种，旧宅区中居家老人的住房需求大多属于改善型住房需求。目前我国许多大中城市住房存量较大，空置率较高。数据显示，2013 年我国城镇自有住房空置率为 22.4%[②]。近年来上海市以大型居住社区为载体建造了大量保障性住房，保障性住房供应大于需求的矛盾较为突出，而上海的养老用房严重缺乏，可利用的土地有限，能用来发展养老事业的土地短缺。这既为将部分保障性住房转化为养老用房提供了必要性，也创造了可行性[③]。如果可以在存量住房与旧宅区老公房之间实现有效的置换，对于改善老年人居住环境和发挥存量住房的社会效益具有重要的促进作用。

老公房中居家老人的住房需求大多属于改善型需求，访谈资料也显示，居家老人对住房置换关心最多的是置换成本，置换后居住环境能否改善，政府能否主导。

（个案编码：LHZX-20130507）

我们这么小的房子能换多大的啊，没听说过房子还可以置换，要掏钱吗？如果不拿钱换个条件好的房子当然好啦。

（个案编码：LJSG-20130507）

就希望能够拆迁，那样的话小区环境也好，换房子要看房子和社区服务怎么样了，这可不是小事，如果政府愿意出头，可以考虑。

根据新版《老年人权益保障法》宜居环境建设中第六十条：国家采取措施，推进宜居环境建设，为老年人提供安全、便捷、舒适的环境。所以，笔者认为，除了对旧宅区老公房适老性改造和保障房适老性建设、分配以外，政府是否可以考虑将住房置换也作为推动老年宜居环境建设的方式，为城市居家老人创建一个住房置换的平台，盘活存量住房，改善居家老人的居住条件。

首先，政府可以针对住房置换的条件，包括住房条件、置换的对象、置换的

---

① 资料由上海建科（集团）有限公司、上海建科老年用房研究中心提供。

② http://www.chinairn.com/news/20140815/174121613.shtml.

③ http://market.chinabaogao.com/gonggongfuwu/0G91605062013.html.

程序等出台相关的政策文件，保障住房置换的规范性；同时，住房置换需要跨部门的合作才能完成，如新加坡政府于1998年设立人口老龄跨部门委员会，强调老年人居住环境问题的综合治理，其中关于改善老年人居住环境的条款，为老年人提供了不同住房选择。所以，政府可以尝试借鉴新加坡的经验，在政府的主导下，通过住房、城建、审计等部门的合作，保障居家老人住房置换的顺利推进。其次，住房置换目的在于为居家老人创建一个宜居的养老环境，政府可以通过政策引导，鼓励市场力量和社会力量参与老年宜居社区建设，在通过住房置换改善居家老人基本居住条件的同时，进一步改善老年人的社区环境，提高老年人的居住福利。

（五）根据居家老人居住环境需求特征，进一步细化相关的政策，增强家庭养老功能

在城市化发展的过程中，城镇居民需求多元化、个性化的发展趋势必然体现在不同主体对居住环境要素需求的差异化方面，不同主体需求应作为城镇人居环境优化建设的重要依据（吴箐、程金屏等，2013[①]）。以老年人的需求为导向解决城市居家老人居住环境需求问题，是老年宜居环境建设中对老年人养老需求的突出和强化。由于生理、心理、年龄及行为能力等方面的不同，老年人的居住环境需求也呈现层次性、差异性、地域性的特征。各地区在落实养老政策的过程中，应注重对老年人需求的研究，既要满足老年人基本的需求，又要满足老年人多层次的个性化需求（江立华、黄加成，2011[②]）。

在目前及未来一段时间，居家养老仍是我国主要的养老模式，在构建"居家为基础、社区为依托、机构为支撑"的社会养老服务体系过程中，笔者认为，城市居家老人居住环境需求问题的解决，既要分析不同特征老年人的需求差异，提高老年人个体的居住满意度，同时又要根据老龄化的发展趋势和家庭结构的变动特征，并借鉴国际经验，将老年人居住环境需求问题上升到家庭层面，进一步完善和住房相关的家庭政策，增强家庭赡养功能，使老年人从家庭和社区获得更多的非正式支持，促进居家养老模式的可持续发展。

通过前面的分析，中国香港政府通过完善公房分配计划为有需要的老年人及家庭优先分配住房，例如，"家有长者优先配屋计划"，新加坡政府针对老年人家庭养老的需求，建设适合老年家庭几代人同居的住房，并结合相关的分配政策鼓

---

① 吴箐，程金屏，钟式玉，李宇.基于不同主体的城镇人居环境要素需求特征——以广州市新塘镇为例［J］.地理研究，2013（2）：307-316.

② 江立华，黄加成.老年人需求与宜居社区建设［J］.华东理工大学学报（社会科学版），2011（6）：87-92.

励家庭成员与父母共同居住或邻近居住，通过改善老年家庭的居住条件实现对家庭养老的非正式支持。

20世纪80~90年代，由于低生育率、老龄化等人口问题的出现，发达国家在对传统福利国家模式反思的基础上提出"发展型社会政策"，对政府—家庭责任重新界定，一方面，政府和社会进一步强化对家庭功能的支持，另一方面，随着社会福利普惠制取向的推进，家庭政策从支持型过渡到发展型，福利政策对象和福利内容进一步调整，对于满足个人和家庭的生存型需求和发展型需求发挥了重要的保障作用（吴帆、李建民，2012[①]）。中国香港及新加坡这种细致和人性化的政策为我们提供了很好的经验。笔者建议在"上海市保障性住房政策"及"上海市老年人优待政策"中，可以考虑根据老年人及家庭居住环境需求特征，例如，以老年人不同的生活自理能力、老年人的家庭类型、老年人经济收入等为主要参考依据，并结合老年人现实的居住条件，制定适合不同类型老年人及家庭需求的多种居住保障政策，并对提供的住房进行相应的无障碍改造或潜伏设计，这样就使住房政策从满足老年人"有房子住"的基本需求上升为老年家庭提供"合适的房子"的层次，对于促进社会养老服务体系的发展也具有重要的实践意义。

第三节 本书的不足及研究展望

本书是对城市居家老人居住环境需求问题研究的探索和开始，由于笔者水平有限，研究中还存在一些不完善的地方。

一、本书研究的不足

（一）研究数据的不足

本书利用"2010年中国城乡老年人口状况追踪调查"和上海市调研数据对全国和上海老年人居住现状做了基本分析，但在对上海市居家老人居住环境需求分析中，虽然课题组根据上海市老龄化现状和特征等因素采集了样本，但由于调研内容不仅包括与居家老人相关的人口信息，还重点了解住房需求信息，尤其是对住房需求信息的访谈，进一步增加了调研的难度。所以，同利用"2010年中

---

① 吴帆，李建民. 家庭发展能力建设的政策路径分析［J］. 人口研究，2012（4）：36-44.

国城乡老年人口状况追踪调查"数据分析老年人住房现状的数据相比,本书关于居家老人居住环境需求方面的数据相对有限。

(二)居住环境需求指标需要进一步标准化

与居家老人社区服务需求指标相比,对居住环境需求指标的研究及参考文献相对较少,所以笔者在居家老人居住环境需求内容及指标的设置上面临一些困难,为更好地分析居家老人居住环境需求特征,笔者参考建筑规划学等已有的研究成果,在对居住环境等相关概念界定的基础上,借助于调研数据设置了相关的居住环境需求指标,这样的划分标准虽然参考了相关研究成果,但也有一定的主观性,如果能有一些客观的可以参考的标准,将可以弥补主观上的缺陷,这也是笔者今后需要进一步深入研究的地方。

二、未来研究展望

(一)继续完善定性研究的内容

在定性研究中,笔者主要跟随课题组在调研中对居家老人及其个别老人的配偶、子女进行访谈,了解他们的需求特征。笔者在写作过程中也曾有这样的想法:虽然我们研究的是居家老人的居住环境需求,但如果能够同老年人住房的相关利益主体,如房产商、住房相关机构决策者进行沟通交流,也许对影响居家老人居住环境需求的潜在机制会有更加清晰的了解,今后笔者将借助于适当的机会弥补定性研究中的缺陷。

(二)深入、细致的微观研究

本书虽然利用社会学中的社会分层理论对居家老人的居住环境需求特征进行了分析,在论文中除了人口学和家庭相关的因素之外,还设置了客观分层和主观分层指标,但随着研究的深入,笔者感觉到社会分层指标的内容还可以进一步完善。尤其是笔者在分析访谈录音及回忆访谈场景时,深切感受到居家老人对改善居住环境的期望,特别是在对一些旧宅区中的老年人进行调研和访谈时,笔者从他们的话语和眼神中感受到的不只是期望,还包含着对现实居住条件的无奈。

所以,笔者认为,本书是对居家老人居住环境需求问题研究的开始,在未来的研究中,笔者将进一步丰富研究内容,例如,结合居家老人的家庭规模、职业、爱好等因素,更加全面地分析居家老人的居住环境需求特征,从而为进一步改善居家老人的居住条件提供参考。

（三）居家老人住房需求内容需要进一步完善

本书根据前期预调研和访谈材料，并结合相关建筑规划学对老年人住房的研究，在室内主要选择了老年人重点关注的厨房和卫生间两个区域，虽然从年龄、居住、分布等方面做了分析，但未来居家老人的数量还将持续增加，对居家老人居住环境需求的研究，尤其是室内区域的研究，不仅要关注厨房和卫生间两个区域，在未来的研究中还应该根据居家老人对其他区域，例如，卧室、客厅等需求特征进行分析。

本书只是在研究城市居家老人的居住环境需求问题方面进行了初步的尝试，希望能起到抛砖引玉的作用，也希望老年人居住环境需求问题能引起更多人口学、社会学等领域学者的关注，从而为大家提供更好的研究思路和方法。

附录一
问卷调查对象来源

黄浦区淮海中路街道；普陀区甘泉路街道、曹阳新村街道；长宁区江苏路及北新泾街道；杨浦区长白、延吉街道；浦东新区航头镇、三林镇；闵行区吴泾镇；宝山区顾村镇；松江区泗泾镇。

附录二

问卷调查表

问卷编号：□□□□□□

城市居家老人状况和需求调查问卷

（长表）

_____ 市 _____ 区 _____ 街道（镇）_____ 居委会

问卷填写规范要求：

1. 请在相应的选项数字上打○，或者在 _____ 处填写适当的内容。

2. 如无特殊说明，每个问题只能有一个答案或选项。多项选择题请按照选项的具体要求填写。

3. 除需要排序题目的编码栏由调查员填写之外，其余编码栏由指导员填写。

访问记录

	第一次联系	第二次联系	第三次联系
访问日期（年/月/日）			
访问时间			
调查员姓名			
访问结果	□ 联系不成功 □ 部分未完成 □ 完成问卷	□ 联系不成功 □ 部分未完成 □ 完成问卷	□ 联系不成功 □ 部分未完成 □ 完成问卷

复核检查员签名：_____

本问卷中所有问题尤其是带＊标记的问题，在一般情况下必须由被访者本人回答，在特殊情况下可由他人代答，此时调查员在该问题旁边空白处注明"代答"。"代答"人员的顺序首先是家属，其次为邻居或朋友。如无人能代答，请在该问题旁边空白处注明原因。

A. 个人资料		编码栏
A1. 您的性别：	①男　②女	□
A2. 您的出生年月：	阳历：_____ 年 _____ 月	□□□□ / □□
A3. 您的出生地点：	①现居住地 ②其他：_____ 省（自治区、直辖市）_____ 市 _____ 区（县）	□ □□ / □□ / □□
A4. 您的户籍所在地：	①现居住地 ②其他：_____ 省（自治区、直辖市）_____ 市 _____ 区（县）	□□ / □□
A5. 您的户籍：	①非农业　②农业	□
A6. 您现在的文化程度：	①不识字或识字很少　②小学　③初中　④高中/技校/中职　⑤大学专科　⑥大学本科及以上	□
A7. 您目前的婚姻状况：	①从未结婚（跳至 A10 题） ②有配偶 ③离婚（跳至 A10 题） ④丧偶（丧偶时您的实足年龄 _____ 岁）（跳至 A10 题）	□ □□
A8. 您的配偶现在住在哪里？	①住在儿子家 ②住在女儿家 ③其他（请注明：_____）	□
A9. 您的配偶在您今后需要照顾时，会来照顾您吗？	①会来照顾我 ②不会来照顾我 ③不知道	□
A10. 您现在有多少个子女？（指健在的，包括领养等法律意义上的子女）	①儿子 _____ 人 ②女儿 _____ 人 （如无子女，跳至 B1）	□□ □□
A11. 您现在每个孩子的情况如何？（请按年龄从大到小排序） （请将 A11a- A11h 题的合适选项序号或填写内容，按照子女顺序填在下方的表格内）		

续表

排序	A11a 性别	A11b 实足年龄	A11c 婚姻状况	A11d 文化程度	A11e 收入状况	A11f 健康状况	A11g 居住距离	A11h 最近 3 个月联系频率	编码栏
1.									□□□□□□□□
2.									□□□□□□□□
3.									□□□□□□□□
4.									□□□□□□□□
5.									□□□□□□□□
6.									□□□□□□□□
7.									□□□□□□□□
8.									□□□□□□□□
9.									□□□□□□□□
10.									□□□□□□□□

A11a. 性别：①男　②女

A11b. 实足年龄：填写实足年龄。

A11c. 婚姻状况：①未婚　②有配偶　③离婚　④丧偶

A11d. 文化程度：①小学及以下　②初中　③高中 / 技校 / 中职　④大学专科　⑤大学本科及以上

A11e. 收入状况：①很高　②较高　③中等　④较低　⑤很低　⑥无收入

A11f. 健康状况：①很好　②较好　③一般　④较差　⑤很差

A11g. 居住距离：①同一居委会　②同一街道或镇，但不同居委会　③同一市（区或县），但不同街道或镇　④同一省（自治区、直辖市），但不同市（区、县）　⑤同在中国，但在其他省（自治区、直辖市）　⑥在中国以外（请注明 ＿＿＿＿＿）

A11h. 联系频率：①几乎每天（5~7 次 / 每周）　②每周至少一次（1~4 次 / 每周）　③每月至少一次（1~3 次 / 每月）　④每月不到 1 次（每两个月以上联系 1 次）　⑤几乎没联系（一年不到一次）

（联系方式包括：看望、打电话、发短信、写信、发邮件、网络聊天等）

A12. 您没有和子女住在一起的主要原因是 （可以多选）	①自己能自理，不想影响子女	□
	②子女家住房条件有限，无法住一起	□
	③和子女或其配偶关系不好	□
	④喜欢自己单独住	□
	⑤子女去外地工作	□
	⑥其他（请注明 ＿＿＿＿＿＿＿＿＿＿＿）	□

B. 经济收入和参与状况		编码栏
B1. 您目前是否退休并从事有收入工作？	①已退休，目前未从事有收入工作（您 _____ 年退休的）。 ②已退休，目前仍从事有收入工作 ③尚未退休 ④从未工作过（跳至 B4）	□ □□□□
B2. 您退休前主要从事什么有收入的职业： （如未退休，填写现在主要从事的职业；调查员询问后替老人选择）	①国家机关企事业单位负责人 ②各类专业技术人员 ③办事人员和有关人员 ④商业服务业人员 ⑤农林牧渔水利生产人员 ⑥生产运输设备操作人员 ⑦军人 ⑧不便分类的其他从业人员（请注明：_____）	□
B3. 您退休前的单位性质是什么？ （如未退休，填写现在的单位性质）	①党政机关 ②国有企业 ③事业单位 ④集体企业（包括乡镇企业） ⑤境外独资企业 ⑥中外合资企业 ⑦私营企业（8 人及以上） ⑧个体工商户（8 人以下） ⑨居民家庭 ⑩其他（请注明：_____）	□
B4. 您目前（退休后）享受何种养老保障待遇？ （可多选，如果没有享受任何待遇，请直接选 12）	①公务员退休待遇 ②事业单位退休待遇 ③离休干部待遇 ④城镇企业职工基本养老保险 ⑤城镇居民基本养老保险 ⑥企业补充养老保险 ⑦征地养老补贴 ⑧商业养老保险 ⑨社会救助（包括低保等） ⑩高龄纳保或高龄津贴 ⑪其他保险（请注明：_____） ⑫不能享受任何养老待遇	□□ □□ □□

B4-1. 您目前是否领取居家养老服务补贴（包括服务券）？	①是，每月 _____ 元 ②否 ③不知道	□ □□□
B5. 您在最近 3 个月内的经济来源由多到少前三位依次为哪些？ （最多选 3 项，最主要经济来源的序号填入 1 编码框内，以此类推）	①养老金 ②未退（离）休时的工资收入 ③退（离）休后再工作收入 ④子女及孙辈赡养 ⑤其他亲属补贴 ⑥社会救助 ⑦房屋出租 ⑧证券交易收入 ⑨商业人寿保险金 ⑩其他（请注明：_____）	1.□ 2.□ 3.□
B6. 您在最近 3 个月内的各种收入合计平均每月多少元？	① 500 元以下　　② 500~999 元 ③ 1000~1499 元　　④ 1500~1999 元 ⑤ 2000~2499 元　　⑥ 2500~2999 元 ⑦ 3000~3999 元　　⑧ 4000~4999 元 ⑨ 5000 元及以上	□
B7. 您在最近 3 个月内的支出由多到少前三项依次为哪些？ （最多选 3 项，最主要支出的序号填入 1 编码框内，以此类推）	①衣食住行等日常生活支出 ②保健品支出 ③医疗费用（自费部分） ④娱乐学习费用（订购报纸 / 书籍 / 旅游等） ⑤支付保姆 / 钟点工 / 居家养老服务的费用 ⑥给予子女及孙辈的帮助 ⑦其他（请注明：_____）	1.□ 2.□ 3.□
B7-1. 您在最近 3 个月内的各种支出合计平均每月多少元？	① 500 元以下　　② 500~999 元 ③ 1000~1499 元　　④ 1500~1999 元 ⑤ 2000~2499 元　　⑥ 2500~2999 元 ⑦ 3000~3999 元　　⑧ 4000~4999 元 ⑨ 5000 元及以上	□
B8. 您觉得目前自己的经济状况宽裕吗？	①很宽裕　　②较宽裕 ③一般　　④较困难 ⑤很困难　　⑥讲不清	□

续表

B9. 在将来的生活中您最担心的经济困难由大到小前三位依次包括哪些方面？ （最多选 3 项，最大经济困难的序号填入 1 编码框内，以此类推）	①请保姆或居家养老服务员费用 ②患大病的医疗费用（自费部分） ③入住养老院的费用 ④食品 / 衣服 / 日用品等日常开支 ⑤买保健品或康复器材费用 ⑥旅游费用 ⑦子女患病或残疾的抚养费用 ⑧其他（请注明：_____）	1. □ 2. □ 3. □

C. 健康状况		编码栏
*C1. 您认为目前自己的健康状况如何？	①很好　　②较好 ③一般　　④不太好 ⑤不好　　⑥无法回答	□
C2. 您是否有右边一些经医生确诊过的疾病？ （可多选项，若所患疾病没有列出，请在"其他"中填写，若无任何疾病，请选最后一项）	①高血压 ②冠心病 ③脑中风 ④糖尿病 ⑤老年慢性支气管炎 ⑥癌症 ⑦风湿病 ⑧慢性肾病 ⑨骨关节炎（炎症、增生、骨折、椎间盘突出等） ⑩抑郁症或老年痴呆、帕金森病 ⑪其他（请注明：_____） ⑫无任何疾病	□□ □□ □□ □□ □□ □□
*C3. 您认为今后自己的生活会如何变化？	①变好　　②无变化 ③无法预料，各种可能性都有 ④变坏　　⑤无法回答	□
*C4. 您是否担心人们期望您做的事自己却不能胜任？	①不担心　　②有些担心 ③担心　　　④无法回答	□
*C5. 您经常感到孤独吗？	①从未感到　　②有时感到 ③经常感到　　④无法回答	□
*C6. 您经常感到生活无目的吗？	①从未感到　　②有时感到 ③经常感到　　④无法回答	□

*C7. 与您自己 60 多岁时的生活相比，您是否更幸福？	①现在最幸福　　②过去和现在同样幸福 ③无法比较出何时更幸福 ④最近几年有些不如以前了　　⑤无法回答	□
*C8. 与您自己 60 多岁时相比觉得身体状况更差吗？	①比以前差多了　　②比以前差一些 ③基本没变化　　　④比以前好一些 ⑤比以前好多了　　⑥无法回答	□
*C9. 与同龄人相比您觉得自己身体状况比他们好吗？	①好得多　　②好一些　　③差不多 ④差一些　　⑤差很多　　⑥无法回答	□
*C10. 您想到自己的身体觉得很忧虑吗？	①很忧虑　　②比较忧虑　　③一般 ④不太忧虑　　⑤不忧虑　　⑥无法回答	□
C11. 您的医疗费用享受什么待遇？	①享受干部保健医疗待遇 ②享受城镇职工基本医疗保险待遇 ③享受城镇居民医疗保险待遇 ④享受亲属半费报销待遇 ⑤获医疗救助 ⑥完全自费 ⑦其他（请注明：_____）	□
C12. 最近 3 个月内您是否看过病？	①是　　②否（跳至 C14 题）	□
C12-1. 您看过几次病？	_____ 次	□□□
C12-2. 您看病主要在哪里？	①省或市级医院 ②区（县）级医院 ③街道、乡镇级医院（社区卫生服务中心） ④居委医务点 / 医务室 ⑤民营医院 ⑥家庭病床 ⑦私人诊所	□
C13. 如果您患有慢性疾病，希望老年日间服务中心在白天为您提供短期康复、医疗及护理服务（即康复型日托服务）吗？	①非常需要，在家里照顾病人不方便 ②视情况而定 ③不需要，怕花钱多 ④不需要，可以在家康复 ⑤不适合，没有慢性病	□
C14. 您在最近 3 个月内是否住过医院？	①住过 ②未住过（跳至 C15 题）	□
C14-1. 您在医院一共住了几天？	住院天数 _____ 天	□□□

续表

C15. 您生病或住院期间，谁来照顾您日常生活？ （最多选3项）	①儿子　　②女儿　　③儿媳 ④女婿　　⑤孙辈　　⑥其他亲属 ⑦邻居　　⑧朋友 ⑨社区干部　⑩保姆或医院护工 ⑪其他人员（请注明：_____） ⑫没人照顾　⑬日常生活能自理，不需照顾	□□ □□ □□
*C16. 您在看病过程中遇到的最大困难是什么？ （最多选3项，没有选第一项）	①无困难 ②没有足够的钱看病 ③无法独自外出看病 ④外出交通不便 ⑤医疗设施太差 ⑥医院床位不足 ⑦医疗水平不高 ⑧专家难以预约 ⑨医务人员服务态度不好 ⑩其他（请注明：_____）	□ □ □
C17. 您刚出院正在康复时，需要老年日间服务中心在白天为您提供康复、医疗及护理服务（即医疗型日托服务）吗？	①非常需要，在家里照顾病人不方便 ②视情况而定 ③不需要，怕花钱多 ④不需要，可以在家康复 ⑤不适合，没住过院	□

D. 照顾状况					编码栏
*D1. 您目前的基本生活自理能力如何？	①能自理 ②部分能自理 ③完全不能自理（从_____年前开始） ④无法回答				□ □□
	分数	**10**	**5**	**0**	**得分**
D2. 您目前最基本的日常生活有没有困难？ （调查员必须逐项询问，并圈出最适合的答案，最后计算总分）	①吃饭	无困难	有点困难	很困难	□□
	②穿衣	无困难	有点困难	很困难	□□
	③上下床	无困难	有点困难	很困难	□□
	④室内走动	无困难	有点困难	很困难	□□
	⑤洗脸刷牙	无困难	有点困难	很困难	□□
	⑥上厕所	无困难	有点困难	很困难	□□
	⑦洗澡	无困难	有点困难	很困难	□□

D2. 您目前最基本的日常生活有没有困难？ （调查员必须逐项询问，并圈出最适合的答案，最后计算总分）	⑧上下楼梯	无困难	有点困难	很困难	□□
	⑨小便失禁情况	能自制	偶尔失禁	经常失禁	□□
	⑩大便失禁情况	能自制	偶尔失禁	经常失禁	□□
	计算总分：_____				□□□

D3. 您目前的一般日常活动有没有困难？ （调查员必须逐项询问，并圈出最适合的答案，最后计算总分）	1. 上街购物 ①独立完成所有购物需求（10分） ②独立购买日常生活用品（10分） ③每一次上街购物都需要有人陪（5分） ④完全不能上街购物（0分）	□□
	2. 外出活动 ①能自己开车、骑车（10分） ②能自己搭乘公共交通工具（10分） ③能自己乘出租车但不能搭乘公共交通工具（5分） ④当有人陪同可搭出租车或公共交通工具（5分） ⑤完全不能单独出门步行（0分）	□□
	3. 做饭做菜 ①能独立计划、做好一顿饭菜（10分） ②如果准备好一切生菜调料，会做一顿饭菜（10分） ③会将已做好的饭菜加热（5分） ④需别人把饭菜做好、摆好（0分）	□□
	4. 家务劳动 ①能做较繁重的家务或偶尔需要别人协助（如搬动沙发、拖地、擦窗户）（10分） ②能做较简单的家务，如洗碗、铺床、叠被（5分） ③能做家务，但达不到可被接受的整洁程度（5分） ④所有的家务都需要别人协助（0分） ⑤完全不会做家务（0分）	□□
	5. 洗衣服 ①自己清洗所有衣物（包括使用洗衣机）（10分） ②只能清洗小件衣物（包括使用洗衣机）（5分） ③完全依赖他人（包括使用洗衣机）（0分）	□□
	6. 使用电话的能力 ①独立使用电话，含查电话簿、拨号等（10分） ②仅能拨熟悉的电话号码（5分） ③仅能接电话，不能拨电话（5分） ④完全不能使用电话（0分）	□□

D3. 您目前的一般日常活动有没有困难?（调查员必须逐项询问，并圈出最适合的答案，最后计算总分）	7. 服用药物 ①能自己负责在正确的时间用正确的药物（10 分） ②需要提醒或少许协助（5 分） ③如事先准备好服用的药物分量，可自行服用（5 分） ④不能自己服用药物（0 分）	☐☐
	8. 处理财务能力 ①可以自己保管并使用现金和银行卡 / 信用卡（10 分） ②可以完成日常的购物，但购买较多物品或使用银行卡 / 信用卡需协助（5 分） ③自己无法领取养老金，不能处理自己的钱财（0 分）	☐☐
	总分：_____ 分	☐☐☐
D4. 如果您目前生活完全自理有困难，请问您的照顾者有哪些?（可选多项，如无人帮助，请选最后一个选项）	①儿子	☐
	②女儿	☐
	③儿媳	☐
	④女婿	☐
	⑤孙子女（或外孙子女）	☐
	⑥孙子女配偶（或外孙子女配偶）	☐
	⑦其他亲属	☐
	⑧朋友	☐
	⑨邻居	☐
	⑩钟点工	☐
	⑪全天保姆	☐
	⑫社区居家养老服务员	☐
	⑬其他（请注明：_____ ）	☐
	⑭无人帮助（跳至 D7 题）	☐
D4-1. 其中最主要照顾者是谁?	最主要照顾者序号：_____ （请从 D4 题中的序号选一项）	☐☐
D4-2. 最主要照顾者照顾您已有几年?	已照顾 _____ 年	☐☐
D4-3. 最主要照顾者在最近 3 个月内平均每天需要照顾您几个小时?	_____ 小时	☐☐
D4-4. 最主要照顾者的照护知识和技能能否满足您的照顾需要?	①完全能满足　　②基本能满足 ③勉强能满足　　④大部分不能满足 ⑤完全不能满足	☐

续表

*D5. 从您的角度出发，您是否感觉照顾您对最主要照顾者是一个较大的生活负担？	①是的 ②视自己的健康程度而定 ③不是	□
D6. 您在最近 3 个月内个人或家庭平均每月总共需要付照顾费用多少钱？	① 200 元以下　　② 200~399 元 ③ 400~599 元　　④ 600~799 元 ⑤ 800~999 元　　⑥ 1000~1199 元 ⑦ 1200~1499 元　⑧ 1500~1999 元 ⑨ 2000~2999 元　⑩ 3000~4999 元 ⑪ 5000 元及以上　⑫不清楚 ⑬不适合，不需要付照护费	□□
D7. 您在最近 3 个月内平均每月的照顾费用有没有得到政府的补贴？	①有，政府补贴 _____ 元 ②没有 ③不适合，不需要付照护费	□
D8. 当最主要照顾您的人有 1~2 周不能照顾您时，您打算怎么办？	①自己临时照顾自己 ②请其他家人或亲戚临时照顾 ③请朋友临时照顾 ④请邻居临时照顾 ⑤短期请保姆或钟点工照顾 ⑥住到子女或其他亲戚家 ⑦住在短期托老所或其他护理机构 ⑧其他办法（请注明：_____）	□
*D9. 您是否了解老年日间服务中心（即白天的托老所）	①不了解　　②印象较好 ③一般　　④印象较差 ⑤无法回答	□
*D10. 您是否了解养老机构（包括养老院、福利院、老年公寓等）	①不了解　　②印象较好 ③一般　　④印象较差 ⑤无法回答	□
*D11. 您希望自己最好在哪里养老，由谁来照顾？	①家中，自己照顾自己，或者由子女、配偶照顾 ②家中，由保姆或社区工作人员上门照顾 ③家中，但白天到老年日间服务中心接受工作人员照顾 ④养老机构（包括老年福利院、社区敬老院、社会办养老院、老年护理医院）（跳至 D13 题） ⑤其他（请注明：_____） ⑥无法回答（跳至 D14 题）	□

*D12. 您如果希望在家里养老，今后当自己的健康状况和生活自理能力越来越差时您又希望最好在哪里养老？	①家中，自己照顾自己，或者由子女、配偶照顾（跳至D14题） ②家中，由保姆或社区工作人员上门照顾（跳至D14题） ③家中，但白天到老年日间服务中心接受工作人员照顾（跳至D14题） ④养老机构（包括老年福利院、社区敬老院、社会办养老院、老年护理医院） ⑤其他（请注明：_____） ⑥无法回答（跳至D14题）	□
*D13. 如果目前（或未来）您希望住在养老机构养老，主要原因是什么？ （最多选3项）	①家中住房不宽裕 ②家中无人照顾 ③虽然家人可以照顾，但自己不想拖累家人 ④保姆照顾得不够好 ⑤养老院照顾好 ⑥社区上门服务不能很好解决照顾问题 ⑦老年日间服务中心不能很好解决照顾问题 ⑧其他（请注明：_____） ⑨无法回答	□ □ □
D13-1. 您及您的家人每个月最多能承受多少收费（包括床位费、护理费、伙食费等）？	①1000元以下　　②1000~1499元 ③1500~1999元　　④2000~2999元 ⑤3000~3999元　　⑥4000~4999元 ⑦5000元及以上　　⑧讲不清	□
*D13-2. 您的家人对您决定在养老机构内养老抱什么态度？	①全部支持　　②全部反对 ③意见不一致　　④无所谓 ⑤现在尚未知道他们的态度 ⑥不适用（如没有家人等） ⑦无法回答	□
D14. 您现在是否正在接受或已经接受过以下这些由社区提供的老年照顾服务？ （最多选3项，没有选0）	0. 未接受（跳至D17） ①社区居家养老上门服务 ②老年日间服务中心（即白天"托老所"） ③1周左右全托服务 ④老年助餐服务 ⑤家庭保健医生 ⑥其他（请注明：_____）	□ □ □

续表

D15. 您在最近 3 个月内接受右边 3 项社区老年照顾服务平均为每周多少小时或多少餐、次？平均每月个人负担多少钱？	①社区上门服务：平均 _____ 小时 / 周，_____ 元 / 月。 ②老年助餐服务：平均 _____ 餐 / 周，_____ 元 / 月。 ③家庭保健医生：平均 _____ 次 / 周，_____ 元 / 月。 （没有请填 0，不清楚请填"9"）	□□ □□□ □□ □□□ □□ □□□
*D16. 您对自己正在接受或已经接受过的社区老年照顾服务是否满意？	①满意（跳至 D17 题） ②一般 ③不满意	□
D16-1. 如果您对自己目前的社区照顾状况不满意，其原因为：_____ （最多选两项）	①照顾服务内容太少 ②社区服务人员不专业 ③社区服务人员态度不好 ④费用太高 ⑤使用不方便 ⑥其他（请注明：_____）	□□
*D17. 您需要老年日间服务中心提供的长期健康维护及照顾服务（即养护型日托服务）吗？	①非常需要 ②视情况而定 ③不需要 ④无法回答	□
*D18. 您认为社区需要为重度失智失能老人提供日间看护服务（即失智失能型日托服务）吗？	①非常需要 ②视情况而定 ③不需要 ④无法回答	□

访问暂停，如果老人身体许可，请让老人休息 5~10 分钟后再继续，否则，建议与老人约时间下次再继续访问，谢谢！

E. 居住和家庭设施状况		编码栏
E1. 您居住的住房类型属于下列哪一种？	①多层住宅　　②高层住宅 ③花园住宅 ④普通旧式房（如四合院、宅库门房等） ⑤农村二三层楼房　⑥平房 ⑦简易搭建房 ⑧其他（请注明：_____）	□

E2. 请问您居住的住宅总共有几层? 您住在第几层?	总共 _____ 层，您住在第 _____ 层	□□ / □□
E3. 您居住的房屋建成时间	_____ 年建成	□□□□
E4. 您家房屋的建筑面积是多少?	①建筑面积 _____ 平方米 ②居住面积 _____ 平方米	□□□
E5. 您的卫生间以下内容是否需要改善: （最多选 3 项）	①空间狭小　②地面有高差 ③没有扶手　④蹲便器使用不便 ⑤浴缸使用不便　⑥洗手台使用不便 ⑦紧急时缺乏呼救设备 ⑧采光与照明不足	□ □ □
E6. 您洗浴时习惯选择 _____ ?	①浴缸　②淋浴 ③浴缸与淋浴结合	□
E7. 您的厨房以下内容是否需要改善? （最多选 3 项）	①空间狭小 ②操作台高度不合适 ③橱柜的吊柜太高 ④地面太滑 ⑤储藏空间不够 ⑥缺少配套阳台 ⑦光线暗 ⑧设备不够用 ⑨开关、插座位置不好，数量不够 ⑩轮椅进出移动困难 ⑪其他（请注明 _____ ___ ）	□ □ □
E8. 您家中是否安装紧急求助设施（如阳光呼叫器 / 安康通呼叫器 / 求助电铃 / 定位手机等）	①是（跳至 E9 题） ②否	□
E8-1. 您家中未装紧急求助设施的原因是什么?	①我很健康，不用装 ②收费太贵 ③装这些设施没有多大用处，主要靠自己 ④不知道找谁安装这些设施 ⑤其他（请注明： _____ ）	□
*E9. 您比较担心因居住条件或设施差而引起哪些安全问题? （最多选 3 项）	①突发疾病无法告知别人 ②突然滑倒或绊倒 ③入室盗窃等财务安全问题 ④家庭电气、煤气使用意外等 ⑤其他（请注明 _____ ）	□ □ □

E10.您的室外连接通道以下内容是否需要改善？（最多选3项）	①设置轮椅通道　②安装电梯　③改造现有电梯 ④安装扶手　⑤改善灯光与照明　⑥安装监控与求助设备	□□□
E11.如果对您的住宅楼进行改造，您觉得最需要改善的是哪些部位？ （最多选3项，不需要选最后一项）	①楼栋入口　②楼梯　　③门厅 ④卧室　　⑤客厅　　⑥餐厅 ⑦厨房　　⑧卫生间　⑨阳台 ⑩过道　　⑪储藏空间 ⑫不需要	□□ □□ □□
E12.如果对您的居住环境进行改善，您认为自己最需要的是什么？ （最多选3项，不需要选最后一项）	①设置轮椅通道　　②加装电梯 ③安装扶手　　　④增加阳台 ⑤改善灯光与照明⑥安装监控与求助设备 ⑦消除地面高差 ⑧购买新住宅 ⑨其他（请注明：_____） ⑩不需要改善	□ □ □
E13.如果对您的住宅楼进行改造，您最担心的是哪些？ （最多选3项，没有选最后一项）	①噪声大　　②施工时间长 ③施工时不安全　④费用难以承担 ⑤施工时家中脏、乱 ⑥需要暂时搬出 ⑦其他（请注明：_____） ⑧没有担心	□ □ □
E14.您所居住的小区环境以下内容是否需要改善？ （最多选3项，没有问题选最后一项）	①步行有障碍，如路面不平，缺少坡道，路灯照明不够 ②缺少休息交流、活动的场地 ③缺少绿化 ④卫生状况不好，如垃圾乱扔，蚊子多 ⑤噪声干扰 ⑥治安不好，缺乏安全感 ⑦没有问题	□ □ □

F. 文化和精神生活状况		编码栏
F1. 您的兴趣爱好有哪些？（限填五项，若是无任何爱好，请直接圈"○"）	①读书看报　②书法诗画　③下棋打牌 ④种花养鸟　⑤听音乐　　⑥看电视 ⑦看电影　　⑧唱歌跳舞　⑨戏曲表演 ⑩体育锻炼　⑪上公园　　⑫收藏鉴赏 ⑬摄影　　　⑭旅游　　　⑮垂钓 ⑯与人聊天　⑰上网 ⑱其他（请注明＿＿＿＿＿） ⑲没有爱好	☐☐☐☐☐

F2. 您住地附近是否有下列专为老年人开放的活动场所？您在最近 3 个月内是否参加过这些活动？如果参加过，您在最近 3 个月内每隔多久参加一次？

活动场所类别	有 / 无场所 ①有 ②无	是否参加 ①是 ②否	平均每隔多久参加一次	
1. 社区或居民活动中心				☐☐☐
2. 老年活动室或中心				☐☐☐
3. 社区文化中心或文化室				☐☐☐
4. 各类老年学校				☐☐☐
5. 户外或室内健身点				☐☐☐

（请在相应框格内填下面选项序号）

如参加，每隔多久参加一次？　①每周 3 次及以上　　②每周 1~2 次

　　　　　　　③每月 2~3 次　　　④每月 1 次

　　　　　　　⑤每两个月及以上 1 次

*F2-1. 与没参加这些活动之前相比，您参加这些活动后的心情是否有所变化？	①心情比以前更加愉快 ②心情没什么太大变化 ③反不如以前开心 ④无法回答	☐
*F3 如果有活动场所，而您在最近 3 个月内没有参加过这些活动，主要原因是什么？	①不喜欢这些活动　　②身体不好 ③家务太忙　　　　　④工作太忙 ⑤活动场所条件太差　⑥收费太高 ⑦离家较远　⑧其他（请注明＿＿＿＿＿） ⑨无法回答	☐
F4. 您在最近 3 个月内是否经常进行体育锻炼或健身活动（包括在家中或户外）？	①是 ②否（跳至 G1 题）	☐
F5-1. 如果您经常进行体育锻炼或健身活动，那么每次是否超过 20 分钟？	①是 ②否	☐

G. 社会支持和社会参与			编码栏
G1. 请问您所在社区有无下面这些为老服务设施或项目？如果没有，您认为是否需要设立？			
设施或项目类别	有无项目 ①有　②无	是否需要设立 ①有需要　②不需要	
1. 社区上门帮助做饭和打扫卫生服务			☐☐
2. 老年人可以洗澡的浴室或上门帮助洗澡			☐☐
3. 社区上门帮助老年人到超市或菜市场购物			☐☐
4. 老年社区餐厅			☐☐
5. 老年送餐服务			☐☐
6. 社区医疗保健、长寿养生知识宣传			☐☐
7. 社区药店（配药、取药）			☐☐
8. 社区康复理疗点（包括量血压、慢性病护理、 愈后康复护理等）			☐☐
9. 家庭保健医生或护士			☐☐
10. 家庭病床			☐☐
11. 社区陪同老年人看病服务			☐☐
12. 老年日间服务中心（白天托老所）			☐☐
13. 一周左右全托服务			☐☐
14. 老年活动室			☐☐
15. 老年学校			☐☐
16. 协助行动不便的老人散步			☐☐
17. 户外或室内健身点			☐☐
18. 社区志愿者紧急援助服务			☐☐
19. 代缴公共事业费（电费、煤气费、电话费等）			☐☐
20. 应急维修（家电、家具、水电煤气管道等）			☐☐
21. 社区志愿者心理关爱（聊天谈心）			☐☐
22. 法律咨询			☐☐
*G2. 您觉得自己与家人的关系好吗？	①很好　②比较好　③一般　④不太好 ⑤很不好　⑥没有家人　⑦无法回答		☐
*G2-1. 在最近 3 个月内家人是否经常上门看望 或电话问候您？	①几乎每天　②每周 4~5 次　③每周 1~3 次 ④每月 1~3 次　⑤每两个月及以上 1 次 ⑥从来没有　⑦没有家人		☐

*G3. 您觉得自己与邻居关系好吗？	①很好　②比较好　③一般 ④不太好　⑤很不好 ⑥没有邻居　⑦无法回答	□
*G3-1. 在最近 3 个月内邻居们是否经常上门看望或电话问候您？	①几乎每天　②每周 4~5 次　③每周 1~3 次 ④每月 1~3 次　⑤每两个月及以上 1 次 ⑥从来没有　⑦不适用（没有邻居或我不喜欢他人打扰）	□
*G4. 您觉得自己与社区干部关系好吗？	①很好　②比较好　③一般 ④不太好　⑤很不好 ⑥没有社区干部　⑦无法回答	□
*G4-1. 在最近 3 个月内社区干部是否经常上门看望或电话问候您？	①几乎每天　②每周 4~5 次　③每周 1~3 次 ④每月 1~3 次　⑤每两个月及以上 1 次 ⑥从来没有 ⑦不适用（如我不喜欢他人打扰）	□
*G5. 当您在生活中遇到一件对自己来说很重要的事情，需要您作出决定，您会找谁商量？ （最多选 3 项）	0. 找不到人商量 ①儿子　②女儿　③孙辈 ④儿媳　⑤女婿 ⑥其他亲属　⑦邻居　⑧朋友 ⑨社区干部　⑩保姆或家政人员 ⑪其他人（请注明：_____） ⑫不会找人商量　⑬无法回答	□□ □□ □□
*G6. 当您与其他人（包括不同住的配偶和子女）发生矛盾，但又无法与其讨论解决，您会同谁谈这些问题？ （最多选 3 项）	0. 找不到人谈 ①儿子　②女儿　③儿媳 ④女婿　⑤孙辈　⑥其他亲属 ⑦邻居　⑧朋友　⑨社区干部 ⑩保姆或家政人员 ⑪其他人（请注明：_____） ⑫不会找人谈　⑬无法回答	□□ □□ □□
*G7. 当您心情不好，想找人谈谈，您会找谁来谈（包括打电话和通信）？ （最多选 3 项）	0. 找不到人谈 ①儿子　②女儿　③儿媳 ④女婿　⑤孙辈　⑥其他亲属 ⑦邻居　⑧朋友　⑨社区干部 ⑩保姆或家政人员 ⑪其他人（请注明：_____） ⑫不会找人谈　⑬无法回答	□□ □□ □□

*G8. 当您在看病时遇到了问题，您会找谁来帮助？ （最多选 3 项）	0. 找不到人帮助 ①儿子　②女儿　③儿媳 ④女婿　⑤孙辈　⑥其他亲属 ⑦邻居　⑧朋友　⑨社区干部 ⑩保姆或家政人员 ⑪其他人（请注明：_____） ⑫不会找人帮助　⑬无法回答	□□ □□ □□
*G9. 当您需要借一大笔钱，您会向谁借？ （最多选 3 项）	0. 找不到人借 ①儿子　②女儿　③儿媳 ④女婿　⑤孙辈　⑥其他亲属 ⑦邻居　⑧朋友　⑨社区干部 ⑩保姆或家政人员 ⑪其他人（请注明：_____） ⑫无法回答	□□ □□ □□
*G10. 当您的合法权益受到侵害时，您主要找谁或通过什么途径求得帮助？ （最多选 3 项）	0. 不知道 ①儿子　②女儿　③儿媳 ④女婿　⑤孙辈　⑥其他亲属 ⑦邻居　⑧朋友　⑨社区干部 ⑩保姆或家政人员　⑪原工作单位领导 ⑫街道及以上老龄干部　⑬公安派出所 ⑭各级法院　⑮其他（请注明：_____） ⑯无法回答	□□ □□ □□
G11. 您在最近 3 个月内是否参加过志愿服务活动？	①是　②否（跳至 G12 题）	□
G11-1. 您在最近 3 个月内参加志愿服务活动的时间平均每周多少小时？	①2 小时及以下　②3~5 小时 ③6~10 小时　④11~15 小时 ⑤16~20 小时　⑥21~25 小时 ⑦26~30 小时　⑧30 小时以上 ⑨记不清楚	□
G11-2. 您在最近 3 个月内参加的志愿服务活动主要属于哪一类？	①美化清洁环境　②帮困助弱服务 ③社会安全保卫　④专业技能咨询 ⑤组织文体活动　⑥其他（请注明：_____）	□

		编码栏
*G12. 您在最近 3 个月内与谁一起外出逛商店、吃饭、散步等？ （最多选 3 项）	0. 找不到人 ①儿子　②女儿　③孙辈 ④其他亲属　⑤邻居　⑥朋友 ⑦社区干部　⑧保姆或家政人员 ⑨其他人（请注明：_____） ⑩无法回答	☐☐ ☐☐ ☐☐
*G13. 您在最近 3 个月内与谁至少每月交往一次，如互相拜访、聊天、喝茶、饮酒、打牌、下棋或打麻将等？（最多选 3 项）	0. 找不到人 ①儿子　②女儿　③孙辈 ④其他亲属　⑤邻居　⑥朋友 ⑦社区干部　⑧保姆或家政人员 ⑨其他人（请注明：_____） ⑩无法回答	☐☐ ☐☐ ☐☐
*G14. 您在这两年内由于搬迁、亲人或朋友去世，以及其他原因，是否失去了一些能给自己提供帮助和支持的人？ （最多选 5 项）	0. 未失去 ①儿子　②女儿　③孙辈 ④其他亲属　⑤邻居　⑥朋友 ⑦社区干部　⑧保姆或家政人员 ⑨其他人（请注明：_____）　⑩不想说出来 ⑪无法回答	☐☐ ☐☐ ☐☐ ☐☐ ☐☐

H. 总体感受和要求		编码栏
*H1. 您对自己目前的生活状况是否满意？	① 很 满 意　　② 比 较 满 意　　③ 一 般 ④不太满意　⑤不满意　⑥无法回答	☐
*H2. 随着年龄增大，日常生活部分或全部不能自理时，您认为自己将会在右边哪些方面遇到较大困难？ 是否有较大困难： 1. 有较大困难 2. 有些困难 3. 无困难 4. 无法回答	①健康状况	☐
	②收入和财产状况	☐
	③子女对您的赡养和照料	☐
	④与子女和孙辈的沟通	☐
	⑤与其他亲属联系	☐
	⑥与朋友联系	☐
	⑦与家人联系	☐
	⑧参加娱乐活动	☐
	⑨参加体育健身活动	☐
	⑩参加老年学校学习（包括老年远程教育）	☐
	⑪参与志愿服务活动	☐
	⑫参加宗教或其他精神上的信仰活动	☐
	⑬在人格和尊严得到尊重方面	☐
	⑭其他（请注明：_____）	☐

续表

*H3. 您认为当前最迫切需要政府和社会关心解决哪些老年人问题？ （最多选 5 项，没有选最后一项）	①加强尊老敬老的宣传教育 ②切实保障老年人的合法权益 ③为老年人从事有收入的工作提供帮助 ④进一步解决好老年人的养老金问题 ⑤多开展"结对关爱"活动 ⑥解决好"看病贵"和"看病难"问题 ⑦改善医务人员的服务态度 ⑧多办些日间老年服务中心（白天"托老所"） ⑨多办些 1 周左右全托服务 ⑩多办些养老机构 ⑪开设并搞好老年助餐服务 ⑫增加社区上门照料老人服务 ⑬安装不收费或低费的紧急求助设施 ⑭改善老年人居室条件（包括室内装扶手、铺设防滑地砖等） ⑮改善老年人的室外环境（包括无障碍设施改造、尽可能安装电梯等） ⑯丰富老年活动室的活动项目 ⑰积极办好各类老年学校 ⑱其他（请注明：_____） ⑲无法回答	□□ □□ □□ □□ □□
H4. 您对政府进一步完善独居老人照顾支持政策有何意见建议？	_____	

谢谢您，访问取得圆满成功！

调查员应当场检查一下是否有漏填的问题！

附录三
访谈提纲

1. 您今年多大了？自己住还是和子女或配偶一起居住？

2. 您在这里居住有多长时间了？

3. 您的身体如何，平时可以自己照顾自己吗？

4. 您的住房条件怎么样？您住几楼？（住房建筑年代、住房面积、住房结构……）

5. 您的住房能满足您目前的居住需求吗？

6. 您的住房设施有什么问题吗？

7. 您认为您的住房在哪些问题上需要改造？

8. 您认为室外哪些区域需要改造，满足您的生活需求？

9. 您平时主要在室内活动还是在室外和社区的邻居们交流？

10. 您认为您现在的住房从室内到室外出行方便吗？您觉得存在什么问题？

11. 你们社区有老年人活动的场地吗？

12. 您听说过住房适老性改造吗？

13. 如果您现在的住房存在问题，您认为哪些问题最严重，最需要改造？

14. 您愿意接受改造吗？您希望如何改造？

15. 您愿意用您现在的房子置换别的房子吗？

16. 您对现在的住房条件满意吗？

17. 您认为动迁房哪里最让您满意？

18. 您居住社区有老年人活动设施吗？如活动室等。

19. 您平时都和父母一起居住吗？

20. 如果父母在家，您最担心的是什么问题？您希望如何解决？

附录四

访谈对象基本资料

类别	个案编码	基本情况
L　老公房及里弄住宅	LHZX-20130507	男，75岁，和配偶同住，企业职工
	LYNS-20130507	女，67岁，独居，子女每周来看望，无工作
	LHPR-20130507	男，74岁，与配偶、儿子同居，月收入1200元
	LZZG-20130507	男，72岁，丧偶，儿子在外地，独居一老式里弄
	LZQ-20130507	男，68岁，独居，子女在附近居住
	LJSG-20130507	男，66岁，和配偶同住，月收入2000元左右
	LWXL-20130718	女，71岁，与配偶、儿子同居
	LDDY-20130718	男，70岁，丧偶，与儿子同住
	LZYX-20130718	男，73岁，和配偶同住，女儿在市区居住，每周来
	LWTX-20130718	女，62岁，与母亲同住，月收入1300元左右
	LGSX-20130718	男，74岁，与配偶同住，教师，儿子在国外
	LQNS-20130718	女，68岁，与配偶同住，儿子在市区居住
	LLF-20130723	女，70岁，与配偶同住，女儿和儿子在附近居住
	LWXB-20130723	女，71岁，与女儿同住
	LHPF-20130723	男，66岁，与配偶同住，儿子在外地
S　商品房	SPDW-20131108	女，63岁，与配偶、儿子同住
	SLHY-20131108	女，69岁，丧偶，与儿子同住
	SYHL-20131108	男，73岁，与配偶、女儿同住
	SWJL-20131108	女，72岁，与配偶同住
	SLYF-20131108	男，69岁，与配偶同住
	SZCL-20131206	男，70岁，与儿子同住
	SLW-20131206	男，68岁，与儿子同住
	SQZF-20131206	男，75岁，与女儿同住
	SMZM-20131206	女，65岁，独居

类别		个案编码	基本情况
D	动迁房	DZFL-20140112	女，68 岁，与配偶同住，电梯房
		DWRR-20140112	女，65 岁，与配偶、儿子同住，多层住宅
		DMXL-20140112	女，69 岁，与女儿同住，多层住宅
		DWXF-20140112	女，71 岁，动迁房附近租房住，原来在动迁房 5 楼
		DCMQ-20140112	男，69 岁，与配偶、小女儿同住，多层住宅

参考文献

［1］Hays, J. Pieper, C. Purser, J.Competing Risk of Household Expansion or Institutionalization in Later Life［J］. Journal of Gerontology : Social Sciences, 2003（5）: 11-20.

［2］Worobey, J. and Angel, R. Functional Capacity and Living Arrangements of Unmarried Elderly Persons［J］. Journal of Gerontology : Social Sciences, 1990（13）: 95-101.

［3］Costa, D.L. A House of Her Own : Old Age Assistance and Living Arrangements of Older Unmarried Women［J］. Journal of Public Economics, 1999（72）: 39-60.

［4］Tinker, A. Housing for Elderly People［J］. Reviews in Clinical Gerontology, 1997（7）: 171-176.

［5］Gary, W. Evans, Elyse Kantrowitz and Paul Eshelman. Housing Quality and Psychological Well-being Among the Elderly Population［J］.The Journals of Gerontology, 2002（7）: 381-383.

［6］Oswald, F.and Wahl, H.W. Housing and Health in Later Life［J］. Reviews on Environmental Health, 2004（19）: 224-252.

［7］Shipp, K. M. and Branch, L. G. The Physical Environment as a Determinant of the Health Status of Older Populations［J］. Canadian Journal on Aging, 1999（18）: 313-327.

［8］Gitlin, L. N. Conducting Research on Home Environments : Lessons Learned and New Directions［J］. The Gerontologist, 2003（4）: 628-637.

［9］Golant, S. Conceptualizing Time and Behavior in Environmental Gerontology : A Pair of Old Issues Deserving New Thought［J］. The Gerontologist, 2003, 4（3）: 638-648.

［10］Iwarsson, S.Assessing the Fit between Older People and Their Physical

Home Environments : An Occupational Therapy Research Perspective [J]. Annual Review of Gerontology and Geriatrics, 2004 (4): 85–109.

[11] Iwarsson, S. and Stahl, A. Accessilibity, Usability and Universal Design Positioning and Definition of Concepts Describing Person Environment Relationships [J]. Disibility and Rebabilitation, 2003, 2 (5): 57–66.

[12] Goodman, J.Causes and Indicators of Housing Quality [J]. Social Indicators Research, 1978, 5 (1–4): 195–210.

[13] Garet Wohl and Steve Baker. Aging–in–Place [N]. Health care Review, 2003–01.

[14] Pinquart, Mand Burmedi, D.Correlates of Residential Satisfaction in Adulthood and Old Age : Ameta–analysis [J]. Annual Review of Gerontology and Geriatrics, 2004 (2): 195–222.

[15] Malcolm J. Fisk. Independence and the Elderly [M]. Great Britain : Billing and Sons Ltd, 1986.

[16] Joanna Bornat. In Community Care : A reader [M]. The UK : Palgrave Macmillan, 1997.

[17] Barker, R.L. The Sochd Work Dictionary(4th Ed.)[M]. Washington, D.C : NASW Press, 1999.

[18] Maslow A. H. A. Theory of Human Motivation [J]. Psychological Review, 1943 (50): 370–396.

[19] Baxter J.Is husband's Class Enough Class Location and Class Identity in the United States, Sweden, Norway and Australia [J]. American Sociological R eview, 1994, 59 (2): 276–294.

[20] Rex.J.and Moor, R. race, Community and Conflict [M].Oxford : Oxford and University Press, 1997.

[21] Jackman M. R., Jackman R. An Interpretation of the Relation between Objective and Subjective Social Status [J]. American Sociological, 1973 (38): 569–582.

[22] German P.5. Measuring Functional Disability in the Older Population [J]. AmJPub Health, 1981 (71): 1197–1199.

[23] Gray F., Boddy M. The Origins and Use of Theory in Urban Geography : Household Mobility and Filtering Theory[J]. Geoforum, 1979, 10 (1): 117–127.

[24] Dwyer R. E. Cohort Succession in the US Housing Market : New Houses,

the Baby Boom, and Income Stratification [J] . Population Research and Policy Review, 2008, 27（2）: 161-181.

[25] Myers D. Upward Mobility and the Filtering Process [J] . Journal of Planning Education and Research, 1983, 2（2）: 101-112.

[26] Baer W. C. Filtering and Third World Housing Policy [J] . Third World Planning Review, 1991, 13（1）: 69-82.

[27] Hacihasanoglu, I. and Hacihasanoglu, O. Assessment for Accessibility in Housing Settlements [J] . Building and Environment, 2001, 36（5）: 657-666.

[28] Adriaanse C., C.M.Measuring Residential Satisfaction : A Residential Environmental Satifaction Scale（RESS）[J] . Journal of Housing and Built Environment, 2007, 27（3）: 287-304.

[29] Fange and, Iwarsson S. Accessibility and Usability in Housing : Construct Validity and Implications for Research and Practice[J]. Isabil Rehabil, 2003, 25（23）: 1316-1326.

[30] 丁志宏, 姜向群 . 城市老人住房状况及其满意度研究——以北京市海淀区为例 [J] . 北京社会科学, 2014（1）: 51-59.

[31] 姚远 . 血亲价值论: 对中国家庭养老机制的理论探讨 [J] . 中国人口科学, 2000（6）: 29-35.

[32] 陶立群 . 中国老年人住房与环境状况分析 [J] . 人口与经济, 2004（2）: 39-44.

[33] 穆光宗 . 空巢家庭化中的养老问题 [J] . 南方人口, 2002（1）: 33-36.

[34] 穆光宗 . 中国老龄政策的思考 [J] . 人口研究, 2002（1）: 43-48.

[35] 彭华民, 黄叶青 . 福利多元主义: 福利提供从国家到多元部门的转型 [J] . 南开大学学报（哲学社会科学版）, 2006（6）: 41-48.

[36] 彭华民 . 中国政府社会福利责任: 理论范式演变与制度转型创新 [J] . 天津社会科学, 2012（6）: 77-83.

[37] 吴帆, 李建民 . 家庭发展能力建设的政策路径分析 [J] . 人口研究, 2012（4）: 37-44.

[38] 风笑天 . 城市独生子女父母的老年保障问题 [J] . 北京大学学报（哲学社会科学版）, 1991（5）: 100-107.

[39] 尹银, 周俊山, 张天骄 . 住房对城市老年人家庭代际支持的影响分析 [J] . 人口与经济, 2010（2）: 76-81.

[40] 张纯元, 马立原 . 试论人口需求理论与市场 [J] . 南方人口, 1996（2）:

1-4.

［41］陆杰华，白铭文，柳玉芝．城市老年人居住方式意愿研究——以北京、天津、上海、重庆为例［J］．人口学刊，2008（1）：35-41.

［42］王江萍．城市老年人居住方式研究［J］．城市规划，2002（3）：53-55.

［43］成梅．以生命历程范式浅析老年群体中的不平等现象［J］．人口研究，2004（5）：44-51.

［44］卢福营，张兆曙．客观地位分层与主观地位认同［J］．中国人口科学，2006（3）：38-44.

［45］邱海盈．城市老年人居住模式变迁及对房地产市场的影响［J］．市场与人口分析，2009（6）：59-63.

［46］杜鹏，武超．中国老年人主要经济来源分析［J］．人口研究，1998（4）：37-45.

［47］原新，李志宏，党俊武等．中国老龄政策体系框架研究［J］．人口学刊，2009（6）：25-29.

［48］费孝通．当前城市社区建设一些思考［J］．群言，2000（8）：13-15.

［49］李春玲．社会阶层的身份认同［J］．江苏社会科学，2004（6）：109-112.

［50］李强．转型时期城市"住房地位群体"［J］．江苏社会科学，2009（4）：41-53.

［51］李培林．社会冲突与阶级意识：当代中国社会矛盾的研究［J］．社会，2005（1）：32-36.

［52］边燕杰，刘勇利．社会分层、住房产权与居住质量——对中国"五普"数据的分析［J］．社会学研究，2005（3）：82-98.

［53］李志刚，吴缚龙．转型期上海社会空间分异研究［J］．地理学报，2006（2）：199-211.

［54］李志刚，吴缚龙，卢汉龙．当代我国大都市的社会空间分异——对上海三个社区的实证研究［J］．城市规划，2004（6）：60-67.

［55］江立华，黄加成．老年人需求与宜居社区建设［J］．华东理工大学学报（社会科学版），2011（6）：87-92.

［56］汤哲，项曼君．北京市老年人生活自理能力评价与相关因素分析［J］．中国人口科学，2001（3）：91-96.

［57］曾毅，王正联．中国家庭与老年人居住安排的变化［J］．中国人口科学，

2004（5）：2-8.

［58］李斌.分化与特色：中国老年人的居住安排——对692位老人的调查［J］.中国人口科学，2010（2）：101-112.

［59］刘精明，李路路.阶层化：居住空间、生活方式、社会交往与阶层认同——我国城镇社会阶层化问题的实证研究［J］.社会学研究，2005（3）：51-82.

［60］闵学勤.社会分层下的居住逻辑及其中国实践［J］.开放时代，2012（1）：110-118.

［61］［美］潘允康，约翰.罗根，边馥琴.住房与中国城市的家庭结构——区位学理论思考［J］.边燕杰，关 颖，卢汉龙译.社会学研究，1997（6）：69-79.

［62］曲瑶嘉，孙陆军.中国老年人的居住安排与变化：2000-2006［J］.人口学刊，2011（2）：39-45.

［63］鄢盛明，陈皆明，杨善华.居住安排对子女赡养行为的影响［J］.中国社会科学，2001（1）：130-140.

［64］闫志强.广州老年家庭与老年人口居住安排的空间差异［J］.南方人口，2008（3）：4-9.

［65］李洪心，白雪梅.生命周期理论及在中国人口老龄化研究中的应用［J］.中国人口科学，2006（4）：28-35.

［66］蒲新微.中国城市老年群体的社会分层及其结构——以长春市为例［J］.人口学刊，2009（1）：49-53.

［67］吴瑞君.上海老年人口变动对养老服务资源配置的影响［J］.统计科学与实践，2012（7）：14-16.

［68］王方兵，吴瑞君，桂世勋.老龄化背景下国外老年人住房发展及经验对上海的启示［J］.兰州学刊，2014（11）：116-125.

［69］王方兵，吴瑞君.大型保障房社区建设对区域人口发展的影响——以上海市为例［J］.人口与社会，2014（1）：27-31.

［70］王江萍，李弦，江克松.城市社区老年人室外活动场地研究——以武汉市5个居住区为例［J］.武汉大学学报（工学版），2004（2）：165-168.

［71］王梁.城市居民理想养老居住方式的选择——基于南京等四城市抽样调查的实证研究［J］.南方人口，2006（1）：27-32.

［72］宋玉安.我国社会养老制度的政策回应度问题研究［J］.江海学刊，2007（2）：110-239.

[73] 包宗华. 老年住宅研究 [J]. 中国房地产信息, 2005 (19): 40-43.

[74] 台恩普. 老年住宅建设的对策和建议 [J]. 城市住宅, 2008 (7): 79.

[75] 孟星. 张利. 国外旧区改造实践的若干启示 [J]. 上海房地, 2011 (9): 47-48.

[76] 赵玮钰. 高龄者的生活质量——以住宅生活为视点 [J]. 湖南科技学院学报, 2006 (4): 174-176.

[77] 黄耀荣. 实现"在地老化"终生住宅发展形式探讨 [J]. 台湾老年医学杂志, 2006 (3): 139.

[78] 张雅. 关于社区居家养老的文献综述 [J]. 财经政法资讯, 2010 (5): 59-62.

[79] 杨瑞. 立足老年人需求发展老年福利服务 [J]. 人口与经济, 2010 (增刊): 3-4.

[80] 颜光华, 李建伟. 从人类需求理论视角对"注意力经济"的探究 [J]. 财经研究, 2000 (9): 16-21.

[81] 廖晓明, 黄毅峰. 论我国政府在公共服务供给保障中的主导地位 [J]. 南昌大学学报 (人文社会科学版), 2005 (1): 17-21.

[82] 刘薇. 我国"基本公共服务"理论研究评述 [J]. 经济研究参考, 2010 (16): 64-92.

[83] 周春发, 付予光. 居家养老住房与社区照顾的联接 [J]. 城市问题, 2008 (1): 67-72.

[84] 黄萍. 居住小区规划中的老年人因素分析 [J]. 中外房地产导报, 1998 (8): 21-23.

[85] 张莹. 旧住区人口老龄化与环境的适应性改造 [J]. 山西建筑, 2009 (13): 43-44.

[86] 吴箐, 程金屏, 钟式玉, 李宇. 基于不同主体的城镇人居环境要素需求特征——以广州市新塘镇为例 [J]. 地理研究, 2013 (2): 307-316.

[87] 赵和生. 家庭生活模式与住宅设计 [J]. 江苏建筑, 2003 (1): 5-8.

[88] 张菁, 刘颖曦. 日本长寿社会住宅的发展 [J]. 建筑学报, 2006 (10): 13-15.

[89] 廖晓明, 黄毅峰. 论我国政府在公共服务供给保障中的主导地位 [J]. 南昌大学学报 (人文社会科学版), 2005 (1): 17-21.

[90] 顾辉. 合肥市民的社会阶层意识 [J]. 安徽广播电视大学学报, 2004 (3): 91-95.

［91］王赟俊，梁玉.上海老年公寓市场现状与供求分析［J］.上海住宅，2003（8）：54-55.

［92］张志莹.浅谈建设有中国特色的老年住宅［J］.中国房地产，2001（1）：44-45.

［93］彭亮，王裔艳.上海高龄独居老人研究［J］.南方人口，2010（5）：24-31.

［94］李爱芹.城市空巢老人的生活状况与社会支持实证研究——以徐州市为个案［J］.社会工作，2007（3）：43-45.

［95］周典，周若祁.构筑老龄化社会的居住环境体系［J］.建筑学报，2006（10）：10-12.

［96］赵衡宇，过伟敏，陈琦.居住郊区化背景下城市老龄人口居家养老模式与环境需求问题［J］.学术争鸣，2011（6）：10-11.

［97］邹农俭.社会分层研究的意义［J］.中国党政干部论坛，2002（3）：55-56.

［98］赵晔琴，孟兆敏.流动人口的社会分层与居住质量——基于上海市长宁区"六普"数据的分析［J］.人口与发展，2012（5）：59-66.

［99］刘欣.中国城市的阶层结构与中产阶层的定位［J］.社会学研究，2007（6）.

［100］包宗华.构建老年住宅政策体系探讨［J］.上海房产，2008（9）：20-21.

［101］陈巧依，余昌妹.不同居住状况老年人健康影响因素和健康需求调查［J］.护理研究，2012（6）：1463-1465.

［102］张元瑞.大力发展适合居家养老的亲情住宅小区［J］.北京房地产，2008（7）：80-81.

［103］郑晨.阶层归属意识及其成因分析：中国广州市居民的一项调查［J］.浙江学刊，2001（3）：45-47.

［104］傅岳峰.北京旧住宅适老性更新的新视角［J］.建筑学报，2011（2）：78-81.

［105］赵晔琴.吸纳与排斥：城市居住资格的获得路径与机制［J］.学海，2013（3）：85-93.

［106］杨弘，胡永保.实现基本公共服务均等化的民主维度——以政府角色和地位为视角［J］.吉林大学社会科学学报，2012（4）：13-19.

［107］王学民.居住区规划应注意人口老龄化问题［J］.河北工程技术高等

专科学校学报，2002（2）：18-20.

　　［108］朱昌炜，赖晓镰.老年人住宅设计［J］.住宅科技，2001（12）：8-11.

　　［109］孟星.老年人口住房保障问题思考［J］.上海房产，2009（9）：30-32.

　　［110］周向红.老年住宅——房地产业的新支点［J］.经济论坛，2001（19）：29-30.

　　［111］李宗华，李伟峰，高功敬.城市老年人社区参与意愿的影响因素分析［J］.山东社会科学，2011（3）：47-51.

　　［112］张秋舫.中国老年住宅公寓的发展趋势及特点［J］.中国房地产，2003（3）：66-69.

　　［113］孙玉环.家庭生命周期变动对住房市场需求的影响研究［J］.预测，2009（3）：15-21.

　　［114］董丽晶.城市老年群体住房问题研究［J］.中国国情国力，2012（9）：13-15.

　　［115］章文戈.中国城市老年住宅设计研究［J］.安徽建筑工业学院学报（自然科学版），2007（2）：92-95.

　　［116］陆歆弘.上海人口老龄化的空间分布及其与居住环境的协调度研究［J］.现代城市研究，2013（10）：94-98.

　　［117］赵衡宇，过伟敏，陈琦.居住郊区化背景下城市老龄人口居家养老模式与环境需求问题［J］.学术争鸣，2011（6）：10-11.

　　［118］李正龙.基于因子分析法对居民生活质量的度量与评价［J］.西北人口，2012（2）：22-26.

　　［119］叶堃晖，杨柳.住房过滤机制中保障房流转研究——以美国为例［J］.建筑经济，2012（12）：40-44.

　　［120］陈钰芬.我国城镇居民生活质量的评估方法［J］.统计与决策，2005（3）：34-36.

　　［121］刘宝铭，孙建广，檀润华.需求理论及需求进化定律［J］.科技管理研究，2011（18）：192-195.

　　［122］姚引妹.经济较发达地区农村空巢老人的养老问题——以浙江农村为例［J］.人口研究，2006（6）：38-46.

　　［123］许佃兵.当代老年人心理发展的主要矛盾及特点［J］.江苏社会科学，2011（1）：43-46.

　　［124］刘永策，李彦，林明鲜.城市老年社会人际关系网及其对老年人精神

生活的影响——以烟台市文化苑社区为例［J］.新疆社会科学，2009（4）：110-
115.

［125］张震.子女生活照料对老年人健康的影响：促进还是选择［J］.中国
人口科学（增刊），2004：29-36.

［126］周燕珉.日本集合住宅及老人居住设施设计新动向［J］.世界建筑
2002（8）：22-25.

［127］夏明，武云霞.人性化的老年人居住区设计［J］.青岛理工大学学报，
2007（5）：49-51.

［128］殷杰."养老住宅"巨大商机待掘［J］.北京房地产，2006（12）：
23-26.

［129］吕志鹏，朱雪梅.浅论美国老人护理建筑的设计理论与原则［J］.城
市建筑，2010（7）：14-17.

［130］陈春林，任远.适应人口数量和结构变动的刚性住房需求研究［J］.
中国房地产，2014：12-23.

［131］龙奋杰.老年住宅的供给模式及启动对策［J］.中国房地产，2003（1）：
61-64.

［132］田香兰.养老事业与养老产业的比较研究——以日本养老事业与养老
产业为例［J］.天津大学学报（社会科学版），2010（1）：29-35.

［133］郭正模，魏宇菲.老龄产业的弱质特征与政府对老龄产业的扶持政策
探讨［J］.天府新论，2014（3）：53-58.

［134］韩振燕，施国庆，梁誉.江苏老龄产业发展需求与对策建议［J］.南
京邮电大学学报（社会科学版），2011（4）：16-20.

［136］陈理力，胡惠琴.香港老年人租贷公房政策借鉴——以北京老年人住
房政策为比较对象［J］.中国住宅设施，2009（8）：7-14.

［136］郭伟伟.新加坡社会保障制度研究及启示［J］.当代世界与社会主义，
2009（5）：76-81.

［137］牛慧恩.面向老龄化的住区规划与住宅设计——兼介新加坡的养老安
居计划［J］.住宅业，2004（7）：37-41.

［138］杨中新.构建有中国特色的老年人生活质量体系［J］.深圳大学学报，
2002（1）：60-66.

［139］张菁，刘颖曦.日本长寿社会住宅发展［J］.建筑学报，2006（10）：
13.

［140］皇甫平丽.日本的养老服务［J］.瞭望，2010（13）：28.

［141］李斌，黄力．养老设施类型体系及设计标准研究［J］.建筑学报，2011（12）：85.

［142］周典．日本保障性住宅的规划设计［J］.建筑学报，2009（8）：21-25.

［143］曹云华．试析亚洲"四小龙"的老人问题［J］.东南亚研究，1999（5）：65-74.

［144］牛慧恩．面向老龄化的住区规划与住宅设计——兼介新加坡的养老安居计划［J］.住宅产业，2004（7）：56-58.

［145］蒋志学，刘丽，赵艳霞．老年人生活质量指标体系探析［J］.市场与人口分析，2003（3）：61-65.

［146］周素勤，杨值珍．浅析新加坡的老人问题及政府对策［J］.东南亚纵横，2002（11）：44-47.

［147］胡灿伟．新加坡家庭养老模式及其启示［J］.云南民族大学学报（哲学社会科学版），2003（3）：35-38.

［148］林闽钢．论我国社会养老服务的公益性及实现途径［J］.人口与社会，2014（1）：7-11.

［149］同春芬，汪连杰．福利多元主义视角下我国居家养老服务的政府责任体系构建［J］.西北人口，2015（1）：73-78.

［150］陈海威．中国基本公共服务体系研究［J］.科学社会主义，2007（3）：98-100.

［151］汪霄．城市老年住房建设模式的探讨［J］.南京工业大学学报（社会科学版），2003（4）：77-40.

［152］陈志科，马少珍．老年人居家养老服务需求的影响因素研究——基于湖南省的社会调查［J］.中南大学学报（社会科学版），2012（3）：26-31.

［153］王艳芳，冯志涛．城市社区居家养老需求供给影响因素分析［J］.合作经济与科技，2009（6）：114-115.

［154］吕志鹏，朱雪梅．浅论美国老人护理建筑的设计理论与原则［J］.城市建筑，2010（7）：14-17.

［155］李建民，李建新．中国城市居民家庭小型化及其对消费需求的影响［J］.人口学刊，1988（3）：39-43.

［156］张文忠，刘旺，李业锦．北京城市内部居住空间分布与居民居住区位偏好［J］.地理研究，2003，22（6）：751-759.

［157］杜钧．浅析居住区老龄人活动区的设计［J］.山西建筑，2003（9）：6-7.

［158］姚远．非正式支持的理论与实践：北京市老龄问题应对方式的再研究［M］．北京：知识产权出版社，2005．

［159］N．R．霍克曼，H．A．基亚克．社会老人学［M］．林欧贵英，郭钟隆译．台北：五南图书出版股份有限公司，2003．

［160］邬沧萍．北京市人口老龄化与老年人口生活质量问题研究［M］．北京：燕山出版社，1990．

［161］邬沧萍．社会老年学［M］．北京：中国人民大学出版社，1999．

［162］郭平．老年人居住安排［M］．北京：中国社会科学出版社，2008．

［163］郑杭生．社会学概论新修［M］．北京：中国人民大学出版社，1996．

［164］郭志刚．当代中国人口发展与家庭户变化［M］．北京：中国人民大学出版社，1995．

［165］穆光宗．挑战孤独·空巢家庭［M］．石家庄：河北人民出版社，2002．

［166］诺曼．K．邓津，伊冯娜·S．林肯．定性研究：方法论基础［M］．风笑天等译．重庆：重庆大学出版社，2007．

［167］马克斯．韦伯．社会科学方法论［M］．韩水法，莫茜译．北京：中央编译出版社，2002．

［168］佟新．人口社会学［M］．北京：北京大学出版社，2000．

［169］谢美娥．老人长期照护的相关论题［M］．台北：桂冠图书股份有限公司，1993．

［170］冯天立，戴星翼．中国人口生活质量再研究［M］．北京：高等教育出版社，1996．

［171］万育维．社会福利服务——理论与实践［M］．台北：三民书局，2001．

［172］陈立行．向社会福祉跨越中国老年社会福祉研究的新视角［M］．北京：社会科学文献出版社，2007．

［173］中国发展研究基金会．人口形势的变化和人口政策的调整［M］．北京：中国发展出版社，2012．

［174］彭华民．西方社会福利理论前沿：论国家、社会、体制与政策［M］．北京：中国社会出版社，2009．

［175］张明，朱爱华，徐成华．城市老年人社会服务体系研究［M］．北京：科学出版社，2012．

［176］刘美霞．老年住宅开发和经营模式［M］．北京：中国建筑工业出版社，2008．

［177］戴维·波普诺.社会学［M］.李强等译.北京：中国人民大学出版社，2001.

［178］早川和男.居住福利论——居住环境在社会福利和人类幸福中的意义［M］.李桓译.北京：中国建筑工业出版社，2005.

［179］李斌.分化的住房政策：一项对住房改革的评估性研究［M］.北京：社会科学文献出版社，2009.

［180］薛薇.统计分析方法及应用（第二版）［M］.北京：电子工业出版社，2009.

［181］杨晋涛.塘村老人［M］.北京：中国社会科学出版社，2011.

［182］周云.社会老年学：多学科的视角［M］.北京：中国人口出版社，2007.

［183］李晓凤.社会工作：原理、方法、实务［M］.武汉：武汉大学出版社，2008.

［184］刘荣才.老年心理学［M］.武汉：华中师范大学出版社，2009.

［185］苏振芳.人口老龄化与养老模式［M］.北京：社会科学文献出版社，2014.

［186］贾倍思，王撒琼.居住空间适应性设计［M］.南京：东南大学出版社，1998.

［187］朱丽莎.新编健康心理学［M］.武汉：武汉大学出版社，2007.

［188］陈惠英，李楚翘，杨晶.康复辅导工作［M］.北京：商务印书馆，2011.

［189］高利平.健康老龄化研究［M］.济南：山东人民出版社，2011.

［190］中华人民共和国建设部.城市居住区规划设计规范（2002年版）［M］.北京：中国建筑工业出版社，2002.

［191］全国老龄工作委员会办公室.国外涉老政策概览［M］.北京：华龄出版社，2010.

［192］张恺悌，郭平.美国养老［M］.北京：中国社会出版社，2010.

［193］王伟.中日韩人口老龄化与老年人问题［M］.北京：中国社会科学出版社，2014.

［194］胡仁禄，马光.老年人居住环境设计［M］.南京：南京大学出版社，1995.

［195］川村匡由.老龄产业论［M］.东京：密涅瓦书房出版社，1987.

［196］张恺悌，罗晓晖.新加坡养老［M］.北京：中国社会科学出版社，

2010.

［197］许晓茵，李洁明，张钟汝. 老年利益论［J］. 上海：复旦大学出版社，
2010.

［198］王璐. 旧住宅的适老性改造［D］. 山东建筑大学硕士学位论文，
2010.

［199］周芃. 上海未来二十年乐龄居住需求调查与"适老改建"研究［D］.
同济大学博士学位论文，2009.

［200］吴仕超. 基于养老问题的西安市旧住宅区改造研究［D］. 西安建筑科
技大学硕士学位论文，2010.

［201］栾天雪. 西安市适合老年人居住的城市住宅设计研究［D］. 西安建筑
科技大学硕士学位论文，2005.

［202］黄秋华. 北市独居老人使用社会福利服务之研究［D］. 东海大学硕士
学位论文，2001.

［203］李博. 旧居住区适老性改造需求与服务体系研究——以西安市为例
［D］. 西安建筑科技大学硕士学位论文，2012.

［204］陈实. 老年人社区居住环境空间需求研究［D］. 湖南大学硕士学位论
文，2010.

［205］吴珊珊. 宁波市老年人居住环境现状及改善策略研究［D］. 浙江大学
硕士学位论文，2012.

［206］叶建晖. 老龄化中国的老年居住环境研究［D］. 长沙理工大学硕士学
位论文，2006.

［207］刘婧. 基于我国"在宅养老"模式下的城市老年人居住环境设计研究
［D］. 北京交通大学硕士学位论文，2011.

［208］吴双. 在宅养老模式下老年住区居住环境设计研究［D］. 西南交通大
学硕士学位论文，2009.

［209］张强. 居家养老模式下老年人居住环境及生活行为的调查研究［D］.
同济大学硕士学位论文，2007.

［210］付琳琳. 城市老年人居家养老型住宅需求研究［D］. 河北经贸大学硕
士学位论文，2011.

［211］李栋. 老龄化社会背景下保障性住房适应性设计研究［D］. 北京交通
大学硕士学位论文，2012.

［212］居斌一. 中国老龄化城市老年人居住政策研究［D］. 上海交通大学硕
士学位论文，2009.

［213］宋玉茹. 人口老龄化背景下的我国老年住宅问题研究［D］. 山西财经大学硕士学位论文，2008.

［214］刘晶. 城市居家老人生活质量评价指标体系研究——以上海为例［D］. 华东师范大学硕士学位论文，2011.

［215］杨超. 我国基本公共服务供给中的政府责任研究［D］. 东北师范大学硕士学位论文，2013.

［216］小早川仁. 日本高齢者住宅の現状―サービス付き高齢者住宅/Cocofump シリーズ. 老年长期照护：实践和政策选择——国际研讨会论文集［J］. 上海社会科学院，2012（9）：10-11.

［217］司马蕾. 中国养老设施中人性化与高效率的矛盾与统一［C］. 日本建筑学会学术演讲梗概集，2010.

［218］高齢者住宅施設徹底ガイド / サービスを付き高齢者住宅［C］. 株式会社不動産流通研究所編集・発行，2012.

［219］国土交通省住宅局. かな住生活の現に向けて［R］. 东京：国土交通省，2006.

［220］钟永城. 进一步落实和完善《上海市老年人优待规定》的意见及对策［C］. 上海市退休职工管理研究会 2006 年年会论文选集，2006.

［221］李青. 德国老年人流行合租互助养老［N］. 中国社会报，2006（8）.

［222］刘韬，甘源. 中国老年产业发展调查报告［N］. 经济观察报 .2005-09-01.

［223］吴瑞君. 关于多层经济适用房住宅安装电梯的建议［N］. 人民政协报 2009-12-14.

［224］朱勇. 全国老龄办. 居家少支持，环境不宜居——我国居家养老存在的问题及建议［N］. 中国劳动保障报，2012-02-21.

后　记

悠悠岁月，花开花落，时光总是在不知不觉中悄悄的流逝。

博士毕业后，一直忙于教学科研和一些繁杂的家务琐事，专著的出版也是一推再推。2020年年末本书的出版，也算是对前期工作的一个系统梳理，虽然水平有限，瑕疵难免，但毕竟前期付出了心血和汗水。

一个人心智的成熟离不开他生命历程中的点点滴滴，而我个人更是在父辈和亲朋好友、师长等的关怀呵护下健康成长。

回顾自己的成长，首先闪现的两个字是：感恩。

感恩长辈的呵护，感谢父母赋予我一个健康的身体。忘不了襁褓中咿呀学语，庭院里蹒跚学步的幼年，祖母总是不离我左右。虽然幼年家庭生活清贫，但是祖母对我的关怀和爱护，至今仍难以忘怀。祖母去世已经35年了，但她对亲人的呵护包容，尤其是在早年家庭出现重大变故期间，祖父早逝，一个中年妇女用自己柔弱的肩膀和强大的毅力撑起了整个家庭，将父亲兄弟两人抚养成才，一个会计，一个医生，这其中经历的艰辛是常人难以想象的。记得幼年家里搬迁的时候，为了不耽误新房的建造，祖母强忍病痛，直到新房竣工，祖母实在病痛难忍，才不得已让父亲带她去医院检查，然而为时已晚，已是癌症晚期。

我的祖母就是这样一个人，虽然文化水平不高，却用自己的言行为父辈儿孙践行了什么是优良的家风。

与祖母呵护和宽容相比，父亲更多时候是关爱中带着严厉。虽然父亲自己勤俭节约，生活简朴，但对子女的生活却非常大方，关爱有加，尤其对我们的做人和学业，要求甚是严格。在我的记忆中，只要是学习上的任何需求，哪怕自己不吃不喝，父亲都会满足我们。记得当我需要一本《新华字典》的时候，父亲冒着鹅毛大雪从农村步行到市区新华书店给我购买。与父亲的严厉相比，母亲总是在生活中为我们提供无微不至的关怀，将穿衣吃饭等生活琐事为我们打理的井井有条，使我们安心于学业。父亲已于2019年年初去世，在此书准备付梓之际，母亲也离开了我们，但他们对亲朋好友的积极帮扶及对子女的默默奉献，为他们留下了很好的口碑。

"天下之本在国，国之本在家，家之本在身。"正是在长辈纯朴善良，润物无声的优良家风熏陶下，我们学会了自立自强，学会了勇于担当。

在我个人的成长过程中，除了家庭父辈对我的关爱，还有在求学生涯中对我提供过支持的各位师长。

华东师范大学人口研究所是一个既具有家庭的温馨气息，又活力四射，充满阳光和朝气的研究机构。在攻读博士的几年时间里，人口所的几位学术大家对学术的执着严谨，对学生的关心爱护深深地影响着我。几位前辈如桂世勋老师、张善余老师、朱宝树老师、王大犇老师、丁金宏老师、高向东老师、黄晨熹老师等在自己的学术领域里各有所长，他们学术功底深厚，对我们这些人口学专业的学生关爱有加，有求必应。还有年轻的郑雄飞老师、李强老师等，和他们亦师亦友的关系也使我受益匪浅。记得黄晨熹老师熬夜对我的博士论文框架进行详细的修改完善，丁金宏老师和郑雄飞老师也对我论文的研究思路提供了指导，李强老师在研究方法上更是积极地帮助我。

2011年刚考入华东师范大学攻读博士学位的时候，自己的学术功底还比较薄弱，我的博士导师吴瑞君教授从始至终对我都是既严厉又包容的。

吴瑞君教授是一位严师慈母型的老师。在我的记忆中，每次写的材料吴老师都给我作了非常详细的批注，即使白天行政工作繁忙，也会抽时间把我叫到办公室里给我开小灶，有时候花费几个小时与我沟通，纠正我学术研究中的不足。在吴老师的指导和帮助下，自己分析问题的水平与刚入学相比，达到了一个新的高度。在博士论文写作期间，自己压力非常大，吴老师不仅在经济生活上关照我，甚至熬夜到凌晨三四点帮我修改博士论文，从博士论文的研究视角、写作思路各方面不厌其烦地给予我指导，使我能够顺利毕业。

记得在读博期间，自己总是想偷懒，在写材料的过程中，总是在最关键最难写的地方想办法一笔带过，绕过去还不被导师发现，而吴瑞君老师总是见微知著，毫不留情地给我做出详细的批注，指出需要完善的细节，及时打消我偷懒的念头。

吴瑞君教授对我不仅仅是学术的指导，在生活和做人等方面都给我们树立了榜样。记得吴老师在中北校区附近居住，办公在闵行校区，却每天早上坐最早的班车赶到办公室，从不迟到。更记得毕业答辩结束，即将走上工作岗位的时候，吴瑞君老师嘱咐我对工作一定要认真负责，付出总有收获，叮嘱我和工作中的同事搞好关系，要学会吃亏，吃亏是福。

"师者，传道授业解惑也。"感谢曾经教过我的师长，是你们无私地传授我知识，更让我懂得了作为一名教师，还应具有"爱心、耐心、责任心"。

在专著修改校订的过程中，更要感谢经济管理出版社的编辑老师。

这两年是家庭的多事之秋，父亲突然病逝，母亲卧病在床需要照料，生活节奏被完全打乱。在书稿校订的过程中，又正好碰上母亲住院，没有了父亲这个保护伞，我基本乱了头绪。感谢出版社老师在关键时刻给予我的关怀和包容。虽然精力不济，稿子一拖再拖，而编辑老师从来没有责怪我，反而一直在鼓励我，这也使我内心充满了感激和惭愧。

还要感谢我的大学同学，也是我的好朋友，南京大学的李文辉，河海大学的罗威，还有宝辉、占峰等，每当我感到很累的时候，可以随时和你们畅所欲言地聊天，感谢你们的包容。

最后，将这本书奉献给我逝去的父亲和母亲，感恩养育之恩，愿您们在天堂一切安好。

王方兵

2020 年 12 月 28 日